JN268079

野菜の発育と栽培
育ちの生理を総合的にとらえる

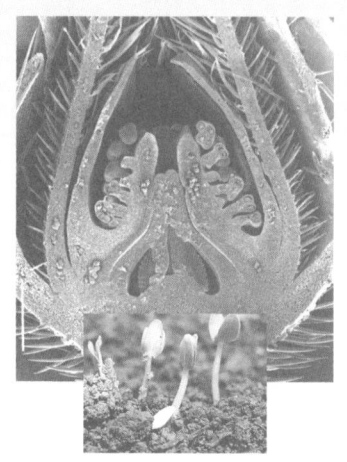

藤目幸擴・西尾敏彦・奥田延幸

農文協

はじめに

　本書は，蔬菜園芸学を専門とする3人が集まり，いつも話し合ってきた植物の全体性，あるいは器官同士の相関など，野菜が持つ生理的機能に注目しつつ，発育と栽培との関係をダイナミックに説明してみようと考えてできた。

　本書ではまず全体を「序論」「Ⅰ　栄養相」「Ⅱ　生殖相」「Ⅲ　発育と環境」の4部に分け，大づかみに野菜の育ちを俯瞰できる構成とした。なかでもⅠとⅡはその中心となる章節を納めるが，ここではとくに次のことに留意して記述を進めた。

　すなわち，①野菜は環境の影響を大きく受けながら成育していること。例えば，休眠や結球，抽だい・花芽形成といった成育は限られた時期に起こる。なぜそうなのかという視点から，野菜の成育にかかわる環境の要因を明らかにした。そして実際にその時期を早めたり遅らせたりするにはどうすればよいかを示した。

　また，②野菜は成長と発育が進むほど環境に対する適応性が増す。つまり野菜は育苗当初ほど十分な注意と管理が必要であり，不十分な場合には成育全体が遅れることになる。成育が進んでからも，例えば果菜で花芽形成時の環境が不良だと受粉・受精が抑制され，花器の分化・発達は異常となり，その後は奇形果になりやすい。

　③一方で，野菜の各部位の成育は全体としてホルモン作用を介して統一がとれている。野菜成育の全体性である。いくら収穫部位であろうと根，葉あるいは果実だけを選択的に肥大させることは不可能で，それぞれの器官が旺盛に成長して初めて思うような収穫が可能になる。根を傷めれば葉の成長が悪くなり，その逆も起こる。このことを，野菜を横断して説明した。

　④さらに野菜は栄養成長と生殖成長がバランスを保ちながら，全体として成育が進む。とくに果菜類ではこれが顕著で，茎葉の十分な成長があって初めて花芽が果実となり，旺盛に肥大できる。バランスが保てない場合には，スイカやキュウリのようにツルぼけやカンザシ苗となるのである。本書では以上の4

つを軸に，野菜別の各論としてではなくて，果菜でも根の成長を見，葉根菜でも花芽分化を無視することなく各野菜に共通する生理として総論的に論じた．

近年，身近に農作物を見ることが少なくなったためか，蔬菜園芸を学ぶ学生諸君の理解や関心の向きに戸惑うことも少なくない．以前にもまして，野菜の総合的，総体的な成育解説が必要になるとともに，園芸の実際に触れることの重要性を感じている．そうした学生諸君に，また実際の現場で栽培技術の向上に日々努めている指導者，技術者の方々に，本書が，総合的な事象把握の目を養い，より深い観点から細部を探索していくための基本書となれば幸いである．

この書を編むにあたっては，先輩諸兄の多くの研究成果を利用させていただいた．参考文献，および図書として巻末に明記したが，記載漏れも多々あることと思われる．深く謝意を表わすとともに，ご叱正を請う次第である．

2006年3月

著者を代表して　藤目　幸擴

目　次

はじめに …………………………………………………………………………1

序論──野菜および野菜生産の特性

第1節　野菜の特徴と分類 …………………………………………15
1. 野菜の原生地 ……………………………………………………15
2. 野菜の分類と特性 ………………………………………………16
3. 野菜の栄養価 ……………………………………………………18
4. 野菜生産の変遷 …………………………………………………19
5. 安心・安全な野菜生産技術 ……………………………………24
   (1) 化学肥料の多量施肥 ………………………………………24
   (2) 肥効調節肥料 ………………………………………………26
   (3) 生物的防除 …………………………………………………27
   (4) アレロパシー ………………………………………………28

第2節　野菜の成育とライフサイクル ……………………………29
1. 成育特性からみた分類 …………………………………………29
2. 周年栽培と発育制御 ……………………………………………30
3. 維管束系と植物ホルモン ………………………………………32
4. 成長と発育 ………………………………………………………33
5. 多様な器官の形成と発達 ………………………………………35
6. 器官間の相関 ……………………………………………………35
7. 栄養成長と生殖成長 ……………………………………………36

Ⅰ　栄養相

第1章　種子の発芽と成育

第1節　受精と種子形成 …………………………………………………40
第2節　発芽の定義と種子の分類 ………………………………………42
  1. 発芽の定義 …………………………………………………………42
  2. 種子の分類と形態 …………………………………………………43
第3節　発芽に及ぼす要因 ………………………………………………43
  1. 内的要因 ……………………………………………………………44
    (1) 熟　度 …………………………………………………………44
    (2) 種子休眠 ………………………………………………………44
    (3) 硬　実 …………………………………………………………44
    (4) 体内リズム ……………………………………………………45
    (5) 種子の大小 ……………………………………………………45
    (6) 寿　命 …………………………………………………………45
  2. 外的要因 ……………………………………………………………45
    (1) 温　度 …………………………………………………………45
    (2) 水　分 …………………………………………………………46
    (3) ガス条件 ………………………………………………………47
    (4) 光 ………………………………………………………………47
第4節　種子の貯蔵と発芽 ………………………………………………51
  1. 種子の貯蔵法 ………………………………………………………51
  2. 休眠打破 ……………………………………………………………51
  3. 種子の大きさ ………………………………………………………52

4. 発芽力の急速検定法	53
5. 種子の調整	53
6. 採　種	54

第5節　種子発芽後の幼植物形成 … 54
1. 茎　頂 … 55
2. 茎 … 56
   (1) 茎の伸長 … 56
   (2) 分枝 … 56
3. 葉 … 56
4. 根 … 57

第2章　休　眠

第1節　環境による休眠誘導 … 59
1. 休眠の機構 … 59
2. 休眠時期 … 60

第2節　種子の休眠 … 61

第3節　芽の休眠 … 61
1. 休眠部位 … 62
2. 内生休眠と誘導休眠 … 63

第4節　休眠制御 … 64
1. イチゴの休眠 … 64
2. ジャガイモの休眠 … 67
3. タマネギの休眠 … 68
4. ニンニクの休眠 … 68

第3章　球形成

第1節　葉球の肥大部位 …………………………………………70
1. 葉重型と葉数型 ………………………………………………70
2. 結球程度 ………………………………………………………70
3. キャベツ類の結球 ……………………………………………71

第2節　葉球形成の誘導 …………………………………………72
1. 結球態勢 ………………………………………………………72
2. キャベツ類の成育と気象 ……………………………………73

第3節　りん茎の肥大部位 ………………………………………74

第4節　りん茎形成の誘導 ………………………………………75
〔付〕葉菜類の軟白 ……………………………………………78

第4章　根の発育

第1節　根の形態と機能 …………………………………………79
1. 根の形態 ………………………………………………………79
　(1) 発達部位 …………………………………………………79
　(2) 根　系 ……………………………………………………80
2. 根の機能 ………………………………………………………81
　(1) 養水分吸収 ………………………………………………81
　(2) 水分要求 …………………………………………………84
3. 根における物質代謝 …………………………………………85
　(1) ムシゲル …………………………………………………85
　(2) 連作障害 …………………………………………………85
　(3) 植物ホルモン ……………………………………………86

第2節　直根類の特性 ……………………………………………… 86

1. 外部形態 …………………………………………………… 86
2. 内部形態 …………………………………………………… 87

第3節　塊茎・塊根類の特性 ……………………………………… 88

1. 種類と分類 ………………………………………………… 88
2. 塊茎・塊根の着生とその形態 …………………………… 88
   (1) サツマイモ …………………………………………… 88
   (2) ジャガイモ …………………………………………… 89
   (3) サトイモ ……………………………………………… 89
   (4) ヤマイモ ……………………………………………… 90

第4節　根の肥大 …………………………………………………… 90

1. 伸長条件 …………………………………………………… 90
2. 肥大条件 …………………………………………………… 92
   (1) 温　度 ………………………………………………… 92
   (2) 日　長 ………………………………………………… 93
   (3) 植物ホルモン ………………………………………… 93
   (4) 体内養分 ……………………………………………… 94
   (5) 土壌水分 ……………………………………………… 95
3. 肥大根の発達異常 ………………………………………… 95

Ⅱ　生殖相

第5章　花芽分化

第1節　花芽の分化と発達 ………………………………………… 99

    1. 花芽分化の過程 ···99
    2. 花器の種類と着生位置 ·····································101

第2節　花芽分化の生理 ··108

    1. 光周性 ···108
    2. 春　化（バーナリゼーション）·····················110
      (1) 春化の型 ···110
      (2) 脱春化と再春化 ·······································112
    3. 栄養条件 ···114
    4. 植物ホルモン ···115

第3節　光と温度の影響 ··117

    1. 栄養条件主導型 ···117
    2. 日長条件主導型 ···118
    3. 低温条件主導型〔1〕······································121
    4. 低温条件主導型〔2〕······································124

第6章　花芽発達と抽だい

第1節　花器の発達 ··129

第2節　栽培技術による花芽分化の制御 ·····················132

    1. 野菜の種類による花芽分化と制御の違い ····132
    2. イチゴの花芽形成の制御 ·····························132
      (1) 育苗方法による制御 ·································132
      (2) 短日処理による制御 ·································133

第3節　花芽の異常発育と環境（ブロッコリー・カリフラワーの場合）········134

    1. 異常花らいの形態的特徴 ·····························136
      (1) ブラインド ···136
      (2) バトニング ···136

(3) ファジー ……………………………………………………136
　　　(4) リーフィー …………………………………………………136
　　　(5) ライシー ……………………………………………………136
　　2. ライシーとファジーの発生要因 ……………………………136

第4節　抽だいとその制御 …………………………………………139

　　1. 抽だいの定義 ……………………………………………………139
　　2. 抽だいの生理 ……………………………………………………139
　　3. 栽培技術による抽だいの制御 …………………………………142
　　4. 花芽分化・抽だいと遺伝 ………………………………………144

第7章　性表現

第1節　性表現の定義 …………………………………………………145

第2節　性表現の分類 …………………………………………………146

第3節　環境による性表現発現 ………………………………………148

　　1. 温　度 ……………………………………………………………149
　　2. 日　長 ……………………………………………………………149

第4節　性表現の制御 …………………………………………………149

　　1. 雌花誘導の機構 …………………………………………………149
　　2. 雌花着生の促進 …………………………………………………151
　　　(1) 低温・短日 …………………………………………………151
　　　(2) 成長抑制物質 ………………………………………………152
　　　(3) ジベレリン …………………………………………………152
　　　(4) 摘心 …………………………………………………………153

第5節　雌雄異株の性発現 ……………………………………………155

　　1. アスパラガス ……………………………………………………155

2. フキ，ホウレンソウ …………………………………… 155
3. トウモロコシ ………………………………………… 156

第8章　果菜類の結実

第1節　開花から結実への過程 ……………………………… 159

第2節　結実の内的・外的要因 ……………………………… 162
1. 内的要因 ……………………………………………… 162
2. 外的要因 ……………………………………………… 162

第3節　果実の肥大 …………………………………………… 163
1. 果実形成 ……………………………………………… 163
2. 果実の肥大過程 ……………………………………… 163
   (1) 果実の構造 ……………………………………… 166
   (2) 果実肥大 ………………………………………… 166
   (3) ソースとシンク ………………………………… 167

第4節　単為結果の誘導 ……………………………………… 170
1. 単為結果 ……………………………………………… 170
2. 植物ホルモンの働き ………………………………… 171

第5節　奇形果発生のメカニズム …………………………… 174
1. 乱形果 ………………………………………………… 175
2. 尻腐れ果 ……………………………………………… 175
3. 空どう果 ……………………………………………… 177

Ⅲ 発育と環境

第9章 収穫後の生理現象と鮮度保持

第1節 収穫後の生理現象 …………………………182
1. 呼 吸 …………………………………………182
2. 蒸 散 …………………………………………186

第2節 収穫後の鮮度保持技術 …………………188

第3節 流通過程での鮮度保持技術 ……………191
1. コールドチェーン ……………………………191
2. CA貯蔵 ………………………………………192
3. 冷凍貯蔵 ………………………………………192
4. 貯蔵・輸送中のエチレン発生 ………………194

第10章 環境制御と野菜の反応

第1節 環境制御による野菜生産の発展 ………195
1. 野菜生産の特徴 ………………………………195
2. 園芸の立地条件を生かした施設化 …………196
3. 促成栽培と抑制栽培 …………………………197
4. 栽培技術との関連 ……………………………199

第2節 栽培施設の装置化 …………………………199
1. 育 苗 …………………………………………199
　(1) 温床育苗 ……………………………………199

(2) セル育苗 ……………………………………………200
　　　(3) 土壌改良材 …………………………………………201
　2. べたがけ ……………………………………………………202
　3. マルチ ………………………………………………………202
　4. ハウス栽培 …………………………………………………203

第3節　光環境と発育 ……………………………………………204

　1. 畦と温室の向き ……………………………………………204
　2. 被覆資材 ……………………………………………………204
　3. 光合成 ………………………………………………………206
　4. 炭酸ガス施肥と光合成 ……………………………………207
　5. 昼夜変温管理と光合成産物の転流 ………………………208
　6. 人工光による植物工場 ……………………………………208

第4節　土壌環境と発育 …………………………………………209

　1. 養液耕 ………………………………………………………209
　2. NFT …………………………………………………………210
　3. 培養液管理 …………………………………………………211

第11章　植物ホルモン

第1節　植物ホルモンの分類 ……………………………………215

第2節　植物ホルモンの生産部位と作用特性 …………………216

　1. 頂芽優勢 ……………………………………………………216
　2. 種子形成 ……………………………………………………218
　3. 種子発芽 ……………………………………………………219

第3節　植物ホルモンによる発育制御 …………………………220

　1. 茎の伸長 ……………………………………………………220
　2. 性表現 ………………………………………………………220

3. 塊茎形成 …………………………………221
　4. 成　熟 ……………………………………221
　5. 発　根 ……………………………………223
　6. 単為結果 …………………………………224
　7. 花弁離脱 …………………………………225

第4節　植物ホルモン間の相互作用 …………227

　1. オーキシンとエチレン，ジベレリン …………227
　2. オーキシンとサイトカイニン，ジベレリン …228
　3. サイトカイニンとエチレン ……………228
　4. ジベレリンとグロースリターダント …………229
　5. アブシジン酸とジベレリン，エチレン ………229

第12章　バイオテクノロジーの利用

第1節　組織培養法 ………………………………231

　1. 組織培養の分類 ……………………………231
　2. 組織培養の方法と目的 ……………………232
　　(1) 組織培養法の実際 ………………………233
　　(2) 培養部位による分類 ……………………234
　　(3) 培養目的 ………………………………236

第2節　分化全能性を利用したニンニクの品種改良 …239

　　(1) 形態的特性 ………………………………239
　　(2) 増殖効率 …………………………………240
　　(3) 茎頂以外の材料 …………………………241
　　(4) 不定胚形成 ………………………………243

第3節　胚珠培養による新花菜類の作出 …………244

　　(1) 花菜類とは ………………………………244
　　(2) ヨーロッパ起源とアジア起源の野菜の融合 …245

(3) 作出したい野菜の特徴 ……………………………………………245
　(4) つぼみ受粉——種内雑種の場合 …………………………………247
　(5) 受粉と胚珠培養の併用——種間雑種の場合 ……………………248
　(6) 育成された新花菜の特性……………………………………………248

あとがき ………………………………………………………………………251

主な参考文献 …………………………………………………………………252
索　引 …………………………………………………………………………257
著者略歴及び執筆分担 ………………………………………………………262

本書で使用する略記号

略記号	正式名称	意　味
2,4,5-T	2,4,5-trichlorophenoxyacetic acid	トマトの単為結果剤
2,4-D	2,4-dichlorophenoxyacetic acid	ナスなどの単為結果剤
ABA	abscisic acid	アブシジン酸
ATP	adenosine triphosphate	アデノシン3リン酸
BA	benzyladenine	サイトカイニン
BCB	bromocholine bromide	成長抑制物質
CCC	chlorocholine chloride	成長抑制物質
DNA	deoxyribonucleic acid	遺伝子の本体
IAA	indoleacetic acid	オーキシン
IBM	Integrated Biodiversity Management	総合的生物多様性管理
MH	maleichydrazide	タマネギなどの萌芽防止剤
NAA	naphthalenacetic acid	ナフタレン酢酸（オーキシン）
NFT	nutrient film technique	養液耕
NPA	N-aryl-phthalamic acid	トマトで奇形果を誘発
PCPA	p-chlorophenoxyacetic acid	トマトの単為結果剤
RNA	ribonucleic acid	リボ核酸
SADH	succinic acid-2, 2-dimethylhydrazine	成長抑制物質
TIBA	2,3,5-triiodobenzoic acid	アンチオーキシン
VA	Vesicular-Arbuscular	菌根菌

序論──野菜および野菜生産の特性

本章ではまず，野菜が持つ特徴と分類について述べ，日本人は比較的多くの種類の野菜を季節にとらわれず食べているが，なぜそれが可能なのか，考察する。次いで，野菜の成育には，種類間でどのような差異があるのか，種子が播かれてからのライフサイクルはどのように進展するのか，またその成育は環境にどのような影響を受けているのかなどを説明する。

第1節　野菜の特徴と分類

1. 野菜の原生地

野菜の原生地はロシアのVavilov (1935) により推定された。植物の成育は土壌条件や気候変化の影響を受け，さまざまな変異を示す。従って，古くから栽培されてきた場所ほど，多くの変異が現われる。そこで彼は変異の多く出る場所を分析していき，野菜の原生地を8カ所に整理した（遺伝子中心説，序-1図）。中国北部ではハクサイ類，ダイズ，ネギ，ゴボウなどが原産で，太古の日本もアジア大陸と地続きであり，ワサビなどは日本にだけ残っている。中央アジアではダイコン，ニンジンが，近東ではメロン類，ニンジンが原産で，これらの多くはシルクロードを通ってアジアとヨーロッパに伝えられ，東洋系と欧州系が成立した。インド・東南アジアではキュウリ，ナス，サトイモなどが原産である。

地中海沿岸ではキャベツ類ができ，エンドウ，アスパラガスなども原産である。地中海南側のアフリカ西部・北部ではスイカ，オクラが原産である。新大

序−1図 主な野菜の原生地

陸のアメリカでは重要な野菜ができている。中央アメリカではトウモロコシ，サツマイモ，カボチャが，南アメリカではジャガイモ，トマト，トウガラシなどが原産である。

2. 野菜の分類と特性

野菜の名前には和名と英名があるが，国際的にはLinnéの二命名法（1751）に従った学名で統一されている。**学名**は属名，種名と命名者名からできており，形態的ならびに生態的特性から分類され，属の上の分類は科になる。トマトはナス科に属し，その学名は，*Lycopersicon esculentum* Mill. 'Momotaro' となる。*Lycopersicon* は属名，*esculentum* は種名，Mill.は命名者名で，'Momotaro' は栽培品種名で引用符をつける。属名と種名はラテン語であり，イタリック体で書く。主要野菜の学名を序−1表に示した。

野菜の発育特性は，種類（序−2表）ごとに共通性があり，栽培管理もほぼ同じとなる。例えば，前作にナスを栽培した畑に，ジャガイモやトマトを作ると同じ病害が多発するのは，それらがナス科同士であるためである。同じ科の作物同士では病気に対する抵抗性も共通している。また，キャベツを作った後にブロッコリーを作るとホウ素欠乏が出やすいのは，同じ養分を共通して吸収

序-1表　主要野菜の学名

和名	学名	英名
ホウレンソウ	*Spinacia oleracea* L.	spinach
ハクサイ	*Barssica rapa* L. var. *amplexicaulis* Tanaka et Ono subvar. pe-tsai (L. H. Bailey) Kitam. (=*B. campestris* L. var. *pekinensis*)	Chinese cabbage, celery cabbage, pe-tsai
カブ	*Brassica rapa* L. var. *glabra* Kitam. (*rapifera* group)	turnip
キャベツ	*Brassica oleracea* L. var. *capitata* L.	cabbage
ダイコン	*Raphanus sativus* L. var. *hortensis* Backer	daikon, Japanese radish
エンドウ	*Pisum sativum* L.	pea, garden pea
ダイズ	*Glycine max* Merr.	soybean
セルリー	*Apium graveolens* L.	celery
ニンジン	*Daucus carota* L.	carrot
トマト	*Lycopersicon esculentum* Mill.	tomato
ミニトマト	── var. *cerasiforme*（Dunal）Alef.	cherry tomato
ナス	*Solanum melongena* L.	eggplant
スイカ	*Citrullus lanatus* Matsum. et Nakai	watermelon
マスクメロン	*Cucumis melo* L. var. *reticulatus* Naud.	muskmelon, netted melon
セイヨウカボチャ	*Cucurbita maxima* Duch.	pumpkin
キュウリ	*Cucumis sativus* L.	cucumber
レタス	*Lactuca sativa* L. var. *capitata* L.	head lettuce
イチゴ	*Fragaria* × *ananassa* Duch.	strawberry
ネギ	*Allium fistulosum* L.	Welsh onion
タマネギ	*Allium cepa* L.	onion

するためである。そこで新しい作物を栽培するときや，栽培管理で何か不明な点があれば，それらの原生地とその気候，分類は何かなどを参考にして考えれば類推できる。

　暑さに強い野菜は，春に種子を播くナスやトウガラシなど熱帯原産の野菜に多い（序-3表）。高温に強い植物では，葉の表面にたくさんの白い毛が生えて光を反射しており，体温の上昇を防いでいる。しかし温度が氷点下まで下がると，細胞内の水分が氷になり細胞が破壊される。そこで，冬季のこれらの野菜栽培は，暖房か保温をしたビニールハウスなどで行なわれる。

　逆に，寒さに強い野菜の多くは，秋に種子を播くハクサイやダイコンなど，

序-2表　主な野菜の分類

科	野菜
アオイ科	オクラ
アカザ科	ホウレンソウ，フダンソウ
アブラナ科	キョウナ，アブラナ，ハクサイ，カブ，カラシナ，タカナ，ケール，カイラン，カリフラワー，ブロッコリー，キャベツ，メキャベツ，ワサビ，ダイコン
イネ科	トウモロコシ
ウリ科	スイカ，メロン，シロウリ，マクワウリ，キュウリ，カボチャ，ニガウリ，ヘチマ
キク科	ゴボウ，シュンギク，チコリー，アーティチョーク，レタス，フキ
シソ科	シソ，セージ，タイム
スイレン科	ジュンサイ，ハス
セリ科	セルリー，ミツバ，ニンジン，ウイキョウ，セリ，パセリー
ナス科	トウガラシ，トマト，ナス，ジャガイモ
バラ科	イチゴ
ヒルガオ科	サツマイモ，ヨウサイ
マメ科	ラッカセイ，エダマメ，インゲンマメ，エンドウ，ソラマメ，ササゲ
ミカン科	サンショウ
ユリ科	リーキ，タマネギ，ラッキョウ，ネギ，ワケギ，ニンニク，アサツキ，ニラ，アスパラガス，ヤマユリ

温帯原産の野菜に多い。寒さに強い野菜は，細胞の中に多くの塩類を含んでいるため，細胞内の凍結温度が0℃以下になり，細胞が破壊されるのを防いでいる。逆に高温になると，光合成で生産される物質量より呼吸で消費される量のほうが多くなり，成育が停滞したり，細胞が死んでしまったりする。

3. 野菜の栄養価

野菜の摂取目的は，カロリーをとるよりは，**ミネラル，ビタミンや食物繊維**をとることにある。主な野菜の食品成分は序-4表のとおりで，ミネラルの主要なものに，カルシウム，鉄分，カリウムなどがある。日本人は野菜を比較的多く摂取してきたが，近年その量は低下してきている（序-5表）。とくに年配の人に比べ若い人にその傾向は強く，煮炊きした野菜より生食する野菜の食べ方が多くなっているためと考えられる。野菜摂取の多いイタリアやフランス

序－3表　高温性野菜と低温性野菜　　　　　　　　(熊沢, 1953)

温度適応性		種　類
低温性野菜 (適温約10～18℃)	耐寒性の強い種類	イチゴ, エンドウ, ソラマメ, ハクサイ, キャベツ, メキャベツ, ツケナ類, カラシナ類, ホウレンソウ, ネギ, ラッキョウ, リーキ, ダイコン, カブ, ワサビ
	耐寒性のやや弱い種類	カリフラワー, レタス, セルリー, シュンギク, セリ, ミツバ, フダンソウ, アスパラガス, フキ, ウド, ニンニク, ワケギ, ジャガイモ, ニンジン, ビート
高温性野菜 (適温約18～26℃)	耐暑性の弱い種類	トマト, キュウリ, マクワウリ, スイカ, カボチャ, インゲンマメ, ベニバナインゲン, ライマビーン, スイートコーン, ユリ, ゴボウ
	耐暑性の強い種類	ナス, トウガラシ, シロウリ, トウガン, ユウガオ, ニガウリ, ヘチマ, ハヤトウリ, ササゲ, エダマメ, フジマメ, ナタマメ, オクラ, シソ, ツルナ, ツルムラサキ, スイゼンジナ, ヨウサイ, ミョウガ, マコモ, タケノコ, ニラ, ヒユ, ハスイモ, サトイモ, ヤマイモ, サツマイモ, レンコン, クワイ, キクイモ, ショウガ

は，日本同様海に面した温暖な気候に恵まれ，周年にわたり野菜生産が可能である。日本の摂取栄養比率を見ると，脂質の比率が欧米並みに近づいている（序－6表）。一方，カルシウムなどは不足がちであり，野菜の摂取がもっと必要になっている。

　主要なビタミンにカロテン（A），B_1，B_2とCがある。果菜のトマトやカボチャ，葉菜のキャベツやレタスなどの**緑黄色野菜**はビタミンやミネラルを豊富に含み，1日にとりたい野菜350gのうち，3割に当たる120g以上とることが望ましい（序－7表）。一方，ダイコンやニンジンなどの根菜類は食物繊維の主な供給源であり，整腸作用の促進には欠かせない。

4. 野菜生産の変遷

　野菜生産は自家消費のための生産に始まり，それが次第に**近郊園芸**へと発展した。当初の栽培は適期に行なう**露地栽培**であったが，次第に収穫時期を広げる**施設栽培**が行なわれるようになった。当初は簡単な被覆資材によるホットキ

序-4表　主要野菜の食品成分（五訂 日本食品成分表を修正）

(可食部100g 当たり)

食品名	タンパク質 (g)	脂質 (g)	炭水化物 (g)	灰分 (g)	ナトリウム (mg)	カリウム (mg)	カルシウム (mg)	マグネシウム (mg)	リン (mg)	鉄 (mg)	カロテン (μg)	ビタミン B$_1$ (mg)	B$_2$	ナイアシン	C	食物繊維 (g)
アーティチョーク	2.3	0.2	11.3	1.1	21	430	52	50	61	0.8	6	0.08	0.1	1.2	15	8.7
アサツキ	4.2	0.3	5.6	0.9	4	330	20	16	86	0.7	750	0.15	0.16	0.8	26	3.3
アスパラガス	2.6	0.2	3.9	0.7	2	270	19	9	60	0.7	380	0.14	0.15	1	15	1.8
ブロッコリー	4.3	0.5	5.2	1	20	360	38	26	89	1	810	0.14	0.2	0.8	120	4.4
チコリー	1	Tr	3.9	0.4	3	170	24	9	25	0.2	11	0.06	0.02	0.2	2	1.1
チンゲンサイ	0.6	0.1	20	0.8	32	260	100	16	27	1.1	2,000	0.03	0.07	0.3	24	1.2
ダイコン	2.2	0.1	5.3	1.6	48	400	260	22	52	3.1	3,900	0.09	0.16	0.5	53	4
エダマメ	11.7	6.2	8.8	1.6	1	590	58	62	170	2.7	260	0.31	0.15	1.6	27	5
エンドウ	6.9	0.4	15.3	0.9	1	340	23	37	120	1.7	420	0.39	0.16	2.7	19	7.7
ゴボウ	1.8	0.1	15.4	0.9	18	320	46	54	62	0.7	Tr	0.05	0.04	0.4	3	5.7
ハクサイ	0.8	0.1	3.2	0.6	6	220	43	10	33	0.3	99	0.03	0.03	0.6	19	1.3
茎ニンニク	1.9	0.3	10.6	0.5	9	160	45	15	33	0.5	710	0.11	0.1	0.3	45	3.8
ハネギ	1.5	0.3	7	0.6	Tr	220	54	18	31	0.7	1,900	0.05	0.09	0.5	31	2.9
ホウレンソウ	2.2	0.4	3.1	1.7	16	690	49	69	47	2	4,200	0.11	0.2	0.6	35	2.8
イチゴ	0.9	0.1	8.5	0.5	1	170	17	13	31	0.3	18	0.03	0.02	0.4	62	1.4
ジャガイモ	1.6	0.1	17.6	0.9	1	410	3	20	40	0.4	Tr	0.09	0.03	1.3	35	1.3
カブ	2.3	0.1	3.9	1.4	15	330	250	25	42	2.1	2,800	0.08	0.16	0.9	82	2.9
カイラン	3	0.2	4.7	—	—	—	46	—	—	1.3	750	—	—	—	156	1.1
カリフラワー	3	0.1	5.2	0.9	8	410	24	18	68	0.6	18	0.06	0.11	0.7	81	2.9
キャベツ	1.3	0.2	5.2	0.5	5	200	43	14	27	0.3	50	0.04	0.03	0.2	41	1.8
キュウリ	1	0.1	3.0	0.5	1	200	26	15	36	0.3	330	0.03	0.03	0.2	14	1.1
ミニトマト	1.1	0.1	7.2	0.6	4	290	12	13	29	0.4	960	0.07	0.05	0.8	32	1.4
ナガイモ	2.2	0.3	13.9	1	3	430	17	17	27	0.4	Tr	0.1	0.02	0.4	6	1

食品名	タンパク質 (g)	脂質 (g)	炭水化物 (g)	灰分 (g)	ナトリウム (mg)	カリウム (mg)	カルシウム (mg)	マグネシウム (mg)	リン (mg)	鉄 (mg)	カロテン (μg)	ビタミン B₁ (mg)	ビタミン B₂ (mg)	ナイアシン (mg)	C	食物繊維 (g)
ナス	1.1	0.1	5.1	0.5	Tr	220	18	17	30	0.3	100	0.05	0.05	0.5	4	2.2
日本カボチャ	1.6	0.1	10.9	0.7	1	400	20	15	42	0.5	730	0.07	0.06	0.6	16	2.8
ニンニク	6	1.3	26.3	1.3	9	530	14	25	150	0.8	0	0.19	0.07	0.7	10	5.7
ニンジン	0.6	0.1	9.1	0.7	24	280	28	10	25	0.2	9,100	0.05	0.04	0.7	4	2.7
オクラ	2.1	0.2	6.6	0.9	4	260	92	51	58	0.5	670	0.09	0.09	0.8	11	5
温室メロン	1.1	0.1	10.3	0.7	7	340	8	13	21	0.3	33	0.06	0.02	0.5	18	0.5
パクチョイ	1.6	0.2	2.7	1.1	12	450	100	27	39	0.8	1,800	0.07	0.12	0.8	45	1.8
ピーマン	0.9	0.2	5.1	0.4	1	190	11	11	22	0.4	400	0.03	0.03	0.6	76	2.3
レンコン	1.9	0.1	15.5	1	24	440	20	16	74	0.5	3	0.1	0.01	0.4	48	2
露地メロン	1	0.1	10.4	0.6	6	350	6	12	13	0.2	140	0.05	0.02	0.8	25	0.5
ロケットサラダ	1.9	0.4	3.1	1.5	14	480	170	46	40	1.6	3,600	0.06	0.17	0.5	66	2.6
サトイモ	1.5	0.1	13.1	1.2	Tr	640	10	19	55	0.5	5	0.07	0.02	1	6	2.3
サラダナ	1.7	0.2	2.2	1	6	410	56	14	49	2.4	2,200	0.06	0.13	0.3	14	1.8
サツマイモ	1.2	0.2	31.5	1	4	470	40	25	46	0.7	23	0.11	0.03	0.8	29	2.3
サヤエンドウ	3.1	0.2	7.5	0.6	1	200	35	24	63	0.9	560	0.15	0.11	0.8	60	3
西洋カボチャ	1.9	0.3	20.6	1	1	450	15	25	43	0.5	4,000	0.07	0.09	1.5	43	3.5
セルリー	1	0.1	3.2	1	28	410	39	9	39	0.2	44	0.03	0.03	Tr	7	1.5
スイカ	0.6	0.1	9.5	0.2	1	120	4	11	8	0.2	830	0.03	0.02	0.2	10	0.3
タイサイ	1.9	0.3	3.6	1.6	22	450	210	30	55	3.3	1,900	0.06	0.14	1	47	2.3
タマネギ	1	0.1	8.8	0.4	2	150	21	9	33	0.2	Tr	0.03	0.01	0.1	8	1.6
トマト	0.7	0.1	4.7	0.5	3	210	7	9	26	0.2	540	0.05	0.02	0.7	15	1
ヨウサイ	2.2	0.1	3.1	1.4	26	380	74	28	44	1.5	4,300	0.1	0.2	1	19	3.1

注．Tr：ごく微量

序－5表　世界各国における国民一人1日当たり野菜の消費量　(単位：g)

国名	年次	消費量	国名	年次	消費量	国名	年次	消費量
(ヨーロッパ)			(北アメリカ)			(極東)		
オーストリア	1985	196	カナダ	1985	231	スリランカ	1979～81	47
ベルギー・ルクセンブルグ	1985	231	アメリカ	1985	270	中国	1979～81	181
						インド	1979～81	160
チェコスロバキア	1979～81	187				インドネシア	1979～81	35
デンマーク	1985	199	(ラテンアメリカ)			日本	1985	298
フィンランド	1985	128	アルゼンチン	1979～81	182	韓国	1979～81	520
フランス	1984	296	ブラジル	1979～81	76	パキスタン	1979～81	58
東ドイツ	1979～81	206	チリ	1979～81	189	フィリピン	1979～81	95
西ドイツ	1985	221	コロンビア	1979～81	119			
ギリシャ	1979～81	496	メキシコ	1979～81	87	(アフリカ)		
ハンガリー	1979～81	227	ペルー	1979～81	90	アルジェリア	1979～81	105
アイルランド	1985	231	ベネズエラ	1979～81	58	エチオピア	1970	24
イタリア	1985	415				ケニア	1979～81	60
オランダ	1985	174	(中近東)			マダガスカル	1979～81	79
ノルウェー	1985	118	アフガニスタン	1964～66	99	マラウイ	1979～81	80
ポルトガル	1980	310	エジプト	1979～81	329	モーリシャス	1979～81	75
スペイン	1985	359	イラン	1964～66	93	ナイジェリア	1979～81	98
スウェーデン	1985	128	イスラエル	1979～81	296	南アフリカ共和国	1979～81	129
スイス	1985	248	レバノン	1964～66	261	タンザニア	1979～81	127
イギリス	1985	264	リビア	1979～81	366			
ユーゴスラビア	1985	201	サウジアラビア	1979～81	221	(オセアニア)		
ソ連	1979～81	259	シリア	1979～81	563	オーストラリア	1985	216
			トルコ	1985	519	ニュージーランド	1982	269

資料：OECD『Food Consumption Statistics』，FAO『FOOD BALANCE SHEET』による
注．1979～81年は3カ年の平均である

序論——野菜および野菜生産の特性

序-6表 主要国のPFC比率　（単位：％）

	年度	タンパク質 (P)	脂　質 (F)	炭水化物 (C)
日　本	1951 1980 (適正比率)	12.6 12.8 (12〜13)	9.7 25.1 (20〜30)	77.7 62.1 (57〜68)
アメリカ	1978 (適正比率)	12.5 (12)	44.1 (30)	43.4 (58)
ノルウェー	1978	12.4	42.0	45.6
スウェーデン	1978	13.4	41.6	45.0
西ドイツ	1978	11.6	47.2	41.2
フランス	1978	13.4	45.1	41.5
イタリア	1978	12.9	36.7	50.4

資料：『昭和56年度農業白書』（原資料は農林水産省『食料需給表』，OECD『Food Consumption Statistics』
注．適正比率は，日本は公衆衛生審議会「日本人の栄養所要量」(1979)による農林水産省試算，アメリカはアメリカ上院における報告
『Dietary Goals for the United States』1977によるもの
Pはprotein，Fはfat，Cはcarbohydrate

序-7表 健康日本21に掲げられた成人1日当たり摂取目標値

	基準値 (1997年)	目標値 (2010年)	(参考) 代表的な品目の重さの目安
野　菜	292g	350g以上	玉ねぎ中1個 (200g)，なす1本 (100g)，だいこん1本 (1kg)，キャベツ1個 (1.2kg)，きゅうり1本 (100g)
緑黄色野菜	98g	120g以上	かぼちゃ1個 (1kg)，ピーマン1個 (20g)，ミニトマト1パック (100g)，ほうれん草1束 (200g)，にんじん小1本 (100g)，ブロッコリー小1個 (100g)，かいわれだいこん1パック (50g)，トマト小1個 (100g)，オクラ1本 (10g)
牛乳・乳製品	107g	130g以上	牛乳コップ1杯 (200g)，ヨーグルト1カップ (80g)，スライスチーズ1枚 (20g)
豆　類	76g	100g以上	納豆1パック (50g)，豆腐1丁 (300g)

資料：厚生労働省「国民栄養調査」，「健康日本21」など
注．各品目の実際の重さは商品によって異なる

ャップやマルチ，トンネルを利用した栽培であったが，やがてビニールハウスによる**施設栽培**へと進み，さらに雨除けあるいは養液耕などの装置化が進んできた。栽培規模も拡大して大量生産して出荷する**市場園芸**あるいは**輸送園芸**へと発展してきた。輸送園芸が盛んになるにつれ，収穫後から消費者の手に渡るまでの鮮度保持が重要になってきた（第9, 10章）。

施設の利用が進む一方で，青果物の生産に付加価値をつけるホワイトアスパラガスや根深ネギ，チコリーなどの軟白栽培が進んだ。また，青果栽培以外に，缶詰・瓶詰などの加工用栽培あるいは採種栽培がある。

最近では大生産地による輸送園芸ではなく，近郊園芸で新鮮で安全な野菜を生産する地産地消への取り組みが増加してきている。

5. 安心・安全な野菜生産技術

市場園芸，輸送園芸などに特殊化する中で，栽培の体系は輪作から単一作物の連作化が進んできた。連作により，病気が多発したり，成育が低下する**連作障害**が起こりやすくなっている。近縁の野菜では同種の肥料成分を吸収する傾向があり，また同種の病気にかかりやすい傾向があるためである。

また，土中には多くの有用微生物が生息しており，根の働きと共生関係にある。根の成育やこれら微生物の生息には，多くの有機質を土に混和する必要がある。しかし，近年の労働力不足のため有機質が十分に利用されず，過度な化学肥料依存が続いており，土壌の地力が低下してきている。また，市場に出荷する際の規格に合わせるために，農薬など化学物質の多用化が一般的になり，食品としての野菜の安全性が問題になってきている。これらの要因間の関係をフローチャートにまとめ，序－2 (1)・(2) 図に示した。

次に最近，野菜生産で問題になっている項目をいくつか説明する。

(1) 化学肥料の多量施肥

より多くの収穫を期待して，これまで必要以上の施肥量が土地に投入されてきている。土に過剰の肥料が含まれていると，それが降雨などで地下水を通り川に流れ出て，ほかの畑や河川を富栄養化し，ミジンコやプランクトンを大量発生させて，生態系を攪乱することになる。

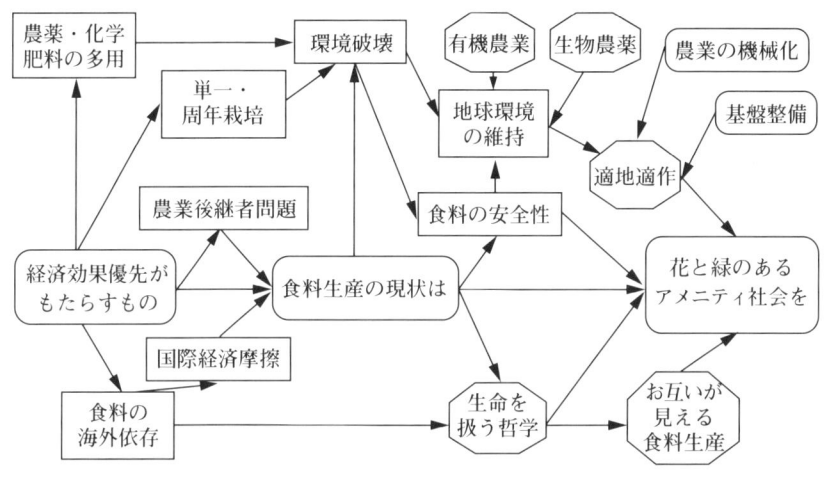

序論——野菜および野菜生産の特性　25

序-2(1)図　自然に優しい農業をめざして

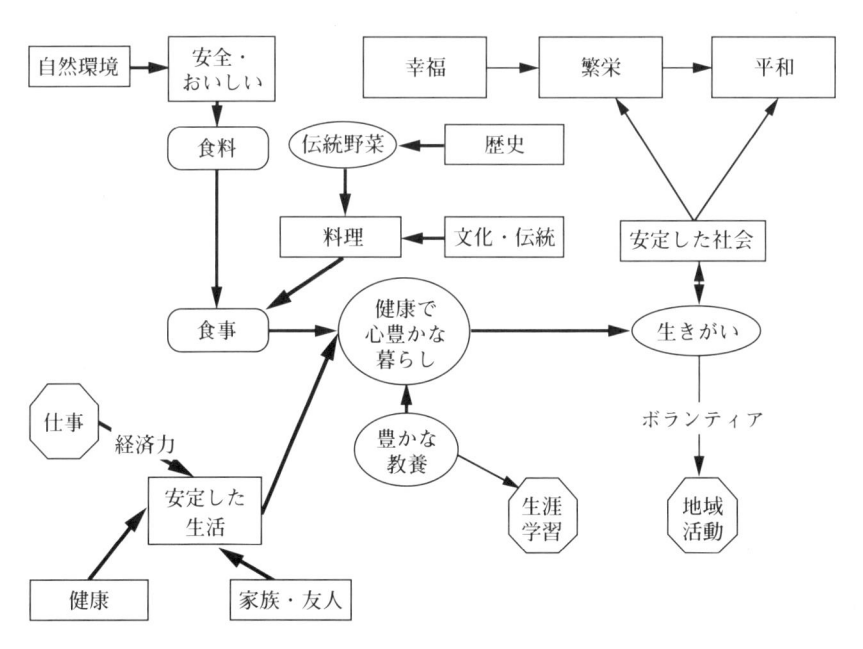

序-2(2)図　伝統野菜のある豊かな暮らし

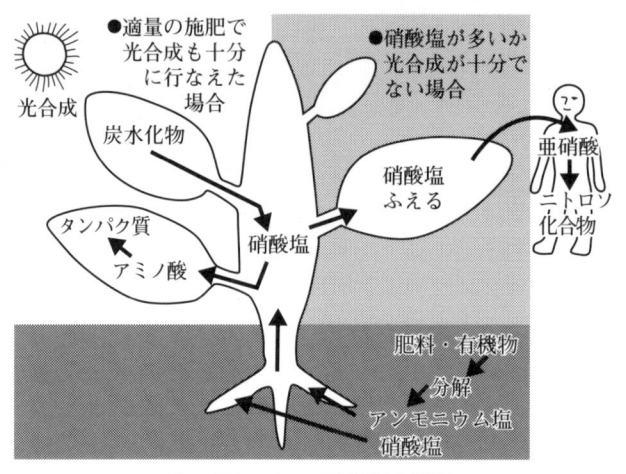

また、野菜はチッソを硝酸塩やアンモニア塩の形で根から吸収し、これと光合成で作った炭水化物から、アミノ酸やタンパク質を作っている（序－3図）。しかし、施肥量が適量であっても、曇天だったり気温が下がったりして十分に光合成が行なわれないと、吸収した**硝酸塩**が利用されないでそのまま体内に残ることになる。そのような野菜には、多量に硝酸塩が含まれており、もし人間が食べるとそれが亜硝酸に変化し、発ガン性物質であるニトロソ化合物になることが指摘されている。ただ、通常摂取する程度の硝酸塩であれば、それ自体、とくに人体に有害なものではない。日本ではまだ規制はないが、EU（ヨーロッパ連合）ではレタスとホウレンソウなどについて硝酸塩の基準値を決めて注意を呼びかけている。わが国でも以前の野菜品種は、多肥条件下でも過剰な栄養成長をしない品種であったが、最近では少肥条件下で正常に発育する品種育成に代わってきている。

序－3図　チッソの吸収と利用

(2) 肥効調節肥料

十分な量の有機物を入れなくなった土壌や、連作土壌では微量要素の不足が起こりやすくなっている。また、肥料は元来成育に応じて吸収されることが望ましく、さらにチッソ、リン酸、カリそれぞれについて要求時期が異なる。そこで近年、さまざまな肥効調節肥料が開発されている。この肥料は肥料成分の溶出を栽培環境に応じて変えるもので、水溶性の粒状肥料を被覆した被覆肥料や、亜硝酸ガス障害を抑えるため、硝酸化成抑制剤入り肥料などがある。また、

序-8表 主な天敵昆虫，ダニ製剤

農薬の種類	対象作物	対象病害虫
イサエアヒメコバチ剤	トマト，ナス（施設栽培） 野菜類（施設栽培）	マメハモグリバエ ハモグリバエ類
オンシツツヤコバチ剤	野菜類（施設栽培） トマト，ミニトマト（施設栽培） 野菜類（施設栽培）	コナジラミ類 オンシツコナジラミ オンシツコナジラミ
チリカブリダニ剤	野菜類，インゲンマメ（施設栽培）	ハダニ
ククメリスカブリダニ剤	野菜類（施設栽培） ホウレンソウ（施設栽培）	アザミウマ類 ケナガコナダニ
コレマンアブラバチ剤	野菜類，ナス（施設栽培） イチゴ，ピーマン，キュウリ， メロン（施設栽培）	アブラムシ類 ワタアブラムシ
アリガタシマアザミウマ剤	野菜類（施設栽培）	アザミウマ類

省力化の点から全量を元肥で施肥するが，徐々に吸収される緩効性肥料も開発されている。

(3) 生物的防除

ある種の害虫は野菜を加害するだけでなく，病気を媒介することもある。害虫防除を薬剤だけに頼るのでなく，天敵の利用が可能になれば防除効果は飛躍的に高まる。

天敵などによる防除を**生物的防除**と呼ぶ。施設栽培では露地に比べて生態系が単純なため，病虫害発生の初期に完全に防除しておけばよいが，手遅れになると病虫害は多発し，いったん抵抗性を持ってしまうとその撲滅はきわめて困難になる。そのため，化学的薬剤だけに頼らない生物的防除が求められている。

日本では1995年にチリカブリダニとオンシツツヤコバチがハダニ類，オンシツコナジラミに対する**天敵農薬**として初めて登録され，その後現在までに15種の天敵が登録されておりその一部を序-8表に示した。また，ある糸状菌の微生物農薬は，散布しても天敵昆虫に害を与えないでコナジラミやアザミウマ類に防除効果があるため，その導入が検討されている。

序-9表　連作を嫌う野菜

連作を避ける年数	野　菜　名
0	トウモロコシ，ツケナ，カブ，レンコン，クワイ，ニンニク，アスパラガス，ウド，ハナヤサイ，イチゴ，セリ，キャベツ
1	ネギ，ホウレンソウ，セルリー，ダイズ
2	ジャガイモ，ナガイモ，ソラマメ，キュウリ，ラッカセイ
3	サトイモ，食用ギク，マクワウリ，トマト，トウガラシ，インゲンマメ
5	ゴボウ，スイカ，ナス，エンドウ，ハクサイ

　コナガやハスモンヨトウの防除には，天敵昆虫の利用以外に，フェロモンによる誘殺も期待されている。
　天敵昆虫を効果的に利用するためには，作物のそばにエサとなる害虫と，その害虫が生息できる植物も必要となる。自然な環境では多様な植物や昆虫が棲み分け，バランスがとれていることが重要となる。その意味で**総合的生物多様性管理（IBM）**の重要性がいわれているが，これは自然な生態系を維持することにほかならない。
　センチュウ（ネマトーダ）は，土の中にいるミミズ様の小さな虫で，根や葉の中に侵入し，成育や収量を低下させるだけでなく，種々の病害を誘発するやっかいな害虫である。マリーゴールドはキク科の観賞植物で，野菜の周囲に植えておくとセンチュウの駆除効果があり，また収穫後土にすき込むことも効果的である。フレンチとアフリカンの2種類あるが，効果に差はない。マリーゴールドは，サツマイモネコブセンチュウをはじめキタネグサレセンチュウなど多くの種類のセンチュウ密度を抑制するため，できれば前作として植えるとよい。
　また，ネギの仲間を輪作として栽培することにより，キュウリなどではつる割病やネコブセンチュウの害を減少させることが知られている。

(4) アレロパシー
　連作すると，病気にかかっていないのに成育が悪くなることがある。これは連作した際，特定の肥料成分が多すぎたり少なすぎるからではなく，土壌中に

ある特定の化学成分が影響していると思われる。このような物資は**忌地物質**と呼ばれる。植物は多かれ少なかれ，いろんな代謝物質や老廃物を根や葉などから排出しており，それが他の植物の成育に影響することが知られている。栽培されている植物同士はお互いに影響し合っており，このことを他感作用あるいは**アレロパシー**という。根から排出される物質の作用もアレロパシーの1つで，本来は他の植物の成育を抑える働きを持っていたのではないかと思われる。アレロパシーによる被害を低減するためにも，連作を避け，古くから日本にあった水稲を組み込んだ輪作体系を再確認する必要がある。序-9表に野菜別の連作を避けるべき年数を示した。

第2節　野菜の成育とライフサイクル

1. 成育特性からみた分類

1年生・2年生植物は一巡植物で，一度花が咲くとその植物は枯れる。そのうち，種子を播いてから1年以内に開花するのが**1年生**，1～2年かかるのが**2年生**となる（序-4図）。品種にもよるがタマネギは1年生で，キャベツは2年

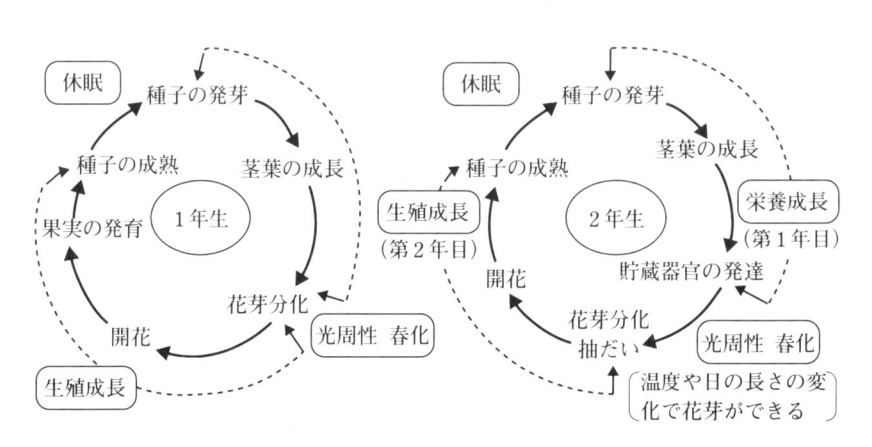

序-4図　1年生と2年生のライフサイクル

（田口，1970を修正）

序-10表　数種の野菜の抵抗性台木

種類	対象病害	抵抗性台木
キュウリ	つる割病 うどんこ病	ニュースーパー雲竜，ビックパワー ときわパワーZ2，胡座
スイカ	つる割病 つる割病	相生，さきがけ（ユウガオ台） ライオン冬瓜，アトム冬瓜（トウガン台）
メロン	つる割病	園研メロン台木2号，健脚（友台）
トマト	青枯病 根腐萎ちょう病	ベスパ，影武者 ドクターK，フィット
ナス	半枯病など	ヒラナス（アカナス），トルバムビガー

生である。それに対して毎年花が咲くのが多巡植物で，宿根草，塊茎・球茎・塊根や木本もこれに含まれ，多年草とも呼ばれる。宿根草としてはイチゴやフキがあり，ジャガイモは塊茎，サトイモは球茎，サツマイモは塊根であり，木本の野菜にはサンショウがある。種子やイモ類，りん（鱗）茎類は，形成された後の気候には適さない期間があるので，好適な気候になるまでそれらは休眠している（第2章）。

2. 周年栽培と発育制御

園芸生産はイネなどの作物生産に比べ，集約的に野菜を管理し，付加価値の高い高品質の食料を生産する特徴がある。もう1つの特徴は，高収量をあげるよりは促成栽培や抑制栽培など，生産の少ない端境期にも生産することである（第10章）。収穫期間を広げることにより，消費者は多様な野菜をいつでも食べることができ，生産者は収入期間が広がり，経営が安定化する。

昔から初物を食べると寿命が延びると，日本人は初物を珍重してきた。古くから初物に対する願望があったようで，その要求を満たすため人より早く生産する，不時栽培あるいは促成技術がすでに江戸時代初期から工夫されてきた。しかし，初物はきわめて高価であったため，歴代将軍も，タケノコ，ナス，シロウリ，ハショウガなどの初物禁止令を出している。

寒地で，化石燃料を浪費して低温期に施設栽培することは，エネルギー的に

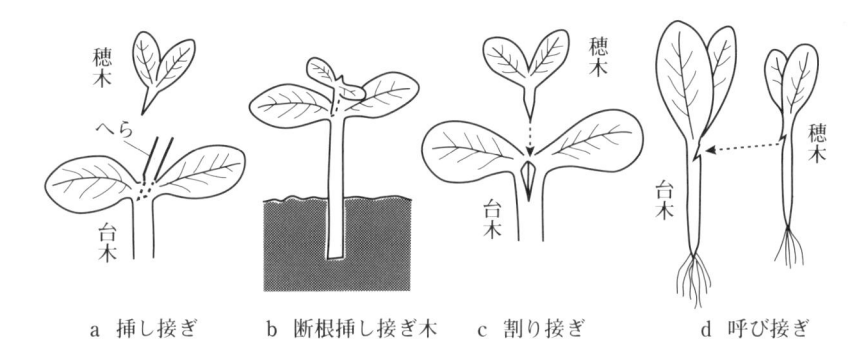

a 挿し接ぎ　　b 断根挿し接ぎ木　　c 割り接ぎ　　d 呼び接ぎ

手順（挿し接ぎの場合）
①穂木より数日前に台木の種子を播く
②挿し接ぎでは竹べらなどの先を尖らせ，台木の先端を切り取った後に穴をあける
③穂木の茎基部をカミソリで斜めに切り，台木に挿し込む
④しっかり穂木を固定し，動かないようにする
　②〜④の操作は暖かくて，湿度の高いところで行なう
⑤数日〜1週間程度で穂木がしっかり固定しており，芽が動き出せば成功

序−5図　果菜類の接ぎ木

も問題がある。むしろ，高冷地では暖地で高温期に栽培できない野菜を栽培し，暖地では高冷地で低温期に栽培できない野菜を栽培するといった，暖地と高冷地の連携が望ましい。一方，暖地ではビニールハウスより簡易なハウスでも低温期に，高温性野菜のトマトやキュウリなどを生産できる。これはすばらしい技術で，アジアやヨーロッパにもこの技術が広がっていっている。

野菜では，発育制御された結果がすぐに周年栽培に展開したり，無病苗や雑種育成などにバイオテクノロジー技術がすぐに応用されるなど，付加価値を高めている（第12章）。

多くの土壌伝染性の病原菌は，根から侵入してくる。しかし，抵抗性を持った系統の野菜を台木にして，栽培したい野菜を穂木として接ぎ木をすると，罹病を防ぐことができる（序−10表）。台木には一般的に同じ種類の野菜が選ばれるが，近縁の野菜に接ぐこともある。「ウリのつるにはナスビはならぬ」というが，カボチャのつるにスイカをならせることはできる。穂木と台木には親和性と呼ばれる相性があり，相手を選ぶ。技術的に接ぎ木がうまく活着するか

どうかは，互いの形成層を密着させ，その癒合が速やかに進むかどうかにかかっている（序－5図）。そのためクリップやテープなどで接ぎ木部を固定して動かないようにし，また乾燥しないように養生することが大切となる。最近では接ぎ木をするロボットもできている。

低温伸長性の台木を積極的に選べば，低温期の栽培が可能になる。また，特定の台木にキュウリを接げば，果実に果粉（ブルーム）の出ない**ブルームレス**のキュウリを作ることもできる。一方，ヒラナスと呼ばれる赤い果実の着く台木にナスを接いだ場合，台木から伸びてくる芽をすべて摘み取らないとヒラナスの赤い果実が着き，トマトが着いたのではと驚くことになる。

3. 維管束系と植物ホルモン

植物を構成する主要器官は，根，茎，花，果実と葉である。茎，根と葉には**維管束**（序－6図）がつながっており，**木部**と**師部**からできている。維管束とその付近の組織を**中心柱**といい，序－7図のように膜状構造をしている。木部では根から吸収した養水分を葉に運んでいる。葉ではこの養水分を用いて光合

序－6図　植物体内の維管束の発達

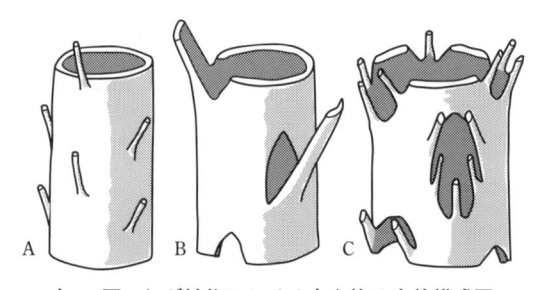

序－7図　シダ植物における中心柱の立体模式図
（小倉，1969）

葉跡と葉隙との関係を示す
A：葉隙のつくられない管状中心柱（小葉型）
B：葉隙のつくられる管状中心柱（大葉型）
C：網状中心柱

成を行ない，光合成産物は師部を通って葉から根，茎あるいは花，果実に運ばれ，成長に利用されたり貯蔵されたりしている。根の細胞は土壌中の養水分と接しており，その細胞は塩類を含んで高浸透圧であるため，養水分は根の細胞に吸収される。一方，葉からは水分が蒸散し，その失われた水分を補うため根からの吸水が促進されることになる。光合成産物や水の通路となる維管束系はいわば人間の血管に相当する重要な器官である。

　また，これらの光合成産物を用いて植物は成育しており，それには環境条件が大きく影響している。植物は温度や光などの環境の刺激を感受し，それらの刺激は植物ホルモン（第11章）などの作用を通して成育を制御している。例えば，キャベツは光が弱くなることで結球を開始するが，その反応はオーキシン処理で代えることができる。ダイコンの短縮した茎は冬を経過した春に伸長してくるが，それはジベレリン処理で置き換えることができる。このように，ホルモンは植物における神経系であり，制御系の機能を持っている。

4. 成長と発育

　野菜の種子が播かれ，また苗が定植されると，芽が出て茎が伸長してくる。やがて花が咲き，あるいは根が肥大してくる。これらの成育の過程は，成長と発育に分けられる。**成長**は主に茎長や葉重など量的な増加を指す。その際，不可逆的な増加だけを成長と呼び，吸水して見かけ上，根重が増加した場合などとは区別する。一方，**発育**は葉，花あるいは果実形成など器官形成が起こっており，そこにはある程度の成長が含まれる。成長が量的増加であるのに対して，発育では質的変化が起こっている。成長と発育の両方を意味する場合には**成育**と呼ぶ（序－8図）。

　成長と発育は遺伝的な制限を受けている。しかしその遺伝子の機能発現には，環境条件や植物体内の栄養条件が密接にかかわっている。発育で新しい器官ができるためには，セントラルドグマ（中心命題）で表わされるDNA→RNA→タンパクの流れ（序－9図）にそって，遺伝情報を読みとって新しい複数のタン

成育 ─┬─ 成長　　形の量的増大
　　　└─ 発育　　若干の量的増大を含んだ形の質的変化

序－8図　成長，発育，そして成育の考え方

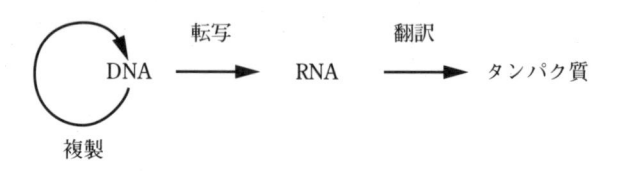

```
      転写          翻訳
 ○ DNA ──→ RNA ──→ タンパク質
複製
```

序−9図　遺伝情報の流れに関するセントラルドグマ

パクができる必要がある。これらの転写過程や代謝の調節過程に環境の刺激が関与している。つまり花芽形成する遺伝子を持っていても，その機能が発現するためには，低温や日長などの環境条件あるいは栄養条件が満たされなければならない。

　植物体を構成するすべての細胞は等しく同じ遺伝子の組み合わせを保持している。しかし，通常では細胞レベル，組織レベル，期間レベルのそれぞれにおいて，置かれた場での特殊化した状態でその機能を分担し合っており，全体として統合された植物体として成長と発育をしている（序−10図）。しかし，器官培養，挿し木，接ぎ木の過程で，これらの組織・器官が切り離されると，切り口の組織・細胞では分化全能性が発揮され，新たな組織・器官形成が可能となる。

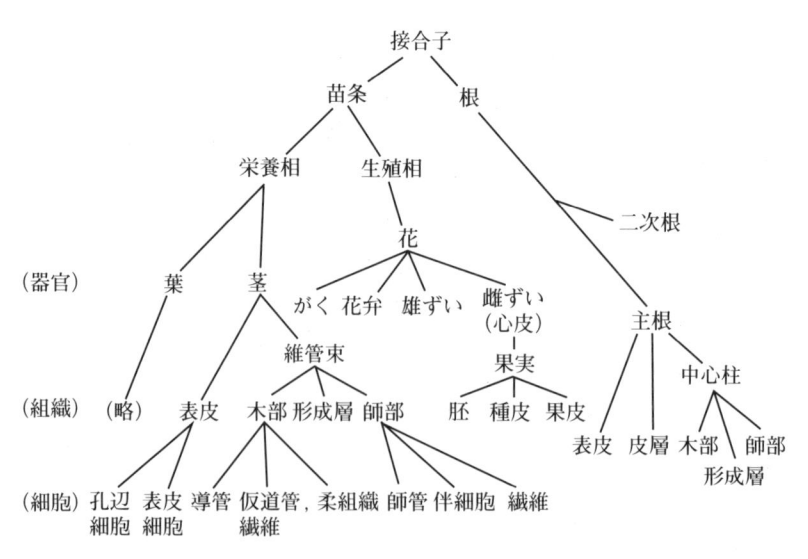

序−10図　高等植物の発育中における分化水準

(Wareing・Phillipsら, 1970)

植物体内の生理的状態も重要な要因であり，つねに栄養相と生殖相が体内でバランスをとりながら，成長と発育の過程が進行している。トマトや，腋芽に花芽ができるマメ類やオクラ，キュウリでは，植物体が旺盛に成長しながら花芽ができ，果実が発達していく必要がある。また，茎頂に花芽ができるカリフラワーやブロッコリーでは，花芽ができるまでに十分に植物体を成育させておき，そのうえで花芽ができ，十分に花らいが発達できるような栄養状態でなければならない。そのバランスが崩れたのが**ツルぼけ**あるいは**カンザシ苗**であり（37ページ），また花芽や果実の発達が異常になる。カリフラワーは金持ちの食べるキャベツといわれるくらい非常にデリケートな野菜で，花芽原基が多数形成される必要がある。第6章で詳述するが，花らい形成後気温が高くなると，正常ではできない小包葉が花芽原基を保護するために分化する。

5. 多様な器官の形成と発達

野菜には草本と木本の2種類があり，さらに双子葉植物と単子葉植物が含まれる。根菜の中でもダイコンのように**主根**が主に成長する種類と，ジャガイモやサツマイモのように，茎や根の変形した**イモ類**が肥大する種類がある（第4章）。他の多くの野菜では，直根ではなく繊維根がよく発達している。また，茎が伸びる種類でも，トマトのように伸長するが誘引の必要な種類と，マメ類のように巻きひげで自ら巻きついていく種類とがある。右巻，左巻の表現が混乱しているが，右巻ねじの巻く方法を右巻とすると，上下を逆さまにしても変わらない。これによればアサガオは右巻，ホップは左巻となる。

葉菜のハクサイなどでは**結球**するものと結球しない種類があり，またその中間のものもある。同じ結球するものでも，地下に**りん茎**ができるタマネギやニンニクなどがある（第3章）。このように野菜では器官の発達が多種多様で，これらの器官形成を十分に理解しておく必要がある。

6. 器官間の相関

キュウリやエンドウなどではある程度茎が伸びると，**腋芽**が伸張を始める。若い間は腋芽の伸長は**頂芽**の働きにより抑えられており，このことは**頂芽優勢**と呼ばれる。ナスでは分枝を促進するため，またウリ類では雌花を早く着けさ

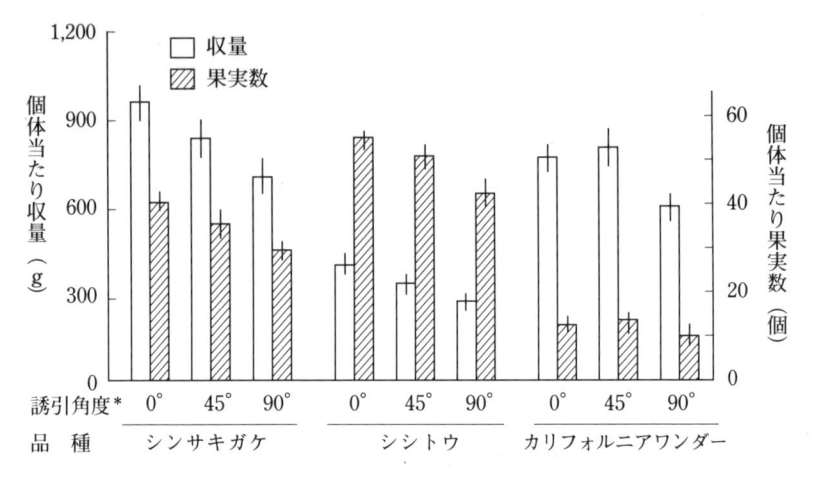

序-11図 ピーマンの収量と果実数に及ぼす誘引角度の影響（定植後75日目）
 ＊：垂直を0°としている　　　　　　　　　　　　　　　　（藤目，1995を修正）

せるため（第7章），頂芽を取る摘心をすることにより，草姿を整えて側枝を伸長させている。

　地上部の成育は地下部に支えられているが，根の成育もまた葉の成育に依存している。例えばキュウリなどでは，過度に摘心をして葉の成育を制限すると，根の成育そのものが悪くなる。

　このように植物では各器官の成育は相互に連絡し合っており，この調和のとれた連携のもとに植物体が成長している。このように，各器官が密接に関係し合っていることを成育相関と呼ぶ。

　ピーマンの側枝は一般に誘引されるが，誘引角度は果実発達に影響を及ぼす。誘引角度が水平や垂直になると維管束の発達が悪くなり，垂直から45度くらいの角度で誘引すると根の発達と維管束の発達は促進され，そのため果実の形成と肥大は促進されることになる（序-11，12図）。これも成育相関の例である。

7. 栄養成長と生殖成長

　1年生植物は発芽後成長して，引き続き花を着けて開花する。しかし2年生

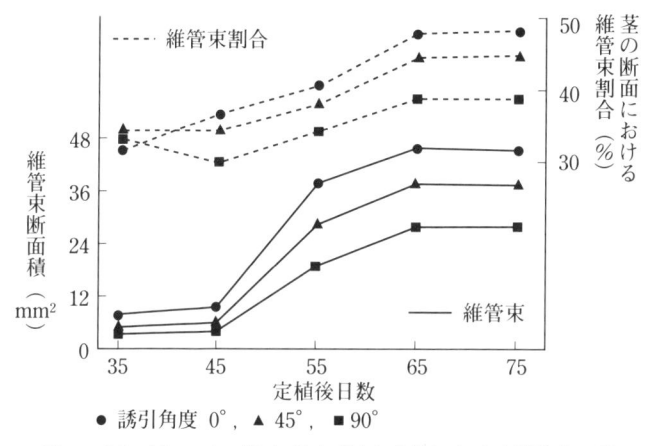

序―12図 ピーマン'シンサキガケ'の茎における維管束の発達に及ぼす誘引角度の影響（第1次分枝）

● 誘引角度 0°，▲ 45°，■ 90°

植物や宿根植物では，茎が伸長しある程度葉数が増えてから，花を着けるようになる。この葉や茎が成長している間が**栄養成長**で，花ができて（第5, 6章）種子（第1章）や果実（第8章）ができるまでが**生殖成長**になる。このように多くの野菜では栄養成長をした後に生殖成長に移行する。しかし，トマトやナス，キュウリでは茎葉が成育しながら花が咲き，果実が発達するため，栄養成長と生殖成長が調和をとって進む必要がある。生殖成長が優先した例がキュウリの**カンザシ苗**で花が叢生する（序－13図）。逆の例がスイカなどの**ツルぼけ**で，茎葉の成育は旺盛だが花が咲かなくなる。このように野菜の成育では，常に栄養成長と生殖成長のバランスがとれている必要がある。

また，<u>根でも花芽でも当初には狭い温度範囲でだけ成育が進むが，成</u>

序－13図 キュウリのカンザシ苗
茎が伸びないで腋芽に多数の花が着き，葉も成長しなくなる

38

育が進むにつれて成育できる温度範囲は広がり，一般に適応性が付与されてくる。齢の進行に伴い根の成育適温は温度幅が広がり，カリフラワーなどは正常花らい発現の温度幅も広がる。

(注) 主な野菜についての本文記載箇所を，下の図に示した。

野菜の種類別説明箇所

		イチゴ	トマト,ナス,ピーマン	キュウリ	キャベツ	タマネギ,レタス	ニンニク	カリフラワー,ブロッコリー	アスパラガス	シュンギク	ダイコン	ジャガイモ
I 栄養相	1. 種子の発芽と成育		○			○					○	
	2. 休眠	○				○	○		○			○
	3. 球形成				○	○	○					
	4. 根の発育										○	○
II 生殖相	5. 花芽分化	○	○		○	○		○		○	○	
	6. 花芽発達と抽だい				○			○		○	○	
	7. 性表現			○					○			
	8. 果菜類の結実	○	○	○								
III 発育と環境	9. 収穫後の生理現象と鮮度保持	○	○	○	○	○	○	○	○		○	○
	10. 環境制御・野菜の反応	○	○	○		○				○		
	11. 植物ホルモン	○	○	○	○							○
	12. バイオテクノロジーの利用	○					○	○	○			○

I 栄養相

第1章　種子の発芽と成育

第1節　受精と種子形成

種子は子房中の胚のうで行なわれる**重複受精**により形成される。つまり第1－1図に示されるように，花粉管の雄核の1つは卵核と合体して2倍体の胚乳原核を作る。花粉管の他の雄核は2つの極核と合体して3倍体の胚乳原核を作る。**重複受精**の結果生じた胚原核と胚乳原核はその後それぞれ**胚**と**胚乳**に発達してゆき，やがて種子が形成される。キャベツやハクサイの子房は莢となり，その中に10個くらいの種子が入っている。

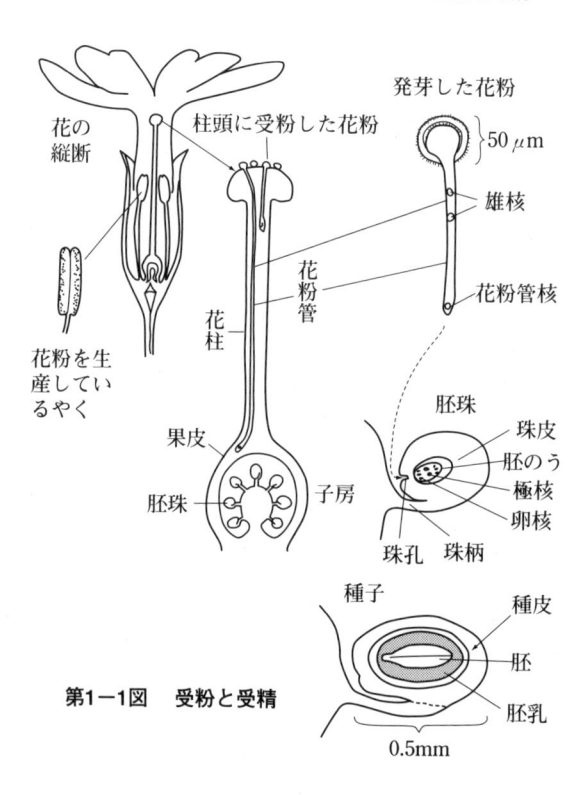

第1－1図　受粉と受精

第1章　種子の発芽と成育　*41*

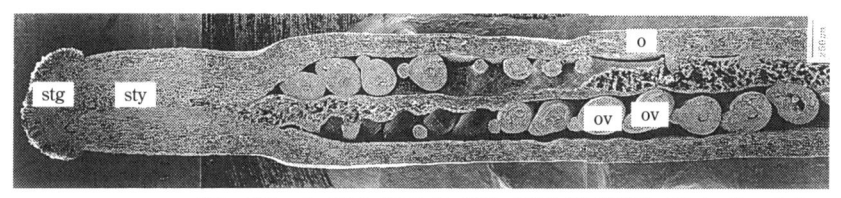

第1-2図　カイランの子房と胚珠（走査型電顕像）（藤目・深田原図）
子房がふくらんで胚珠が大きくなりかけているところ
stg：柱頭　sty：花柱　o：子房　ov：胚珠

第1-3図　オクラの子房と胚珠（走査型電顕像）
（垣渕・藤目原図）
子房ができ，胚珠がこれから作られるところ
ep：副がく　ca：がく　p：花弁　stc：雄ずい筒　fi：花糸　a：やく　ov：胚珠　sty：花柱　stg：柱頭　r：花床　o：子房

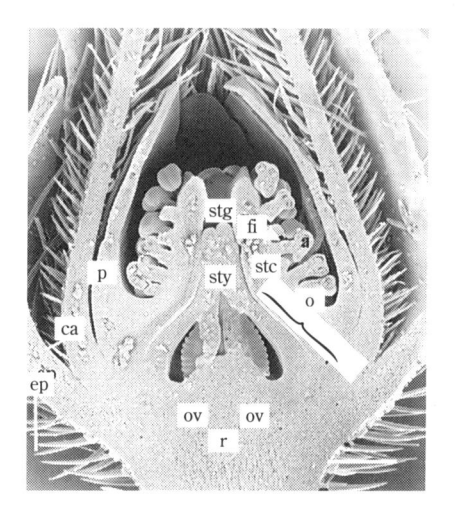

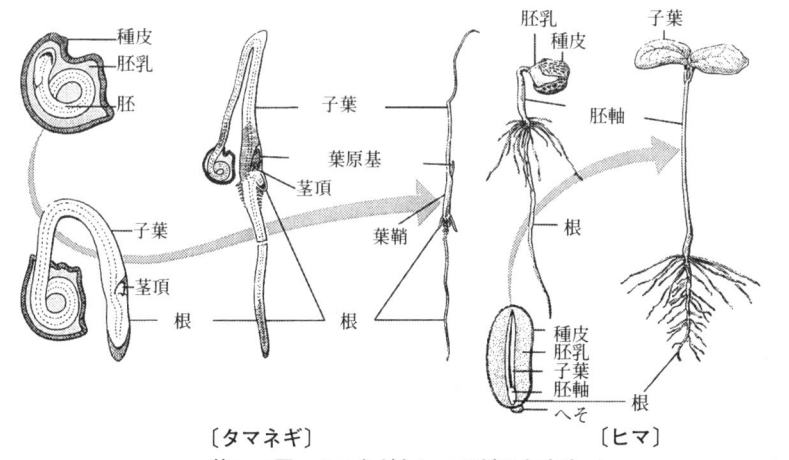

〔タマネギ〕　〔ヒマ〕
第1-4図　タマネギとヒマの種子と実生（Foster・Gifford, 1974）

第1−1表　花と果実の器官の比較

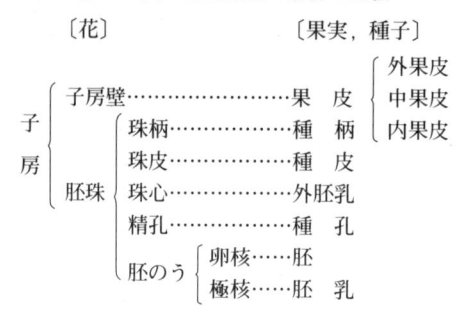

〔花〕	〔果実，種子〕
子房 ─ 子房壁	果　皮 ─ 外果皮／中果皮／内果皮
胚珠 ─ 珠柄	種　柄
珠皮	種　皮
珠心	外胚乳
珠孔	種　孔
胚のう ─ 卵核	胚
極核	胚　乳

カイランとオクラの子房と胚珠の走査型電顕像を第1−2,3図に示した。

種子は第1−4図のように，主として胚と胚乳からなり，種皮に包まれて保護されている。第1−1表に，受精後花の組織・器官がどのような果実と種子の組織・器官に発達していくかを対比して示した。

第2節　発芽の定義と種子の分類

1. 発芽の定義

種子発芽の開始を正確に定義するのは難しい。普通には活動した胚の一部が種子の包被組織を破って出現したときをもって**発芽**とし，それ以降を**成育**としている。これは発芽生理上の定義であるが，実用的立場からは一般にさらに幼芽と幼根の成育が進行したときをもって発芽としている。発芽の際には多くの場合まず根が現われるが，子葉あるいは子葉鞘が先に現われる場合もある。土壌中で種子が発芽すると，幼芽がその後伸長して土壌面に現われるので，これを**出芽**と呼ぶ（第1−5図）。

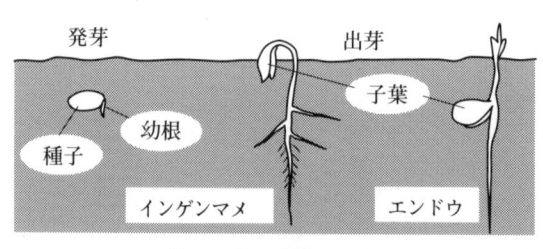

第1−5図　発育と出芽
出芽には子葉が地中に残って本葉が地上部に出る種類（エンドウ）と，子葉が地上に出る種類（インゲンマメ）がある

発芽試験の結果を数的に示す場合，発芽勢あるいは発芽率という用語が用いられる。普通，種子を発芽床に置

床後2～3日で活性の高い種子が発芽するが，そのときの種子数を百分率で示したものを**発芽勢**，その後発芽力を持つすべての種子が発芽したときの種子数を百分率で示したものを**発芽率**という。発芽勢締め切り日は置床後7～8日くらい，発芽率は置床後10日くらいである。

野菜は種子繁殖されるものがほとんどであり，栽培にあたっては**直播き**されるものと**育苗**して**移植**されるものとに分けられる。

直播きされるものとしてはダイコン，ゴボウ，ニンジンなどの根菜類，あるいは栽培期間の比較的短いインゲンマメ，エンドウ，ソラマメなどのマメ類，ホウレンソウ，ハクサイ，フダンソウなどの葉菜類がある。一般に育苗される野菜には，栽培期間が比較的長くて単価の高いトマト，ナス，ウリ類などの果菜類，およびカリフラワー，ブロッコリー，レタスなどの葉菜類やタマネギなどがある。いずれにおいても発芽率の高低は重要な問題である。

2．種子の分類と形態

一般に種子と呼ばれていても，植物学上の種子以外に**果実**を含むことがある。例えばキク科のレタス，ゴボウ，シュンギク，セリ科のニンジン，ミツバ，セルリー，パセリー，アカザ科のホウレンソウ，フダンソウ，シソ科のシソ，タデ科のタデなどは，子房中に胚珠が1つあるだけで，受精後これらの種子は直接果皮に包まれるため，植物学上は果実ということになる。

種子は第1-4図に示したように，種皮，胚乳および胚からなり，養分が胚乳に蓄えられている**有胚乳種子**（ユリ科，セリ科，ナス科，アカザ科，タデ科，イネ科）と，胚乳の養分が子葉に吸収されてしまった**無胚乳種子**（マメ科，ウリ科，アブラナ科，キク科）に分けられる。

第3節　発芽に及ぼす要因

種子が発芽するためには，種子の内的条件として休眠からさめている必要があることは当然であるが，外的条件として少なくとも**水分**の補給，好適な**温度**，**酸素**の供給の3条件が整っている必要があり，まれには光条件がかなりの影響を及ぼす場合もある。

1. 内的要因

(1) 熟　度
外見上は成熟した種子のように見えても，収穫後ただちに播種した場合には，発芽力のないことがある。このような種子では，さらに一定期間の成熟を進行させる必要がある。このように見かけ上の成熟後における成熟を**後熟**という。一般に種子が発芽力を持つためには，一定期間を経て形成された種子が，さらに一定の熟度に達することが必要である。

(2) 種子休眠
十分に成熟して発芽能力を持つ種子を発芽に適した条件においても，種子の成育が停止して発芽しない状態を**種子休眠**という。この現象は木本の芽や球根の芽と同様に，種子形成後の環境条件の年次的な変動に対する種子の適応反応と考えられる。休眠を誘導する原因は明らかでないが，多くの種子において果皮，種皮，胚乳，胚などに存在する発芽抑制物質が，休眠を引き起こしていると考えられている。

発芽抑制物質の存在はゴボウ，ビート，キャベツ，ニンジン，フダンソウ，レタスおよびラッカセイにおいて知られており，いずれの種子も水洗されることにより発芽が促進される。種子休眠を打破するには上記の水洗以外に，温度処理がある。温度処理には低温処理と高温処理があり，低温処理には種子を吸水させて砂の中に埋め，これを5℃前後の低温に一定期間おく**層積法**がとられる。低温処理が有効なものとしてダイコン，キャベツ類，レタス，シソ，ウドがある。高温が休眠打破に有効なものとしてイネ，オオムギ，ダイコン，ホウレンソウ，ラッカセイおよびアオイがあり，処理温度は植物によって異なり，フユアオイでは7℃・2時間が有効とされている。

(3) 硬　実
硬実とは種皮の不透水性のため，種子が発芽できない現象である。クローバー種子のように小粒のマメ科種子では硬実の見られることが多いが，エンドウ，インゲンマメ，ソラマメなどの大粒のものでは通常硬実は見られない。マメ科

以外でもアオイ科のオクラ，ヒルガオ科のアサガオ，ヒツジグサ科のハスでも硬実を持つ。硬実種子の発芽を促進するためには，種皮をナイフあるいは塩酸などで傷つけて吸水させてやればよい。

(4) 体内リズム

種子の休眠は一般に採種直後，種子の齢が進むにつれて次第に破れていくものであるが，中には休眠が季節により変動し，しかもその変動が毎年季節ごとに一定していることから，種子には本質的なリズムがあると考えられている。たとえばアオビユ種子は，毎年6～7月に発芽がもっとも多く，12～3月には発芽が少なくなるという。

(5) 種子の大小

種子が大きければ発芽が促進されることが多い。とくに直播栽培あるいは成育期間の短い植物では，健全で大きくて充実した種子を形状，重さなどから選ぶ必要がある。

(6) 寿　命

種子も生命体であり，一定の寿命を持っている。寿命のもっとも長い例として，2000年前のハスの種子が1951年に発見され発芽した**大賀ハス**(おおが)がよく知られている。また，エジプトのツタンカーメンのピラミッドから発見されたとされるエンドウが，最近日本でも話題を呼んでいる。わが国では常温で種子を保存したのでは，ふつうの種子は2～3年で発芽力はなくなる。そこで発芽力を維持させるためには，乾燥条件で保存するなどの注意が必要となる（本章第4節参照）。

2. 外的要因

(1) 温　度

種子の発芽にはそれぞれ最適温度があり，また発芽できる最低および最高温度がある。しかし，これらの温度については，休眠性のある種子では採種直後から種子齢が進むにつれて変化する。一般に採種直後には適温の幅が狭いが，

第1-2表 野菜種子の最低，最適および最高発芽温度

(中村，1967を修正)

種　類	最低温度	最適温度	最高温度	備　　考
ダイコン	4℃	15～30℃	35℃	好暗性，休眠性あり
キャベツ類	4	15～30	35	好光性，休眠性あり
レタス	0～4	15～20	30	好光性，休眠性あり
ゴボウ	10	20～30	35	好光性，休眠性あり
シュンギク	0～4	15～20	30	好光性，休眠性あり
ニンジン	4	15～30	33	好光性
ミツバ	0～4	15～20	28	好光性
セルリー	0～4	15～20	30	好光性
ネギ	4	15～25	33	好暗性
タマネギ	4	15～25	33	好暗性
ニラ	0～4	15～20	25	好暗性
ナス	10	15～30	33	好暗性，変温必要，休眠性あり
トマト	10	20～30	35	好暗性
トウガラシ	10	20～30	35	好暗性
ウリ類	15	20～30	35	好暗性，休眠性あり
インゲンマメ	10	20～30	35	
エンドウ	0～4	15～25	33	
ソラマメ	0～4	15～25	33	
ホウレンソウ	0～4	15～20	30	
フダンソウ	4	15～25	35	
シソ	0～4	15～20	28	好暗性，休眠性あり

注．ここにいう休眠性は，発芽温度および光線条件に関係する休眠性のみを示す。
また，発芽の最低・最高温度は，実際の栽培で保証できるものではない

その後適温の幅が広くなり，最低，最高温度の幅も広くなっていく。主要野菜の発芽と温度の関係を第1-2表に示した。最適温度は植物の種類によってそれほどの変化はないが，**最低温度**については差が見られる。ナス科のトマト，トウガラシ，ナスとウリ類あるいはインゲンマメ，ゴボウは10℃あるいは15℃以上の温度でなければ発芽しないが，それ以外のダイコン，キャベツ類など多くの野菜は4℃前後の温度でも発芽する。

(2) 水　分

種子の発芽には一定以上の水分が必要である。休眠状態にあった種子が水分

を吸収すると種々の分解酵素や呼吸の脱水素酵素が活性化され，胚が成育を始める。発芽を急速かつ斉一にするためにはゴボウ，フダンソウ，ニンジン，アスパラガスなどでは浸漬処理が行なわれることがある。しかし，インゲンマメ，エンドウなどでは，浸漬処理によって貯蔵物質が浸出するため発芽に悪影響の出ることが知られている。

(3) ガス条件

一般に酸素の濃度が高まると発芽は促進され，炭酸ガスの濃度が高まると発芽は抑制される。この酸素に対する要求度，あるいは炭酸ガスによる抑制度は植物の種類によって異なる。各種野菜類で酸素と炭酸ガスの濃度を変えたガス中での発芽を調べた結果は第1-6図のとおりである。これによるとダイコンとセルリーは酸素要求度がもっとも高く，キュウリ，ネギ，シロウリ，インゲンマメでは酸素要求度がもっとも少ないことがわかる。

(4) 光

種子によっては照明下のほうが発芽がよいもの，暗黒のほうがよいもの，さらに照明とは無関係のものがあり，それぞれ**好光性種子，嫌光性種子，中性種子**と呼ばれる。野菜種子の例を第1-3表に示した。例えば，好光性種子の例としてはアブラナ科のキャ

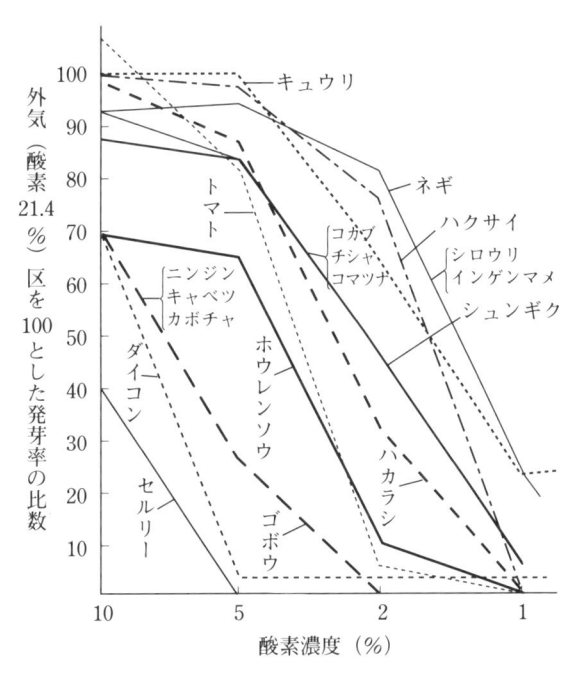

第1-6図　酸素濃度と発芽率（温度18.5〜24.0℃）

(堀ら，1953)

第1-3表 野菜種子の発芽と光との関係 (中村, 1967を修正)

種類		光との関係	
科	種	温度	感光部
アブラナ科	ダイコン	各温度で嫌光性, 採種直後は低温での嫌光性が著しい	種皮
	キャベツ類	各温度で好光性	種皮
キク科	ゴボウ	各温度で好光性	果皮
	レタス	各温度で好光性を示すが高温ほど著しい	種皮
	シュンギク	各温度でやや好光性を示す	果皮
セリ科	ニンジン	各温度でやや好光性を示す	胚
	ミツバ	各温度で好光性	胚
	セルリー	各温度で好光性	胚
ユリ科	ネギ	各温度で暗所のほうが発芽速度大	
	タマネギ	各温度で暗所のほうが発芽速度大	
	ニラ	各温度で暗所のほうが発芽速度大	
	リーキ	各温度で暗所のほうが発芽速度大	
ナス科	ナス	各温度で暗所のほうが発芽速度大, ことに低温で著しく, 発芽率の低下する場合もある	胚
	トマト	各温度で暗所のほうが発芽速度大, ことに20℃, 30℃で著しく発芽率の低下する場合も多い	胚
	トウガラシ	各温度で白熱電灯光下で発芽が遅延する。ことに20℃, 30℃で著しい	胚
ウリ科	スイカ	各温度で嫌光性を示すが, 低温ほどその程度が大	胚
	カボチャ	各温度で嫌光性を示すが, 低温ほどその程度が大	胚
	キュウリ	約20℃以下で嫌光性を示し, 高温では無反応	胚
	マクワ	高温では無反応, 約20℃以下で嫌光性を示し, 低温ほどその程度が大	胚
	シロウリ	約20℃以下で嫌光性を示し, 高温では無反応	胚
	ユウガオ	各温度で嫌光性	胚
	トウガン	各温度で嫌光性	胚
	ヘチマ	各温度で嫌光性を示すが, 低温ほどその程度が大	胚
	ツルレイシ	各温度で嫌光性を示すが, 低温ほどその程度が大	胚
シソ科	シソ	各温度で好光性	種皮

第1章　種子の発芽と成育　49

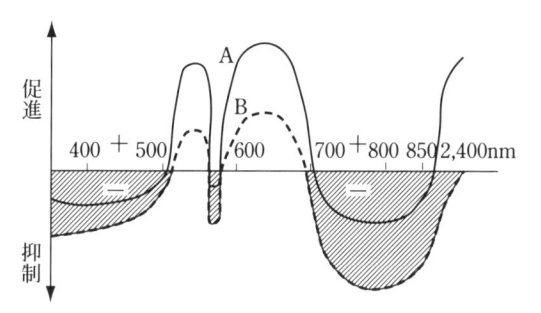

第1-7図　好光性種子（A）と嫌光性種子（B）の発芽に対する波長別光の作用模式図
(Ruge, 1966)

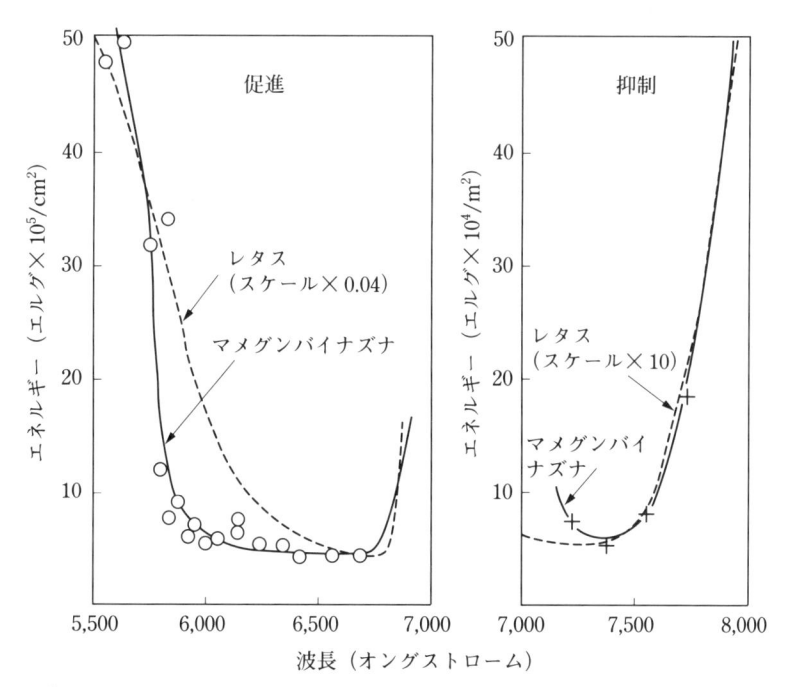

第1-8図　マメグンバイナズナ（*Lepidium virginicum*）の種子が20℃，0.2％のKNO₃液中で50％発芽するのに対して促進および抑制の作用スペクトラム　　(Toole, 1955；中村, 1967より引用)
比較のためにレタスの種子の場合を破線で示す

第1-4表 トマト種子の発芽に対する2日間の遠赤外光（FR）[a]照射による抑制，赤色光（R）[b]照射によるその消去，および種々の暗黒（D）時間後遠赤外光照射[c]による再抑制　　　　　　　（Mancinelliら，1966）

処理	発芽率
暗黒標準	92%
FR[a] 2日間	1
FR 2日間，R[b]	89
FR 2日間，R，0時間 D，FR[c]	8
FR 2日間，R，2時間 D，FR	11
FR 2日間，R，9時間 D，FR	20
FR 2日間，R，15時間 D，FR	55
FR 2日間，R，21時間 D，FR	71

注．a：740mμで1.6μWcm^{-2}mμ^{-1}　b：660mμで2.4μWcm^{-2}mμ^{-1}3分間　c：740mμで4.3μWcm^{-2}mμ^{-1}5分間

ベツ類，キク科のレタス，ゴボウ，シュンギク，セリ科のニンジン，セルリー，ミツバ，シソ科のシソなどがある。嫌光性種子の例としてアブラナ科のダイコン，ナス科のナス，トマト，トウガラシ，ウリ科のものすべて，ユリ科のネギ，タマネギ，ニラ，リーキなどがある。光の有無に無関係なものはアカザ科のホウレンソウ，フダンソウ，マメ科のものすべてである。これからもわかるように，植物学的分類の同じ科内では，共通して同じ光反応を示す。

光の波長　好光性あるいは嫌光性種子が光の波長のどの部分で促進され，または抑制されるかを調べてみると，いずれの種子についてもその促進部と抑制部は第1-7図に示すとおり，だいたい同一の波長域である。つまり660nm付近の赤色光で発芽は促進され，730nm付近の遠赤外光で抑制されている。第1-8図にレタスとマメグンバイナズナで調査した結果を示した。この赤色光と遠赤外光とは互いに拮抗作用があり（第1-4表），一方の照射後に他方を照射すると前者の作用は消されてしまう。この光反応に関与する色素は**フィトクローム**と呼ばれている。これはフィトクロームには赤色光を照射するとP_r型と遠赤外光を吸収するP_{fr}型があり，P_r型は赤色光を吸収してP_{fr}型となり発芽を促進するためである（229ページ，第11-16図）。P_{fr}型は遠赤外光が照射されると元のP_r型になる。好光性種子ではフィトクロームは主にP_r型で存在し，嫌光性種子ではP_{fr}型で存在しているため，赤色光の照射なしに暗黒下でも発芽できる。

第4節　種子の貯蔵と発芽

1. 種子の貯蔵法

　種子は低温（20℃以下）・乾燥状態（相対湿度55％以下）で保存するのが望ましく，乾燥がもっとも重要になる。収穫した種子は十分乾燥させることが，その後の精選や貯蔵のために必要である。貯蔵するためには温度を低くした貯蔵庫に入れるか，あるいは吸湿しないように密封しておく。この際，乾燥剤を添加するのが望ましい。乾燥剤として生石灰（CaO），塩化カルシウム（$CaCl_2$）およびシリカゲルがある。**シリカゲル**は吸湿力が適度で，吸湿したゲルの再生も可能で，種子の乾燥剤として理想的なものである。一般的には，密封容器にシリカゲルなどの乾燥剤を入れて種子を保存する。種子には寿命もあるが，低温・乾燥条件でふつうの野菜種子は10年くらい保存できる。

2. 休眠打破

　休眠打破および発芽促進処理として，種々の化学物質が用いられる。ナス科の例を第1−5表に示したが，ジベレリンはアブラナ科，レタス，シソだけでなく，イネ科植物や花卉の数種について発芽促進効果を示す。通常では100ppmの浸

第1−5表　ナス，トマトおよびトウガラシの種子に対するジベレリン（100ppm）の発芽促進効果（単位：％）　　（中村，1959）

種類	暗黒		近赤外光	
	水	ジベレリン	水	ジベレリン
ナ　　ス	38.5	90.0	2	74
ト　マ　ト	93.2	—	13	82
トウガラシ	86.0	—	71	71

注．発芽温度は25℃

第1−6表　ニンジン種子の発芽に対するジベレリン，硝酸カリおよび水洗の効果
（単位：％）　　（安芸，1960）

処理	黄熟種子		褐熟種子	
	散光	暗黒	散光	暗黒
ジベレリン 50ppm	38.33	17.66	61.33	50.00
ジベレリン 100ppm	38.66	24.00	66.66	46.33
硝酸カリ 0.2％	36.00	29.00	62.66	66.66
水　洗	26.00	13.00	51.33	43.00
無処理	11.33	4.33	37.00	23.66

第1-7表 シュンギク種子の休眠打破（単位：％）
(中村，1962，1967)

種子齢＼処理	水		チオ尿素		剥 皮*	
	明	暗	明	暗	水・暗	チオ尿素
0日	38.6	24.2	60.5	59.0	82	80
4	33.0	28.0	—	—	—	—
16	45.5	44.3	—	—	—	—
60	46.3	46.0	—	—	—	—
98	58.5	50.0	—	—	—	—

注．＊剥皮区はシイナを除いてある

漬処理で用いられる。これ以外に，硝酸カリにも発芽促進効果がある（第1-6表）。また，チオ尿素は，アブラナ科，レタス，ゴボウ，シュンギクの休眠打破に効果がある（第1-7表）。

3．種子の大きさ

野菜の種子の多くは小さいため，dl（デシリットル）とかml（ミリリットル）などの容積で示される。しかし，それで何粒くらいの種子がそこにあるか

第1-8表 主要野菜種子の重さと大きさ（目安）

種類	直播/育苗	定植本数/10a	播種量/10a	種子数/20ml	1,000粒重(g)
葉菜					
キャベツ	育苗	4,000～5,500	40～60ml	3,000～4,000	4.3
ハクサイ	育苗	2,800～3,700	40～50ml	4,200	3～3.5
ハクサイ	直播	2,800～3,700	3～4dl	4,200	3～3.5
ホウレンソウ(丸粒)	直播	70,000～150,000	3～4l	800～1,100	7.6～8.0
レタス	育苗	5,500～6,600	40～60ml	7,500	0.8～1.2
果菜					
トマト	育苗	2,400	40～60ml	1,600	2.97
ナス	育苗	900	20～40ml	2,000～2,400	3.5～4.5
ピーマン	育苗	1,500	40～60ml	1,800	4.6～4.7
キュウリ	育苗	1,200	0.8～1dl	400	23～42
スイカ	育苗	500	60ml	160～200	15.2～123.7
根菜					
ダイコン	直播	6,000～7,000	0.5～0.8l	700～1,000	6.1～18.2
ニンジン（毛除）	直播	20,000～40,000	0.6～1l	3,500～4,500	1.2～1.4
カブ	直播	40,000～60,000	4～6dl	3,800	1.5～3.6
ゴボウ	直播	15,000～20,000	1.5～1.8dl	700～900	11.2～14.4

わかりにくい。容積は同じでも，重さの異なる種子があるためである。また，種類別に大きさは異なるし，同じ種類でも早生種と晩生種の種子で，大きさは異なる。そこで，実用的には **1,000粒重** という単位が使われ，それにより種子の重さが推定できる。第1-8表に種類別の10a当たり必要数，種子数/20mlと1,000粒重を示した。最近では，小規模の栽培者のため，種子数別にも販売するようになってきた。

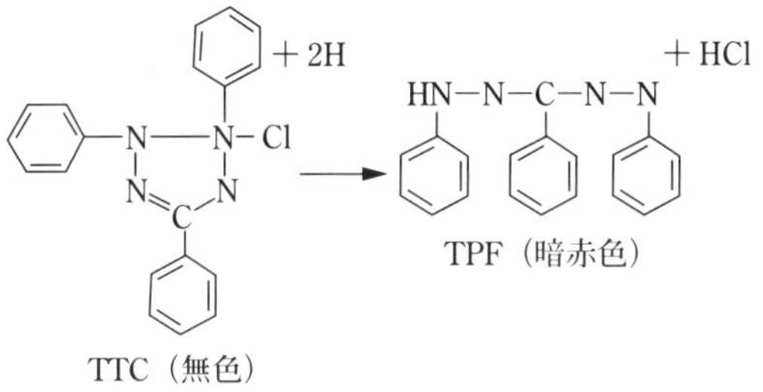

第1-9図　TTCの呈色反応

4. 発芽力の急速検定法

種子の発芽力の検定には，ふつう2～3週間程度の時間が必要となるが，緊急に発芽力を検定したい場合もある。そのような場合には種子を縦断し，**TTC**（2,3,5-トリフェニールテトラゾリウムクロライド）液に浸漬すると，活性のある胚は無色のTTCを還元して暗赤色のTPF（トリフェニールフォルマザン）に染まる性質を利用して（第1-9図），発芽力の急速検定をすることができる。

5. 種子の調整

野菜の種子は機械播きなどを容易にするためペレット状にされている。**ペレット種子**は天然成分の粉体を用い，種子の周囲を球体に整形したものである。不整形な種子や扁平種子，微細種子などでも，整形することにより機械播種が容易になる。

レタスは，30℃以上の高温時では発芽は不良になりやすいので，ペレット種子などはすべてプライミング処理されたものが用いられる。**プライミング処理**とは，種子が吸水して発芽するまでの過程を，ポリエチレングリコールに浸漬処理するなどして人工的に進めることをいい，この処理により，不良環境下

での発芽揃いや発芽時期を促進することができるようになる。また，種子に吸水と乾燥をくり返すハードニング処理をすることでも，不適環境下での発芽を促進する効果がある。

これ以外にフィルムコート種子とネーキッド種子がある。フィルムコート種子は殺菌剤や着色剤を加えた水溶性ポリマーで種子をコーティングして，種子の周囲に薄い皮膜で薬剤を保持させたもので，発芽時の病害発生を防止し，従来の粉衣処理などに比べ薬剤の飛散が少ない利点がある。ネーキッド種子とはホウレンソウなど硬い果皮に覆われて発芽障害の起きやすい場合に，果皮を除いて発芽を容易にした種子のことをいう。

6. 採　種

野菜の種子には，**固定種**と一代雑種の**F_1種子**がある。固定種は，形態や性質などの形質の似通ったグループの中から採種されており，自家採種は可能である。しかし，最近の種子はほとんどがF_1で，採種種子を播いても形質は不揃いとなり，親と同じような揃った形質になることはまずない。従って，F_1種子の場合は毎回購入する必要がある。

F_1種子は，作りやすさや生産性などの育種目標に従って品種改良されている。しかし，消費者の嗜好性などからいうと，固定種にもよい品種は多い。固定種の場合，ある程度変異のある集団の中から選んで交配をするため，その選抜次第で多少の変化をつけることは可能だからである。しかし，それだけ交配の個体選抜は技術的に難しいことにもなる。採種には遺伝因子だけでなく，栽培環境も味などの形質に影響を与えることが知られている。個々の野菜の特性が発揮されるためには，それぞれの気候風土が関係しており，各地方にある伝統野菜の種子を残そうとする試みが起こっている。

第5節　種子発芽後の幼植物形成

種子は発芽後，他養的な状態から光合成を行ない自養的な状態に移行し，発育が進む。その結果，第1-10図に示すような基本栄養器官，つまり地上部にあるシュート（**苗条**）と地下部にある根が作られる。シュートは葉と茎からな

り，葉は茎の節から成育する。また葉腋からは側枝が発生する。シュートも根も，基部から頂端に向かって求頂的，逆に頂端から基部に向かって求基的な極性がある。

1. 茎　頂

茎頂は第1－11図に示すように，外側の外衣と内体からなる。内体は中心母細胞群と周辺分裂組織があり，下方の髄状分裂組織に接する。周辺分裂組織は核酸，タンパク質，オーキシンなどが豊富に含まれており分裂活性が高く，葉原基や花芽原基はこの周辺分裂組織で形成される。髄状分裂組織は主として節間組織を作りジベレリンが豊富に含まれていて，茎の伸長に寄与している。グロースリターダントを処理すると葉の分化を阻害することなく，アンチジベレリン作用により節間伸長だけを抑制し，矮化植物を作ることができる。

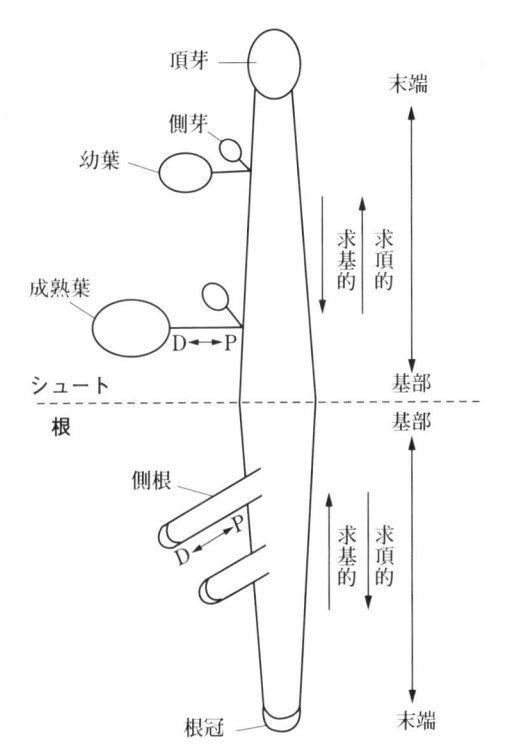

第1－10図　植物のシュートと根の模式図
(Jacobs, 1979)

D：末端，P：基部

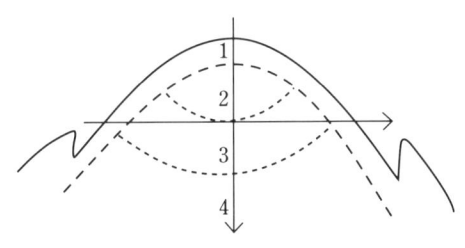

第1－11図　頂端分裂組織の層的区分
(藤目, 1983)

1：外衣，2：中心母細胞群，3：周辺分裂組織，2，3と4：内体，4：髄状分裂組織

2. 茎

(1) 茎の伸長

茎は長く伸びたものと短縮したものがあり，トマト，ナス，キュウリは前者の例であり，後者の例としてはキャベツ，ハクサイ，ダイコン，ニンジンなどがある。後者の短縮茎では節間がつまり，ダイコン，ニンジンなどでは葉が叢生しており，根出葉と呼ばれ，そのような草姿全体をロゼットと呼ぶ。ロゼット型植物でも，低温遭遇後には花芽を着けた茎である花茎の伸長が起こり，**抽だい**と呼ばれる。茎の伸長にはオーキシンやジベレリンなどの植物成長調節物質が関与しており，一般的には茎の伸長はジベレリン含量との相関が高い。

(2) 分 枝

茎頂での葉の分化に遅れて，葉腋に腋芽が形成され側枝に発達していく。しかし，普通には**頂芽優勢**があるため，腋芽の発育は頂芽によって抑制されている。そこで頂芽から離れる位置にある腋芽ほど発育しやすい。腋芽の伸長はこのように頂芽優勢の影響を受けているが，腋芽にジベレリンを与えるか，あるいは頂芽を摘心することにより腋芽の伸長は促進される。また，茎頂にサイトカイニンを処理することにより，頂芽優勢が打破され腋芽が伸長するだけでなく，分枝数も増加することが知られている。

3. 葉

葉は茎頂の分裂組織から**葉序**に従って，葉原基として形成される。葉序は第1−12図に示すような葉の分化の規則性を示したもので，2/5の葉序のものが多い。葉原基は茎の維管束中の木部と師部につながり，葉と茎の通導組織が発達していく。表皮は気孔を分化し，これは根毛の発生と類似し，機能的にもミネラルを吸収して根毛と似た役割を果たす。気孔の分布密度は植物の種類により異なり，一般に葉の裏面に多いが，葉の両面に存在する。そこで，養分の葉面散布，薬剤散布，光合成あるいは蒸散などを考える際には，この分布密度を考慮しておく必要がある。

第1章　種子の発芽と成育　57

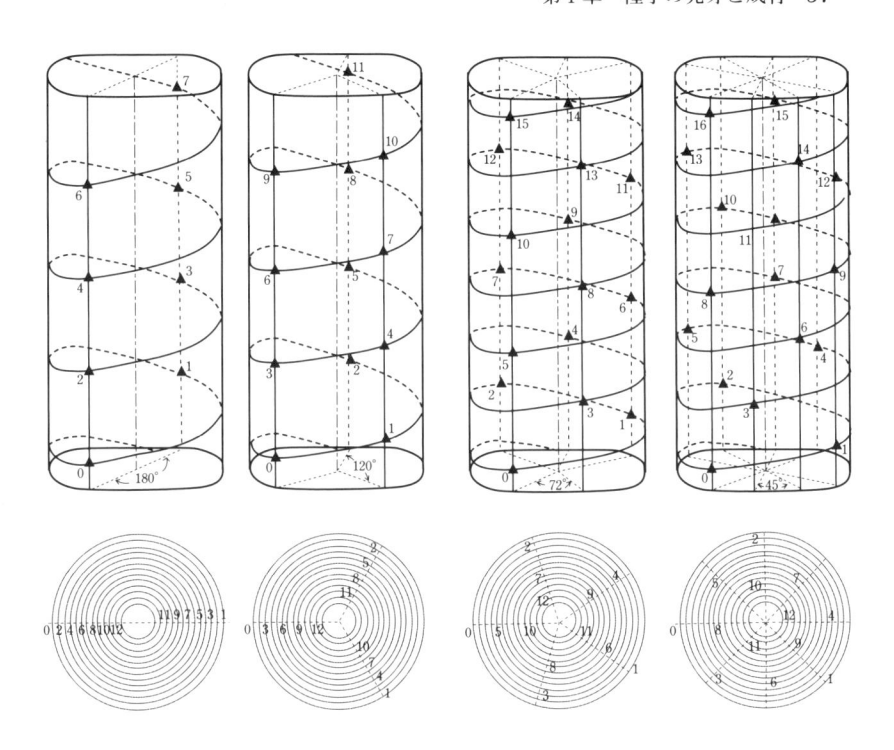

第1-12図　互生葉序の模式図　　　　（木島，1968）

左から1/2互生葉序，1/3互生葉序，2/5互生葉序，3/8互生葉序

4. 根

　茎頂と異なり，根端では根冠があり，その内側に分裂組織がある。しかも葉や腋芽のような側生器官は外生的に表皮組織から分化するが，根の原基は内生的に分化する。79ページの第4-1図に示すように，根の先端部は機能ならびに組織から3つの部分に分けられる。

　分裂帯：根冠の内部にあり，向基的に分裂の盛んな部分である。

　伸長帯：分裂帯の向基部のところに伸長帯があり，維管束の分化・伸長が盛んである。

　吸収帯（根毛部）：さらに向基部になると根毛が発生し，主に養分吸収を行

なっている。

　草本植物の根毛の寿命は数日に過ぎないので，根の伸長に伴い次々に根毛が形成されなければならない。土耕の場合には根が十分張れるよう，よく耕耘する必要がある。養液耕では根毛が発生しにくく，根は長くしかも密生する。近年，水耕に代わって水気耕やロックウール耕が増加してきているのは，根毛の発生を促進し，根の養分吸収機能を高めることを期待しているのかもしれない。

　幼根は主根として伸長しながら，側根を発生して根系を発達させていく。ダイコン，ニンジンでは直根が発達し，トウモロコシ，タマネギ，イチゴでは繊維根が発達する。タマネギ，ネギ，イチゴ，ホウレンソウは浅根性であり，ウリ類では横地性が強い。それに対し，ダイコン，ゴボウは深根性である。

第2章 休 眠

　晩春に収穫されたニンニクやタマネギは,その後の高温期には**休眠**しており,涼しくなった秋に休眠が破れて**萌芽**してくる。また,イチゴやアスパラガスは晩秋には成育が悪くなり,冬季には地上部の成育はほとんど停止しているが,春の訪れとともに休眠が破れて成育を再開する。もしこれらの高温期,寒冷期に休眠がなければ,萌芽した芽は枯れてしまうことになり,植物は休眠することにより不良環境に対する適応性を獲得しているといえる。

第1節　環境による休眠誘導

1. 休眠の機構

　1年草では,種子ができると植物は枯れる。それは成育活性の高い場所が,成長点から種子の胚に移っていくためである。ふつう,種子は春か秋にできる。それぞれの種子ができた後の気候は,種子の成育に適さない高温か低温となる。この種子が成育に適した季節になるまで休眠していなければ,その植物の種類全体が絶滅してしまうことになる。

　宿根草でも,夏あるいは冬の前に地上部は枯れ,分裂活性の高い場所は基部の芽に移っていく。宿根草のイチゴは,秋に温度が下がっていく過程でその初期に高温に移してやると,旺盛に成育してくる。しかし,低温になってしばらく経過すると,もう高温に移しても成育しなくなり,休眠に入っていく。

　このように植物は何らかの機構で,低温の程度とその期間を測定している。種子では,休眠を引き起こす抑制物質が種子,果皮あるいは芽に蓄積すること

第2−1表　主な野菜の休眠時期（■の部分）

	1	2	3	4	5	6	7	8	9	10	11	12月
イチゴ	■	■	■									■
ネギ（加賀ネギ）	■	■	■									■
ニラ	■	■	■								■	■
フキ	■	■	■									■
アスパラガス	■	■	■									■
ジャガイモ(作型による)						■	■	■	■			
ミョウガ	■	■	■									■
ワケギ						■	■	■				
ニンニク						■	■	■	■			
タマネギ（秋まき）						■	■	■				
ラッキョウ						■	■					

注．種類，品種によって，休眠の時期は少しずつ変わってくる

が知られており，宿根草でも同様の機構で抑制物質が基部の芽に蓄積されていき，一定の値を超えると**休眠**に入っていくと考えられる。

2. 休眠時期

第2−1表に示すように，植物によって冬に休眠する型と夏に休眠する型がある。**冬休眠型**として，イチゴ，アスパラガス，ネギ，フキ，ニラなどがあり，これらの植物では，秋からの低温・短日で休眠が誘導され，酷寒期に休眠することで耐寒性を獲得している。それに対して，**夏休眠型**として，タマネギ，ニンニク，ワケギ，ラッキョウなどがあり，これらの植物では，

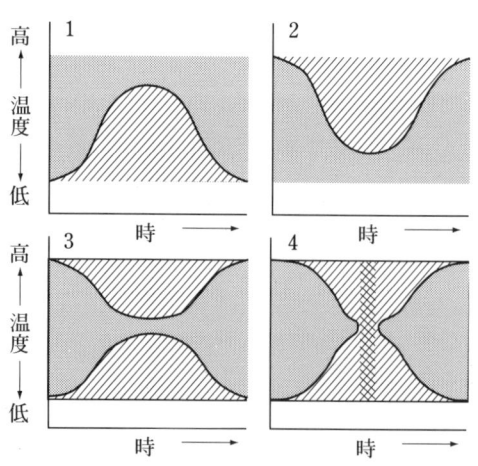

第2−1図　芽が成長できる温度範囲の時期的変動　　　　　　　　　　(Vegis, 1961)
斜線部では成長しない。アミ部分は成育できる温度域（1：高温，2：低温，3：一定範囲，4：成育不能）

第2-2表　種類別にみた休眠する野菜

種　類	植　物
宿根草	イチゴ，フキ，アスパラガス
塊茎・塊根	ジャガイモ，ミョウガ
りん茎	タマネギ，ワケギ，ラッキョウ，ネギ，ニラ，ニンニク
種子	ダイコン，キャベツ類，レタス，ゴボウ，シュンギク，ナス，ウリ類，シソ

注．宿根草，塊茎，塊根，りん茎，種子と多くの植物が休眠性を持っている

長日でりん（鱗）茎が形成され，高温で休眠が誘導され，高温期を休眠することで耐暑性を獲得している。第2-1図に，成育時期に伴う成育活性の高い温度範囲を示した。

第2節　種子の休眠

　多くの種子は，不良環境に対応するため休眠性を持っている。一方，第2-2表に示すように栄養繁殖でふえる植物にも休眠がある。
　多くの野菜の果実は未熟で収穫されるため，種子も未熟であってそのまま播いてもふつうは発芽しない。しかし，カボチャ，トマトやスイカなどの完熟近くなって収穫される果実では種子は成熟しており，発芽能力を持っている場合もある。これらの種子が果実中で発芽しないのは，酸素や水分が十分でないか，果汁に発芽を抑制するホルモンが含まれているためである。スイカなどではこの果汁を20倍くらい薄めると，発芽することが知られている。

第3節　芽の休眠

　種子だけでなく，宿根草などにも休眠現象がある。宿根草のイチゴ，アスパラガス，フキ，塊茎・塊根類のジャガイモ，ミョウガ，サツマイモとりん茎のタマネギ，ワケギ，ラッキョウ，ネギ，ニラ，ニンニクがその一例である。これらの植物では，催芽時期や貯蔵期間はその休眠特性に左右されるため，注意が必要になる。

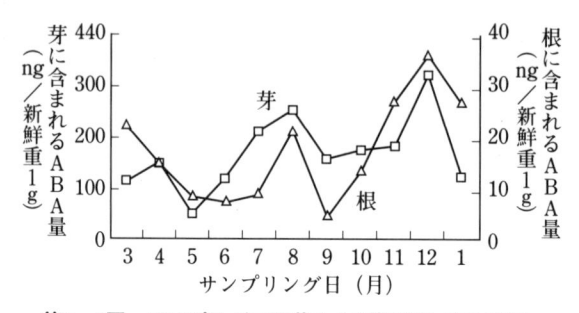

第2-2図 アスパラガス頂芽および根端のABA濃度
(松原, 1980)

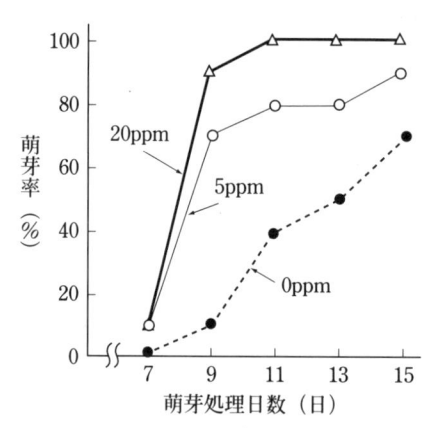

第2-3図 エチレン（C_2H_2）処理濃度とアスパラガス萌芽率 (林, 1983)

アスパラガスには休眠があるとされているが、おそらく他発休眠であり、日本の冬の寒さに対応して成育を停止しているものと思われる。熱帯では休眠することはなく、年中成育している。アスパラガスの休眠期には成熟ホルモンのABAが増加することが報告されているが（第2-2図），成育期にも増加することが知られており，その生理的意義は明らかでない。また，エチレン処理で萌芽が促進されることも報告されている（第2-3図）。

休眠性を持つ植物にも品種間差があり，休眠程度も同じではない。例えば暖地で栽培する'九条ネギ'などは，冬でも成育を続けるが，夏の高温期には成育が低下して休眠に入る。しかし，北陸で栽培される'加賀ネギ'などは，冬には地上部が枯れて休眠に入り，春になれば萌芽して成育を再開し，夏にもよく成育する。

1. 休眠部位

休眠中の種子や塊茎，塊根，りん茎では，芽は完全に成育を停止している。しかし，宿根草などでは茎の先端は枯れ，その基部にある腋芽も成育を停止しているが，根は成育している。イチゴの場合も同様で，休眠中に葉柄はほとん

ど伸長しないが，根は逆によく伸長している（第2-4図）。

ニンニクをすり下ろしたときに緑色になることがあるが，それは休眠が破れていたためである。ニンニクりん茎の中心にはタマネギと同様に普通葉（萌芽葉）があり，この葉は葉身を持つため萌芽すると緑色になる。そこで，例えりん茎から芽が出ていなくても，すでに休眠が破れて普通葉（萌芽葉）が伸びたため，その緑色が混じったと思われる。第2-5図に，ニンニクの休眠が破れ，伸びてきた普通葉を示した。

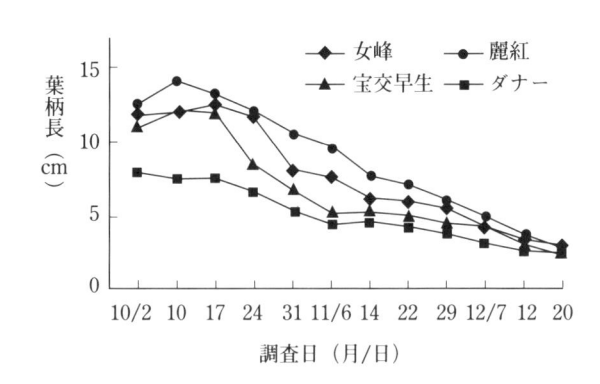

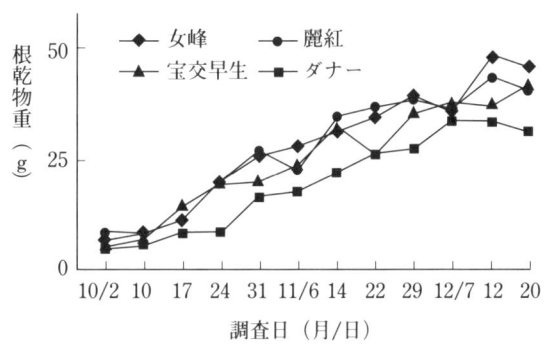

第2-4図　イチゴの休眠開始に伴う葉と根の成長量の変化
（藤目，1995）

2. 内生休眠と誘導休眠

休眠には**自発休眠（内生休眠）**と**他発休眠（強制休眠）**がある（第2-6図）。環境の影響で休眠誘導された後，休眠は徐々に深くなっていく。この状態では成育に適した環境条件においても，成育は停止したままであり，これ

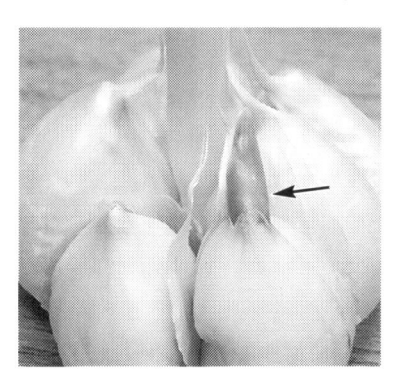

第2-5図　ニンニクの休眠が破れ，伸びてきた普通葉（矢印）

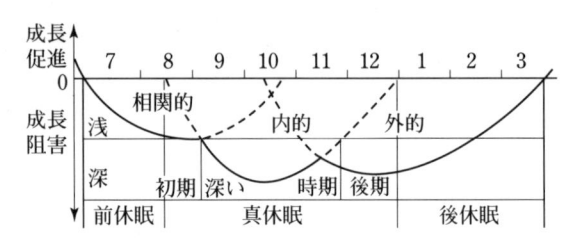

第2−6図 休眠の相および内外要因に影響されるときの過程 (Saure, 1985)

を自発休眠あるいは内生休眠と呼ぶ。

深い休眠に入った後，徐々に休眠は浅くなっていく。この状態では成育に適した環境条件におけば成育を再開するようになるが，成育に適さない条件下では，例えば温度などが低い場合には成育が抑制され，これを他発休眠あるいは外生休眠と呼ぶ。

イチゴでは休眠に入ると，花芽の花柄，葉や葉柄の伸長は低下するが，花芽の増加は進んでいる。つまり地上部の成育は見かけ上は矮化しているだけであり，この場合は**相対的休眠**と呼ばれる。

第4節 休眠制御

1. イチゴの休眠

イチゴが冬季に休眠することは，50年前には誰も考えていなかった。約50年前に，アメリカから導入した'ダナー'の消費が伸びてきたので，この品種の収穫期を早めようと，11月頃から施設条件下で保温あるいは加温した栽培が試みられた。しかし'ダナー'はほとんど成育せず，新しい葉はちぢんだような状態になった。その頃はこれを**矮化**現象と呼んでいたが，後になってイチゴが休眠状態になっていたためであることが明らかになった。イチゴは短日・低温条件で花芽形成が誘導される（121ページ，第5−9表参照）。さ

第2−3表 イチゴの休眠誘導に及ぼす温度と日長の影響 (藤目原図)

成育温度 ℃	日 長	
	短日(10時間)	長日(16時間)
15	＋	−
20	＋	−
25	−	−
30	−	−

注．＋：休眠誘導あり　−：休眠誘導なし
品種：'宝交早生'

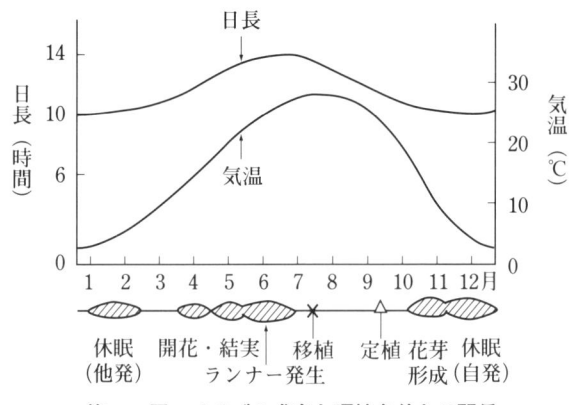

らに短い日長とより低温の条件では，第2-3表に示すように休眠が誘導される。イチゴの季節的な成長と発育を示すと第2-7図のようになる。また，第2-4図に示したように，休眠状態のイチゴでは地上部の成育は低下しているが，地下部の成育は逆に旺盛になっている。

第2-7図 イチゴの成育と環境条件との関係
(藤目, 1995)
秋の低温・短日で休眠が誘導され，春先の高温・長日で開花・結実，その後ランナー発生が誘導される

　冬の低温期を経過すると'ダナー'は正常な成育をするようになる。つまり，多くのイチゴ品種は冬季に休眠をしているが，冬の低温に十分遭遇して春になると，休眠からさめることが明らかになった。

　そこで'ダナー'の早出しとして，**株冷蔵**が関東地方で考えられた。まず，11月中頃に掘り上げた株を段ボール箱に入れ，0℃前後の冷蔵庫に入れ，約30日間ほど経過させた後取り出してハウス内に植え付ける。その後に保温あるいは加温すると，'ダナー'は正常に成育し，やがて開花して翌年の1, 2月から収穫が始められる。その後電灯照明をして長日条件にしたり，ジベレリン処理をして休眠から目覚めさせる技術も生まれて，**休眠打破**して早出しする栽培法が広がった。

　次に，別の早出し方法として，イチゴを休眠に入らせない方法が関西で開発された。イチゴの花芽形成がある程度進んだ頃を見計らい，10月末頃に電灯照明と保温をして短日・低温にならないように管理する。するとイチゴは，本格的な休眠に入らないまま成育を続け，その間に開花・結実する。また，いったん休眠に入った株は短期間の低温処理をしないと成育は回復しないため，

0℃前後の冷蔵庫で短期間の低温処理を行なう**短冷法**により休眠を打破し、ハウスに植えて保温をすることにより開花と結実を促進する技術が確立した。このように、それまでのイチゴ栽培は品種を変えることにより収穫時期を早めていたのに対して、イチゴの生理生態的特性を利用した'宝交早生'の周年どり栽培が確立した。低温期の栽培ではどうしても成育が劣ってくるため、保温、電灯照明あるいはジベレリン処理の併用により、成育を旺盛にさせる必要が起こってくる。

　第3の方法は、イチゴを眠らせておく方法で、株の**長期株冷蔵**と呼ばれる。まず、花芽形成がかなり進んだ2月上旬頃に畑からイチゴを掘り上げ、これをコンテナに入れて0～-2℃の冷蔵庫に入れる。この株を約半年間冷蔵して、9月上旬頃に取り出して、畑に定植する。定植されたイチゴは春の到来と錯覚して、花芽が発達して開花し、10～11月に収穫できる。これはいわば遅出し栽培であるが、季節的にはふつうの促成よりいっそう早い時期に収穫できるため、超促成ともいえる。

　これらのことから、イチゴの電灯照明は促成栽培あるいは半促成栽培で、休眠に入るのを抑制するために行なわれているといえる。イチゴは品種によって休眠程度にかなりの品種間差異がある野菜なので（第2-8図）、**休眠打破**にはその休眠程度に応じた期間の低温処理が必要となる。

　休眠が打破されて収穫も終わった株から、梅雨の頃多くの腋芽が**ランナー**となって伸びだし、2節ごとに子苗を着けていく（第2-9図）。この子苗を夏の間苗床に植えておき、秋に本葉が2～3枚になった幼苗を選び、定植する。定植時にはランナー側を畦の内側にし、花や実が外側に出るように植

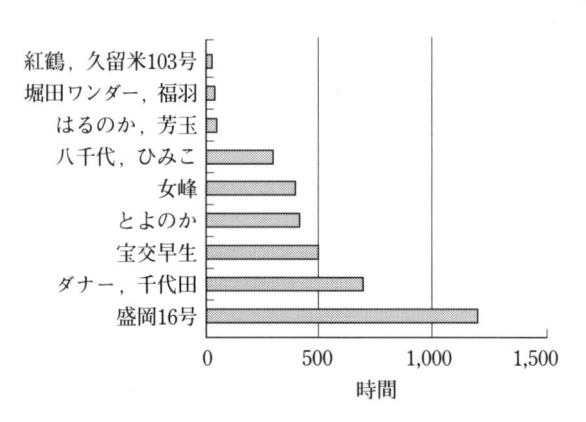

第2-8図　イチゴの品種別休眠打破に必要な時間(5℃)

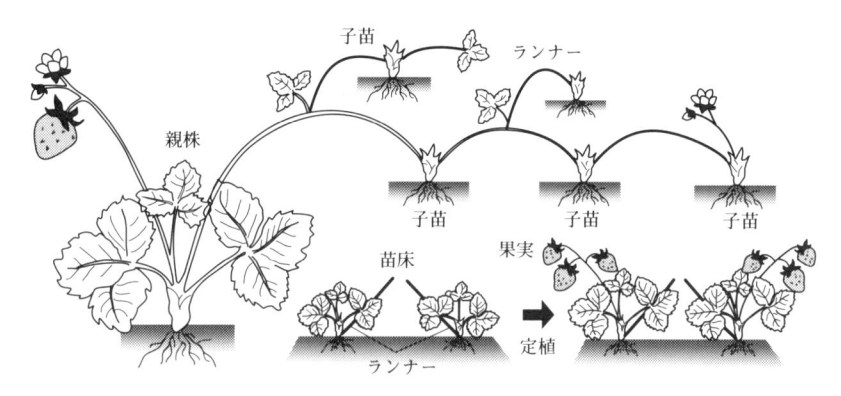

第2-9図　イチゴのランナーと子苗
ランナーを畦の内側へ向けて植えると，果房は外側に出てくる

える。

2. ジャガイモの休眠

ジャガイモでは塊茎が収穫された後，芽は休眠しており，ふつうにはこの芽の成育を制御して萌芽時期を調節している。MH（マレイン酸ヒドラジド）処理でニンニク，タマネギやジャガイモの萌芽は抑制される。しかし，この市販製品は遊離ヒドラジンが一部含まれることがあるため，2002年4月より製品は回収されている。そこで現在では，萌芽を抑制するため4～5℃くらいで低温貯蔵されている。加工用の長期低温貯蔵では高温処理（30℃）してから貯蔵すると，還元糖の増加が防止でき，萌芽も抑制されることが報告されている。

品種間の休眠性の差異を第2-4表に示した。秋どりには休眠性の深い品種より，浅い品種を選ぶ必要がある。放射線照射で芽を殺すことで

第2-4表　ジャガイモ品種別の休眠程度

休 眠	品 種
浅	農林1号(晩), オオジロ(早), フィーラー(中), ウンゼン(中), タチバナ(中), シマバラ(中), デジマ(晩), チジワ(晩)
深	男爵薯(早), メイクイーン(中)

注. (早):早生, (中):中生, (晩):晩生
　　秋どりには休眠性の浅い品種を選ぶ

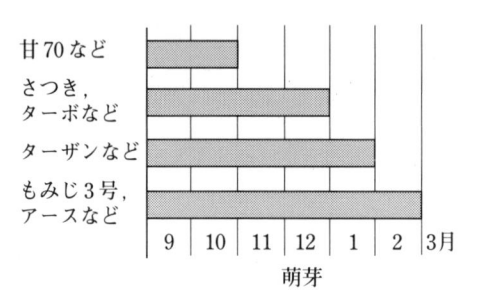

第2-10図　タマネギの休眠期間（自然条件下での未萌芽期間）

品種：甘70など、さつき・ターボなど、ターザンなど、もみじ3号・アースなど

横軸：9　10　11　12　1　2　3月　萌芽

品種によって1～2カ月も休眠期間が異なる。貯蔵型のF₁品種なら翌年の3月頃まで貯蔵できる

萌芽は防げるが，芽の分裂部は損傷を受けているため，種イモには使えない。

3. タマネギの休眠

タマネギの休眠には第2-10図に示したように，かなりの品種間差異がある。これらの品種について貯蔵性を増すために，古くから雨除けをした日陰で通風のよいところで乾燥させる**吊り玉貯蔵**が行なわれてきた。さらに貯蔵性を増すためには，低温（15℃以下）・乾燥での保存が有効である。長期間貯蔵するには0℃くらいの貯蔵でよいが，急激に低温にすると内部組織が傷む場合があり，2週間かけて徐々に温度を下げ，0℃くらいにする。これらは，芽の成育を抑える他発休眠にすることで，貯蔵性を増していることになる。

4. ニンニクの休眠

ニンニクの保存方法はタマネギの場合とほぼ同じとなる。一般的には乾燥条件に置くことで，かなりの期間貯蔵できる。いったん休眠が破れても，38℃で1週間処理すると，乾燥状態で約1カ月休眠させることができるようになる。しかし最近では，貯蔵した球ではなく鮮度の良い球が求められるようになり，タマネギの場合と同様に，暖地と寒冷地との作型の連携による収穫時期の拡大が起こっている。

第3章　球形成

　球形成（結球）とは葉が何層にも重なり合った状態になることで，**葉球**と**りん（鱗）茎**の2つの種類がある。葉球を作る野菜には，双子葉植物アブラナ科のハクサイ，キャベツ，メキャベツとキク科のレタスなどがある。葉球の茎はほとんど伸びないロゼット型で，葉の増加に伴い，葉が重なり合って結球する（第3－1図）。初めにできる葉は縦長だが，結球する頃になると葉形は変化して葉の幅がだんだん広くなり，また葉柄も短くなる。その結果，葉身長／葉幅長比が1以下の，横長の葉になってくる（第3－2図）。

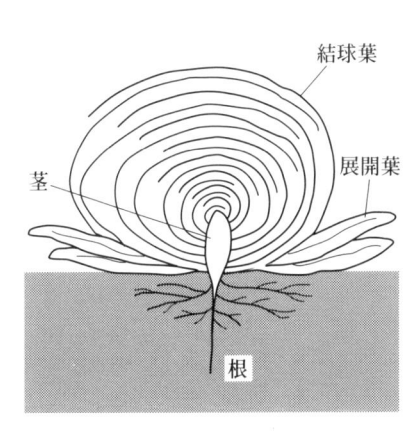

第3－1図　葉球の形態（キャベツの断面図）

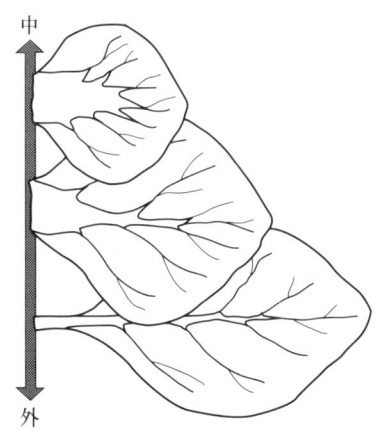

第3－2図　葉球の構成葉の形態的変化（キャベツ）

70　Ⅰ　栄養相

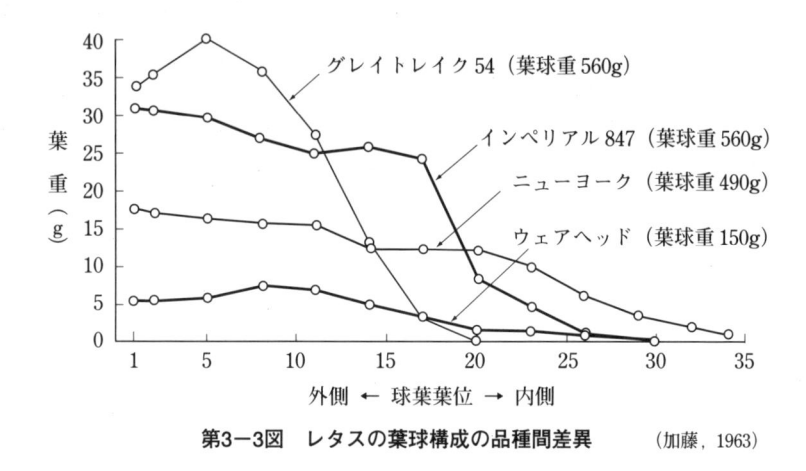

第3-3図　レタスの葉球構成の品種間差異　　　（加藤，1963）

グレイトレイク54（葉球重560g）
インペリアル847（葉球重560g）
ニューヨーク（葉球重490g）
ウェアヘッド（葉球重150g）

外側 ← 球葉葉位 → 内側

第1節　葉球の肥大部位

1．葉重型と葉数型

ハクサイ，キャベツやレタスなどには，**葉重型**と**葉数型**の品種がある（第3-3図）。葉重型では，球を作っている葉数は多くない代わりに，それぞれの葉が重くなって球が充実している。それに対して葉数型では，個々の葉はそれほど重くない代わりに，葉数が増加して球が充実している。葉数型は早生種に多く，葉重型では中生あるいは晩生種に多く見られる。サラダ，煮物，炒め物には多汁で甘みのある葉重型が適しており，キムチやハクサイ漬けには葉数の多い葉数型が適している。

2．結球程度

ハクサイなどでは結球程度によって，**抱合型**，**抱被型**と**抱頭型**がある（第3-4図）。

抱合型　　抱被型　　抱頭型

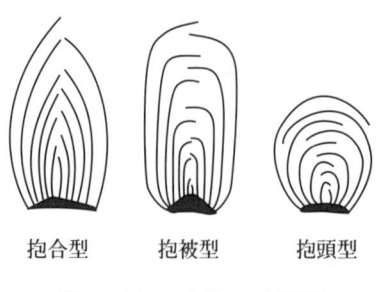

第3-4図　ハクサイの結球型

結球の程度は種類，品種によって異なり，特にハクサイ類には多くの種類があり，結球の程度もいろいろで，**結球種**，**半結球種**と**不結球種**がある。うち不結球種は，ツケナ類として別のグループとして分けられる。ツケナ類はさらにいくつかの群に分類され，アブラナ群，カブナ群，タイサイ群，キサラギナ群などがある。

　チンゲンサイやパクチョイは，中国野菜として近年栽培されるようになった野菜で，いずれもタイサイ群に属し，半結球タイプである。1983（昭和58）年に農水省により葉柄の色について整理され，緑色のものをチンゲンサイ，白色のものをパクチョイと分類された。いずれも葉の基部は堅く重なっているが，葉の上半分は展開している。

3．キャベツ類の結球

　キャベツ類には多くの仲間（第3－5図）があり，結球せずに茎の伸びるケールから，結球するキャベツができた。その後，つぼみ（蕾）が多肉化したブロ

第3－5図　キャベツとその仲間（断面の形態図）

第3－6図　多くの腋芽が小さく結球するメキャベツ

ッコリー，カリフラワーや茎の基部が肥大したコールラビができている。メキャベツもその仲間で，キャベツと異なり茎はよく伸長している。多くの腋芽は小球となるが，主茎の先端がキャベツのように結球することはない（第3－6図）。成育期間が長いため，日本でそれほど栽培が広がっていないが，キャベツ同様栄養価は高く，繊維分もまとまってとれるので，将来，消費の伸びが期待される。

第2節　葉球形成の誘導

1．結球態勢

　葉球ができるには，まず20枚前後の葉ができていることが必要となる（第3－7図）。その後，展開していた葉が立ち上がって**結球態勢**をとるようになる。この態勢をとるきっかけに，**光の明暗**が関係している。外側の葉が立ち上がって結球態勢をとることで，内部葉は外葉によって光を遮られてさらに暗くなる。その結果，内部葉はいっそう重なり合うようになり，結球程度が進んでいく（第3－8図）。葉球では，後で述べるりん茎のように特別の葉ができるのでは

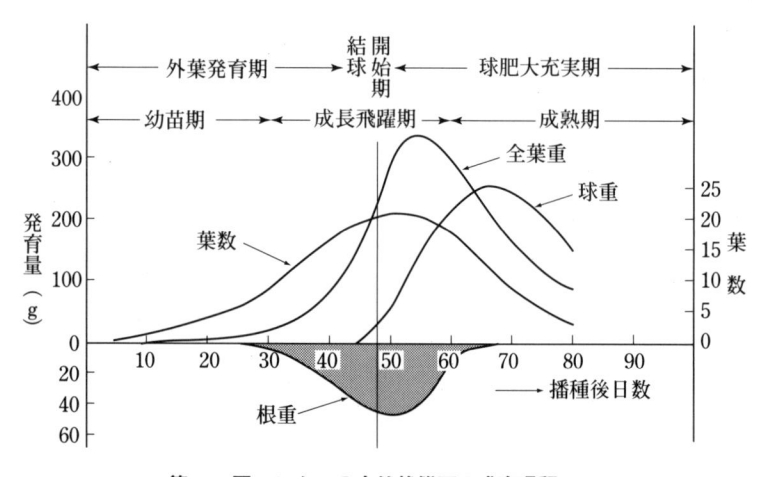

第3－7図　レタスの自然状態下の成育過程　　　（加藤，1972）
10日間の増加分で示されている

第3章 球形成 73

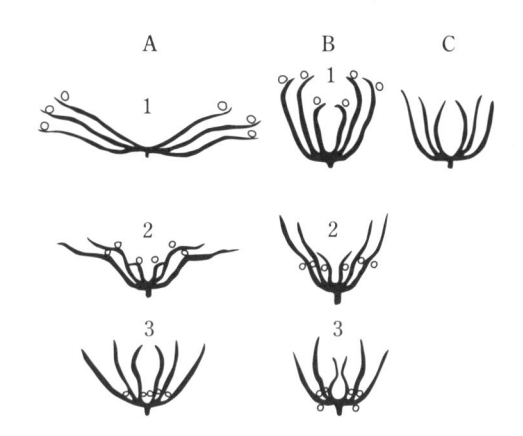

第3-9図 ハクサイの葉の屈曲反応に及ぼす部位別NAA処理の影響（暗室内で実験）

(伊藤, 1957)

A：表面施与，B：裏面施与，C：無処理
1：葉先端部，2：中肋先端部，3：中肋基部

ない。この光の明暗は，成熟葉の裏側の先端がもっとも敏感に感じる。この反応はホルモン作用を介して起こっていることが確かめられている（第3-9図）。しっかりと堅く結球をさせるには，十分に施肥を行ない，たくさんの葉を作らせて旺盛に成育させておく必要がある。

2. キャベツ類の成育と気象

第3-8図 キャベツ結球の様子
1：結球前，2：結球開始，
3：結球中，4：結球

キャベツ類はヨーロッパ原産で，明治以降日本の気候に合った品種が育成されてきた。ヨーロッパの気候は，日本と比べてかなり冷涼である。また，冬は温暖で雨が降り，夏は乾燥する。これに対し日本は，梅雨から夏にかけてよく雨が降り，湿度もかなり高くなる（第3-10図）。こうした気候風土の異なった地域で育ったキャベツをいかに日本に適合させるか，明治時代以来さまざまな努力が払われてきた。その結果，

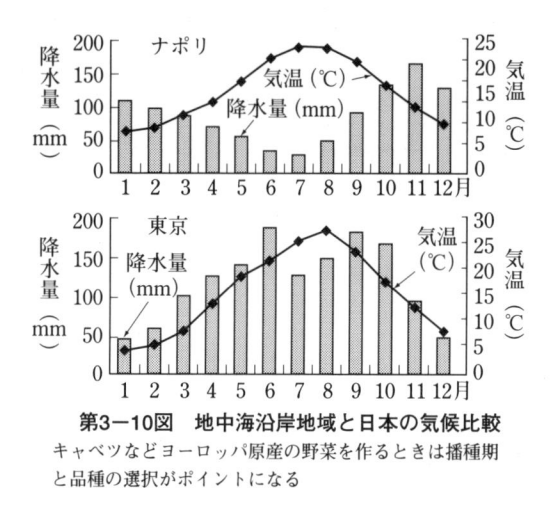

第3−10図　地中海沿岸地域と日本の気候比較

キャベツなどヨーロッパ原産の野菜を作るときは播種期と品種の選択がポイントになる

どの季節でも，品種を選べば栽培が可能になっている。しかし，高温期にできた球は多湿で腐りやすく，また低温期には花芽分化しやすい傾向がある。花芽分化して抽だいが起こると，球のしまりが悪くなり品質を著しく下げるため，播種期と品種の選択が重要になる。それでも，暖冬あるいは寒波襲来などで，収穫時期が集中して，価格の高騰あるいは下落が起こる。このため，多少播種時期を変えて生産安定を図る必要がある。

なお，キャベツ類の葉の表面にはワックスがあり，乾燥や虫の害を防いでいる。結球が始まるまでに散布された薬剤やほこりなどは，外葉に付着しているが，結球開始以降内葉には，農薬やほこりなどはほとんどない。

第3節　りん茎の肥大部位

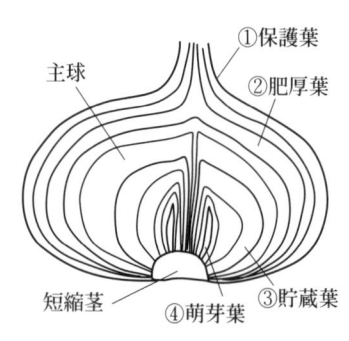

第3−11図　タマネギりん茎の構成葉

りん茎を作る野菜には，単子葉植物ユリ科のニンニク，タマネギ，ラッキョウ，オニユリなどがある。りん茎は，茎が伸びないロゼット型で，葉数の増加に伴い地下部の葉が肥厚を始めて結球を開始する。代表的なりん茎であるタマネギ球を構成している4種類の葉を，第3−11図に示した。まず一番外側には，薄く茶褐色の保護葉があって，その内側には白色

で著しく肥厚した**肥厚葉**と**貯蔵葉**があり，これらが球のほとんどを占めている。もっとも内部には，小さな**萌芽葉**（普通葉）がある。

保護葉と肥厚葉には葉身と葉鞘があ

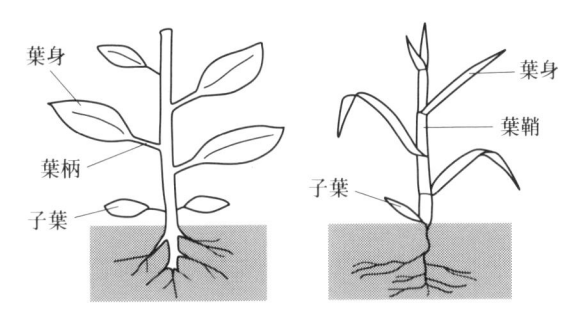

第3−12図　双子葉植物（左）と単子葉植物（右）の比較

り，葉鞘は双子葉植物の葉柄に相当する器官である（第3−12図）。しかし，貯蔵葉になるともはや葉身はなくなり，光合成産物を蓄えるだけの葉鞘組織だけが発達している。萌芽葉は葉身と葉鞘を持っている。タマネギはふつう4〜5月に収穫され，その後秋まで休眠に入るが，休眠が破れると萌芽葉が萌芽して緑色の葉身が伸びてくる。

ワケギはネギとタマネギの雑種であるため，抽だい・開花はほとんどせず，夏過ぎにできる小球で増える。一方，同じ小球を作るラッキョウでは，夏までに球ができ，秋に花が咲くが，種子はできない。抽だいして伸びてきた花茎は，ニンニクのとうと同様に，中が詰まっている。アサツキはこれら2種類より，小球をもっとも早く着けるが，4〜5月に開花する。アサツキの花茎はネギの花茎と同様に中空で，ラッキョウのように詰まっていない。

ネギの葉鞘は肥大しないが，タマネギの葉鞘は肥大する。また，ネギは分げつしやすいが，タマネギではほとんど分球しない。しかし，これらの形態的差異は成育がかなり進んでから明らかになるもので，播種後2カ月間はその区別はできない。りん茎が肥大を開始するまでは，葉断面の形状に違いがある。両者の葉断面の形状には多少の差異があり，ネギでは丸形，タマネギでは丸形がややくずれて楕円形になっている。

第4節　りん茎形成の誘導

りん茎形成には，冬季の低温経過が必要で，さらに春の温暖・長日条件で結

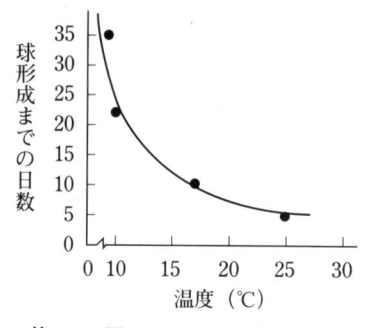

第3−13図　タマネギ'泉州黄'の24時間日長下における温度の影響　　　（加藤，1967）

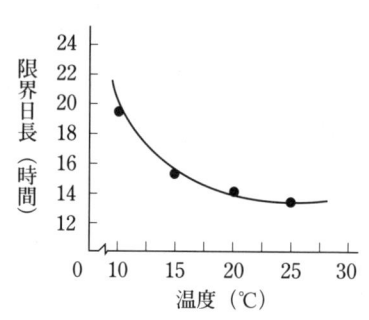

第3−14図　タマネギ'泉州黄'に30日間内に球形成を行なわせるのに必要な各温度の限界日長　　　（加藤，1967）

球が誘導される。このとき，温度が高いほど，また日長が長いほど，結球とその後の肥大は促進される。タマネギでは品種ごとに，肥大開始に好適な温度と日長があり（第3−13，14図），栽培地によって品種選択が重要になる（第3−1表，第3−15図）。

実際，収穫期のタマネギりん茎には，主球以外に1〜2個の分球が起こっている。播種期が早かったり，肥料が多すぎたり，あるいは秋の温度が高くてタマネギ苗が早く大きくなると抽だいしやすくなり，分球も増加する可能性がある。従って，分球を抑え，球をよく肥大させるためには，この抽だいを遅らせることが肝要になる。

葉球でもりん茎でも結球が開始するまでに，植物体を旺盛に成育させておくことがまず重要となる。しかし，あまり早く大きく球が肥大すると，抽だいが早く起こってしまい，品質の低下を招く（第6章参照）。そこで極端な早播き，過度の施肥は厳禁となる。また，球の大きさと収穫時期は逆の関係にあり，多収を期待するには晩生種を選び，早い収穫を期待するには早生種を選んで，それぞれに合った施肥管理を守る必要がある。

ニンニクのりん茎は，通常の場合では8〜10の小りん茎が分球している。これは定植したりん茎に花芽ができると，その下の腋芽が発達して，いくつかの

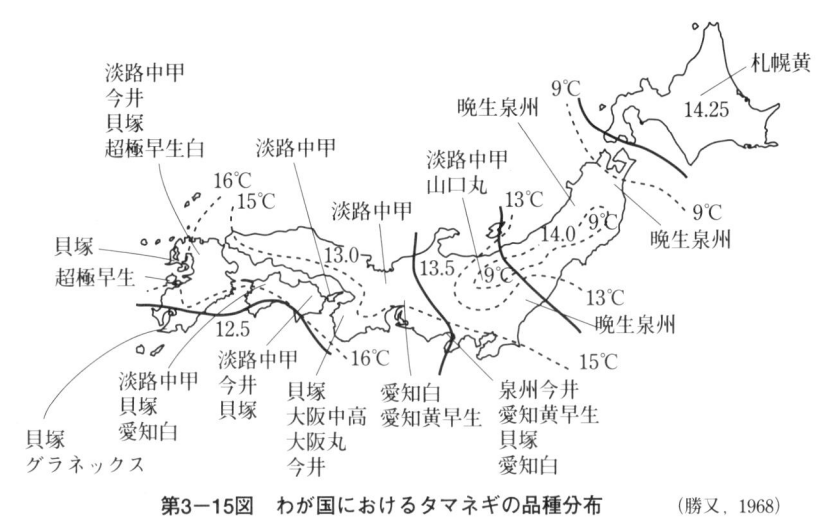

第3-15図　わが国におけるタマネギの品種分布　　（勝又，1968）
数値は，結球温度10℃到来時の日長と年平均気温を示す

小りん茎ができてくるためである。ところが，小さなりん茎を種球として植えたり，まだ低温期の春に植えたりした場合には，種球に花芽ができないことがある。このような分球できない種球では，1つの球となり中心球と呼ばれる。中心球ができると，分球数が少なくなり減収となる。

第3-1表　わが国のタマネギ主要品種の結球に必要な限界日長

（阿部ら，1955）

日　長	品　種
時間	
11.5	愛知白
12.0	貝塚早生（早生系）
12.5	貝塚早生（晩生系），愛知黄早生
13.0	早生泉州，今井早生，黄魁，中生泉州
13.5	中生泉州，晩生泉州，淡路甲高，二宮丸，山口甲高
14.25	札幌黄

〔付〕葉菜類の軟白

　チコリーもネギも抽だいする前の葉を食べる野菜である。ともに**軟白**することで付加価値が高まる。軟白というのは光を遮って白く柔らかく育てることをいう。チコリーを軟白するのは，関東などで根深ネギを土寄せして軟白しているのと同じ理由からである。

　関東などでは，冬の風はきつく，また寒いため，そのままだとネギの葉は硬くカサカサになってしまう。そこで早めに土寄せして光を遮るとともに，寒害から守ってやると，あの柔らかくてみずみずしい白ネギ（根深ネギ）ができる。

　チコリーもそのままでは葉は硬く，少し苦みが残る。そこで，ふつうには1～2月頃成育の停止した根株を掘り上げ，葉の基部を3～5cm残して切り，暗所で18～20℃くらいに保温して育ててやる。このようにしてできた軟白葉は，真っ白で苦みが少なく，しまりのよい柔らかい葉になるので，サラダなどに利用している。

　こうして軟白にはチコリーのように根株を暗所に植える方法，ネギのように土寄せする方法，そしてモヤシのように暗所で発芽させる方法の3通りのやり方がある。セルリー，ミョウガ，ウドなど香りがきつい野菜も，軟白することでマイルドな香りになりおいしくできる。また，モヤシ，ホワイトアスパラガス，カイワレなど多くの野菜でも軟白処理が行なわれ，食卓に彩りを添えている。

　ミョウガは日本原産の野菜で，土の中で地下茎が発達して増殖する。花芽は地下茎にでき，その後地面から伸びてくる。このつぼみを花ミョウガとして食べている。地下茎から伸びてきた茎を暗いところで軟白したものがミョウガタケで，花ミョウガタケとともに独特の味と香り楽しむ香辛野菜である。

第4章　根の発育

　根はさまざまな環境要因に感応する機能を持つ器官であり，植物体の支持，養水分の吸収，植物ホルモンや2次代謝産物の合成，同化産物の貯蔵など重要な役割を果たしている。さらに，根は土壌の物理・化学性だけでなく土壌微生物の活動にも大きな影響を及ぼしている。地下部の発育と地上部の発育とは密接に関係しているため，根の機能と発育生理について十分理解しておくことが必要である。

第1節　根の形態と機能

1．根の形態

（1）発達部位

　根は幼根として成長した後，不定根および側根が形成される。個々の根の先端には，紡錘形をした根冠があり，その基部側には細胞分裂の活発な**分裂帯**，細胞伸長の盛んな**伸長帯**および**吸収帯**（根毛帯）がある（第4－1図）。吸収帯では根毛が形成され根の表面積

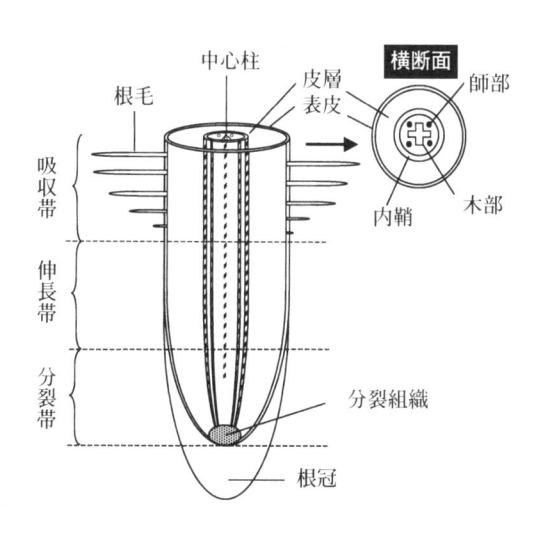

第4－1図　根端近くにおける組織の模式図

拡大に貢献しているが，根毛の寿命は数日と短い。根毛は根の表面の表皮と呼ばれる細胞層から形成される。表皮の内側には，皮層および中心柱がある。中心柱の最外層は分裂活性が高く，側根やコルク形成層，維管束形成層の形成に関与している内鞘がある。これらの根の組織は，根の先端部の根冠に覆われた分裂組織の働きによって形成される。

(2) 根　系

種子中の幼根は発芽とともに伸長し，**直根**あるいは主根となる。双子葉植物や裸子植物では，これから水平方向に広がる側根が分岐し，さらに細根や繊維根を分岐する。一方，トウモロコシやネギなどの単子葉植物では，幼根の伸長が成育の早い段階で停止して，その代わりに短縮茎の各節から多数の不定根が発生して細根や繊維根となる。前者を**主根型**，後者を**ひげ根型**といい（第4－2図），これらの根の分布状態を一般に**根系**という。野菜の根の分布範囲は土壌条件や種類によっても異なるが，ウリ類の根系は浅く広く，ナスやトマトなどでは深く分布している（第4－1表）。

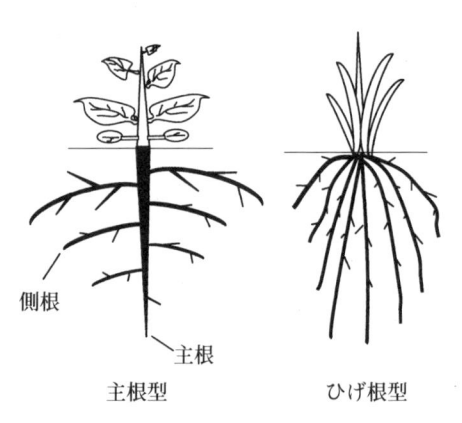

第4－2図　根系の模式図

第4－1表　根の分布特性

植　物	根の分布位置
タマネギ，ネギ，ホウレンソウ	浅根性（40～50cm）で広がりも狭い
ダイコン，ゴボウ，ニンジン	きわめて深根性（1～2m）
キャベツ，トマト	水平（1.5m）ならびに垂直（1.5m）にも広がる
ウリ類（キュウリ，スイカなど）	浅根性（30～40cm）で横（2m）に広がる

2. 根の機能

根は植物体を土壌に固着させ，茎葉部を支持する物理的な機能を持っている。一般に，根量が多いと植物体の支持力も強くなる。また，根は土壌の団粒形成に重要な役割を果たし，土壌の物理性改善に寄与している（第4-3図）。植物から放出される二酸化炭素の約3分の1は根の呼吸に由来している。根の呼吸作用によって得られたエネルギーは，養分吸収や根のさまざまな代謝に利用されている。ミツバやセリ，クワイなどの湿生植物では，根の呼吸を確保するために通気組織が形成されている。サツマイモ，インゲンマメ，スイカ，ブロッコリーやカリフラワーなど通気組織の発達の見られない野菜の栽培では，根の呼吸を確保するために，暗渠を入れるなどして地下水位を低く保つ必要がある（第4-2表）。

(1) 養水分吸収

根のもっとも重要な機能は，無機養分と水分の吸収である。根から吸収された養分と水分は茎葉に供給され，光合成な

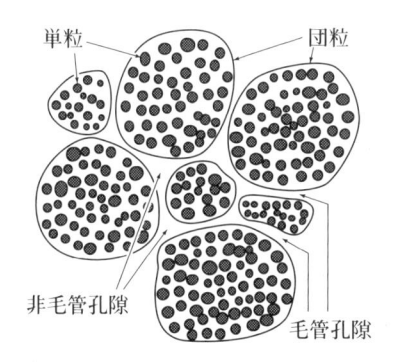

第4-3図 団粒構造
（藤目原図）

団粒間の毛管孔隙（狭いすき間）の水分は土に保たれるが，非毛管孔隙（広いすき間）では流失する

第4-2表 各種野菜の好適地下水位 （茨城農試，1982を修正）

野菜の種類	好適地下水位 (cm)
サトイモ	28～33
ショウガ	25～31
ナス	25以下
トウガラシ	30以下
キュウリ	33
キャベツ（夏播き）	35以下
トマト	36
レタス	36～46
ハクサイ	36以下
タマネギ	49以下
ニンジン（夏播き）	60以下
ホウレンソウ	60以下
カリフラワー	70以下
スイカ	71
インゲン	75
サツマイモ	90

注．果菜類では粘質土，根菜類では砂質土が適している

第4-3表 根の陽イオン置換
容量 (CEC)

(位田ら, 1958)
(me/100g乾物重)

野菜の種類	陽イオン置換容量
ミツバ	70.1
シュンギク	70.0
レタス	69.6
キュウリ	65.8
イチゴ	63.9
サツマイモ	58.3
ダイコン	53.6
コマツナ	53.1
ホウレンソウ	53.0
トマト	53.0
ニンジン	51.3
ハクサイ	51.0
サトイモ	50.2
ナス	49.4
カブ	47.5
キャベツ	45.9
タマネギ	31.3
ネギ	29.7
イネ	23.7
トウモロコシ	19.2
ムギ	14.2

どに用いられる。

①**養分吸収** 作物の発育に不可欠な16種類の必須元素のうち、炭素(C)、酸素(O)および水素(H)は二酸化炭素と水から得られ、他の元素は土壌溶液の無機イオンとして吸収される。養分を含んだ土壌溶液が根の細胞間隙などのフリースペースに入り込み、マイナスに帯電している細胞壁に、陽イオンが吸着される。この吸着の大きさを根の陽イオン置換容量(CEC)と呼び、イネやムギに比べて野菜のCECは高い(第4-3表)。一般にCECが高いほど、カルシウムなど二価の陽イオンの吸着割合は大きくなる。

畑作物の硝酸(NO_3^-)は、呼吸によって得られたATPを利用してプロトン(H^+)を細胞外に出し、細胞内外でプロトンの濃度勾配を作りだすことで吸収される。

植物の養分吸収には土壌中の微生物も重要な役割を担っている。例えば、糸状菌が根に入り込んだり表面に付着したりして共生関係にあるものを菌根といい、共生している糸状菌を菌根菌と呼ぶ。アブラナ科やアカザ科を除く植物の根に入り込むVA菌根菌は、土壌のリン酸を効率的に吸収して宿主植物に供給している。マメ科植物の根に形成される根粒内ではチッソを固定して植物に供給している。

②**水分吸収** 十分な降雨があった後、重力によって過剰な水が除去されたときの土壌に含まれる水分量を**圃場容水量**、土壌に水分を与えないとしおれが回復しない状態を永久しおれ点という。植物に利用できる有効水は、この圃場容水量(pF1.8)から永久しおれ点(pF4.2)の範囲であり、大部分が土壌の毛管孔隙

に毛管作用により保有されている水分である。一般に植物が水ストレスを受ける成長阻害水分点(pF3.0)と圃場容水量との範囲内であれば、水分は容易に吸収される（第4-4図）。

土壌よりも根の水ポテンシャルが低くなると水分が吸収され、水ポテンシャルの差が大きいと吸水力は増加する。吸水は受動的吸水と能動的吸水とに分けられ、前者は蒸散によって葉の水ポテンシャルが低下し、これに伴って茎と根の水ポテンシャルが連続的に低下することによって起こる。一方、能動的吸水は根

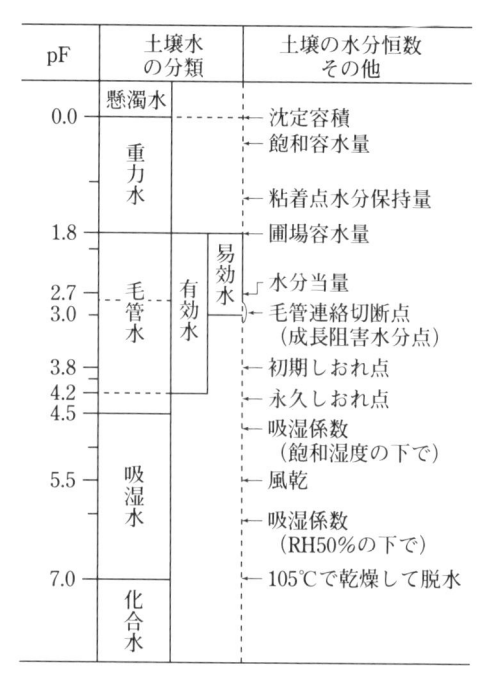

pF	土壌水の分類		土壌の水分恒数その他
0.0	懸濁水		← 沈定容積
	重力水		← 飽和容水量
			← 粘着点水分保持量
1.8		易効水	← 圃場容水量
2.7	毛管水	有効水	← 水分当量
3.0			← 毛管連絡切断点（成長阻害水分点）
3.8			← 初期しおれ点
4.2			← 永久しおれ点
4.5			← 吸湿係数（飽和湿度の下で）
5.5	吸湿水		← 風乾
			← 吸湿係数（RH50%の下で）
7.0	化合水		← 105℃で乾燥して脱水

第4-4図　pF，土壌水の分類，水分恒数の関係
(川口, 1977)

が養分を吸収することによって根の浸透ポテンシャルが低下し、この結果として根の水ポテンシャルが土壌のそれよりも低くなることによって起こる。夜間や早朝に葉先などに見られる溢泌液や茎の切り口からの出液は能動的吸水によって起こり、これはチップバーン（葉先枯れ）の発生などにも関与している。

水ポテンシャルは根からの吸水速度により変化するため、気孔の開閉と茎葉での蒸散速度にも影響する。例えば、土壌水分が低下すると吸水速度が抑えられ、葉の水ポテンシャルが低下して気孔が閉じる。この気孔開閉は光合成活性に大きな影響を及ぼすため、根系の発達が劣ったり、根の生理活性が低下した作物では光合成速度が低下しやすい。このように、地下部と地上部の生理作用は密接に関係しており、光合成速度を高く維持するためには根が高い吸水力を持つ必要がある。

(2) 水分要求

ダイコンの根など，野菜の収穫物のほとんどが9割程度の水分を含んでいる。野菜は光合成のための水分を必要とする他に，体温の上昇を防ぐため蒸散をしており，かなりの水分を吸収する必要がある。土壌に含まれる水分は，土壌粒子の団粒構造や孔隙率に左右される。土壌粒子への水分の吸着程度はそれに相当する水柱の高さ(cm)を対数で示す。これをpF(ピーエフ)と呼び，根が吸収できるのはpF1.8～3.8の水分となる（第4－4図）。

野菜の乾物1gを生産するのに必要な水分量(g)を，**要水量**あるいは**蒸散係数**と呼ぶ。この蒸散係数は野菜の種類によって100～1,000とかなりの違いがある（第4－4表）。野菜の栽培に必要な水分量は乾物重に要水量を掛ければ求められ，ハクサイでは株当たり50kg，キュウリでは100kgとなる。もちろんこの値は果実をどれだけ着けるかによっても変わり，茎葉が旺盛に成育し，花や果実が発達するには多量の水を必要とする。曇雨天では蒸散が少なくなるが，晴天では朝早くから光合成が始まる。日中には蒸散が多くなるため，午前中早

第4－4表　野菜などの全蒸散量と蒸散係数　　　（内藤，1969）

作物	測定日数	全蒸散量 kg/株	乾物重 g/株	蒸散係数 (要水量)	日蒸散量 平均g/株
ハクサイ	72	50.7	154	329	704
キャベツ	43	34.7	177	196	807
レタス	49	6.6	36	183	135
セルリー	94	55.9	78	716	595
ハナヤサイ	68	88.9	153	581	1,308
サトイモ	133	156.1	507	308	1,174
ショウガ	119	94.8	95	998	797
キュウリ	64	101.7	133	765	1,591
ナス	63	100.3	237	423	1,590
ピーマン	78	96.9	155	625	1,244
トウモロコシ	76	39.9	416	96	525
ダイズ（疎植）	138	149.0	255	584	1,080
ダイズ（密植）	138	42.4	73	581	307
水稲（水田作）	101	14.2	48	296	140
水稲（畑　作）	101	17.5	48	364	172

めに十分かん水することが重要となる。

3. 根における物質代謝

単子葉植物の根は形成層の活動が不活発で，2次肥大成長が見られないため，双子葉植物と比較して根での物質貯蔵は少ない。一方，双子葉植物の根では2次肥大成長が活発で，柔組織が発達して物質が蓄積される。ダイコンでは主に還元糖が，ニンジンでは還元糖と非還元糖が蓄積しておりデンプンは少ない。サツマイモでは約25％のデンプンが蓄積している。薬用植物の根では，アルカロイドなどの2次代謝産物を蓄積するものもある。

(1) ムシゲル

光合成産物が根に転流され，この一部は高分子有機物に合成されて根から外に分泌される。この分泌物の中で，根の表面に付着する粘度の高い不溶性物質を**ムシゲル**と呼んでいる（第4－5図）。ムシゲルは土壌の団粒形成にも作用し，乾燥から根を保護している。ムシゲルは炭素含量が高く，土壌微生物の養分供給源になっている。土壌微生物は，植物の養分吸収と形態変化，生理活性物質生産などを通して植物に影響するだけでなく，土壌環境を保護して植物の病害防御をする役割を果たすなど，植物と共生関係にある。

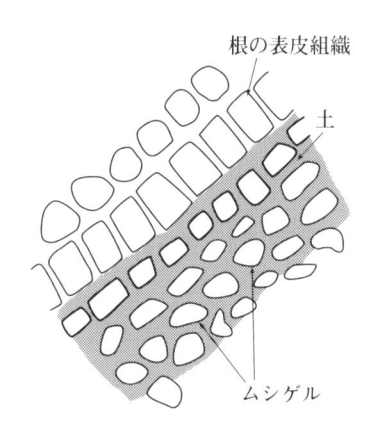

第4－5図　根の表面を覆っているムシゲル　　（藤目原図）

(2) 連作障害

根の分泌物はアレロパシー作用を有し，土壌微生物やセンチュウに影響することがある。このため，同一種類の野菜を同じ圃場に連続して栽培すると（序－9表），次第に生産量が減少する場合もあり，いわゆる**連作障害**の原因の1つとなる。連作障害にはこの他に土壌伝染性病害や微量要素欠乏，塩類集積

(3) 植物ホルモン

　根はサイトカイニンの重要な合成器官である。サイトカイニンは主に根の先端で合成され，茎葉部に移動していく。サイトカイニンは根端や形成層の細胞分裂を促進するため肥大成長に重要な役割を果たしているが，根の伸長には阻害的な作用を示す場合もある。茎葉に移動したサイトカイニンは，葉の成育を促進して老化を抑制し，気孔を開く働きがある。

　このほかに，アブシジン酸は水ストレスに影響して，気孔の開閉に関与している。オーキシンとジベレリンは茎葉部での合成が多いが，オーキシンは側根と不定根発生の促進，少量のジベレリンは根の伸長促進，さらにエチレンは根の伸長抑制と肥大促進などに作用する。これらのホルモン作用については第11章で詳しく述べている。

第2節　直根類の特性

　ダイコン，カブ，ニンジン，ゴボウなどでは種子根が発達した直根が主に肥大するため，これらを直根類と呼んでいる。

1. 外部形態

　直根類の肥大する部位は下胚軸と主根部である。ダイコンなどでは**抽根性**があり，肥大根の上部が地上部に抽出するものがある（第4−6図）。一般に抽根性の程度は耐寒性と関連しており，冬播き品種では抽根性が弱く，

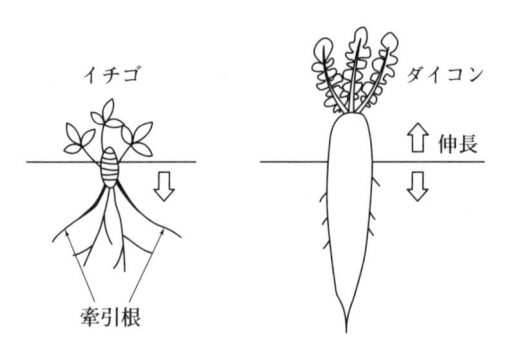

第4−6図　伸び上がるダイコン，沈み込むイチゴ──抽根性と牽引根　　（藤目原図）

第4章 根の発育 87

夏播き品種ではそれが強い。一方, イチゴなどでは, **牽引根**が発達しており, 根を地下に牽引している。

根の外部形態は品種によって大きく異なる。例えば, ダイコンの肥大根は根長が20cmから1m程度になるものもあり, 日本の代表的な品種の外部形態は丸, 短円筒, 長円筒, 太円錐, 細円錐, 長円錐, 細長円錐などに大別されている（第4-7図）。これらの根形は成育初期に大差はなく, 播種後30～50日頃から急速に肥大して根径が増大し始める。一方, 根長は丸形種では徐々に増加するが, 長形種ではこれよりも急速に増加する。このため肥大根の横径増大と根長増加の程度の差により品種独特の根形を示す。

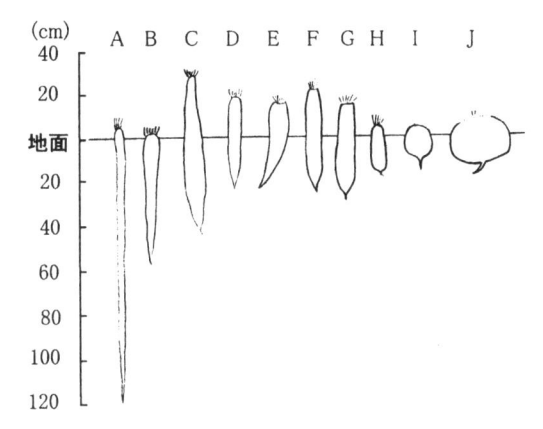

第4-7図　ダイコンの代表的品種の肥大根形態
(模式図)
A：守口, B：二年子, C：練馬尻細, D：みの早生, E：方領,
F：宮重, G：秋づまり, H：田辺, I：聖護院, J：桜島

2. 内部形態

直根類の根の肥大過程は, 1次分裂組織の増殖による第1次肥大期と, 形成層の分裂によりその内側に2次木部, 外側に2次師部が形成される第2次肥大期に分けられる。

直根類の肥大根を形態的に観察すると, **木部肥大型, 師部肥大型, 環状肥大型**に大別される（第4-8図）。木部肥大型にはダイコン, カブ, ゴボウなどが属し, この様式の肥大根では, 師部は薄い組織として形成されるだけで, 木部が大部分を占めている。師部肥大型にはニンジンなどがあり, この様式の肥大根は肥大した木部の中心と師部の肥大した肉部とからなる。環状肥大型にはビートなどがある。この様式では, 維管束が同心円上の包囲環状維管束群を形成

88　I　栄養相

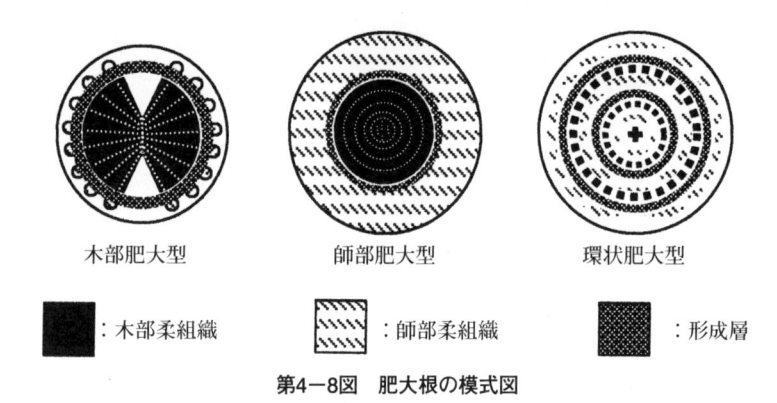

　　　　木部肥大型　　　　　師部肥大型　　　　　環状肥大型

■：木部柔組織　　▨：師部柔組織　　▦：形成層

第4−8図　肥大根の模式図

するため，肥大根の横断面には幾層もの輪が見られる。

第3節　塊茎・塊根類の特性

　直根類以外の根菜類に，根，地下茎あるいは地中にある側枝の一部が肥大しているイモ類がある。

1. 種類と分類

　サツマイモの肥大部位は根であり，これは**塊根**と呼ばれる。一方，ジャガイモやチョロギなどの肥大部位は**塊茎**，サトイモ，クワイ，ショウガなどのそれは**球茎**と呼ばれ，これらは地下部の茎が肥大したものである。また，ハス（レンコン）などの肥大部位は**根茎**，ヤマイモでは茎と根の中間的特質を持つ**担根体**と呼ばれ，いずれも塊茎の一種とみなされている。

2. 塊茎・塊根の着生とその形態

(1) サツマイモ

　サツマイモの栽培には，茎を植える場合と種イモを植える場合がある。茎を植える場合，すなわち挿し苗で繁殖した場合にはその節部から不定根が発生し，その一部が肥大して塊根が形成される。種イモによる繁殖の場合は，種イモの

頂部（頭部）から伸長した茎から発生した不定根の一部も塊根になる。また，種イモの基部（尾部）から根が発生し，このうちのいくつかが肥大して塊根を形成する（第4－9図）。サツマイモの肥大様式は，木部肥大型である。

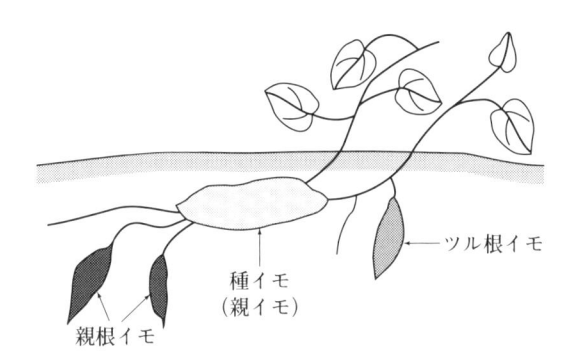

第4－9図　サツマイモの塊根着生

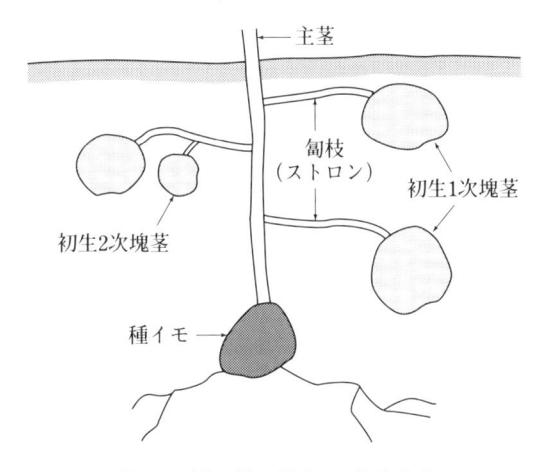

(2) ジャガイモ

ジャガイモは，主茎の基部で地中にある側枝が横に伸び，その先端が肥大する（第4－10図）。地中の主茎の6～8節から1次側枝が伸長し，これから2次側枝が発生する。ジャガイモでは，一般に初生の1次側枝に大きな塊茎が形成されやすい。ジャガイモの塊茎は，偏球形や楕円球形などの形状で，10～20程度の芽がある。

第4－10図　ジャガイモの塊茎着生

(3) サトイモ

サトイモでは，種イモの頂芽が成長して短縮茎となり，この基部が球状または偏球状に肥大して親イモができる。この親イモの腋芽が成長してその基部が肥大して子イモ(1次球茎)ができる。さらに，この1次球茎から孫イモ(2次球

90　Ⅰ　栄養相

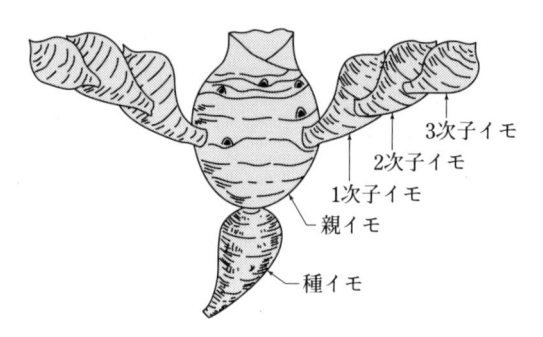

第4－11図　サトイモの塊茎着生

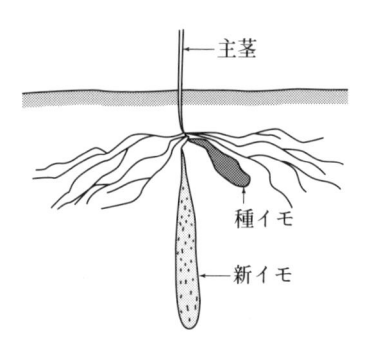

第4－12図　ヤマイモの塊茎着生

茎)，ひ孫イモ(3次球茎)が順々に形成される（第4－11図)。サトイモの球茎は短卵形から長卵形の形状で，20以上の芽を持っている。

(4) ヤマイモ

ヤマイモでは，種イモの1個の定芽が伸長するか，あるいは定芽のない場合には数個の不定芽が形成されて，そのうちの1本が伸長する。この茎の基部の1節から担根体が発生し肥大する（第4－12図)。ヤマイモには，ナガイモ群，イチョウイモ群，ヤマトイモ群があり，それぞれ長形，掌形および塊形の形状をしている。

第4節　根の肥大

1. 伸長条件

　根の伸長は，地下部の温度・酸素・水分などの物理的条件やpH・養分などの化学的条件などさまざまな環境に影響を受ける。
　例えば，野菜の種類によって根の伸長適温が異なる（第4－13図)。一般に，果菜類では根の伸長適温は高く，葉菜類や根菜類では低い。また，成育初期には根の伸長適温が比較的高いが，発育が進むと低温域に拡大する（第4－14図)。

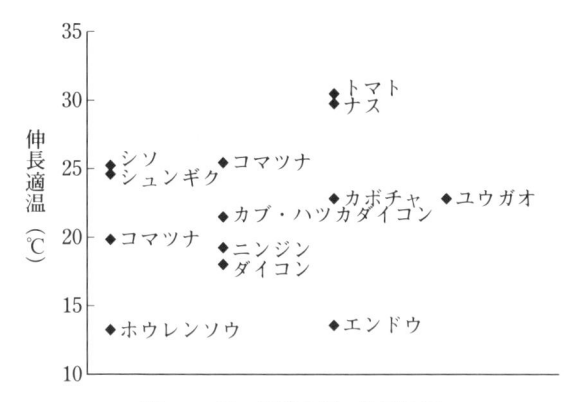

第4-13図 野菜の根の伸長適温
(藤目ら, 1992; 奥田ら, 2001)

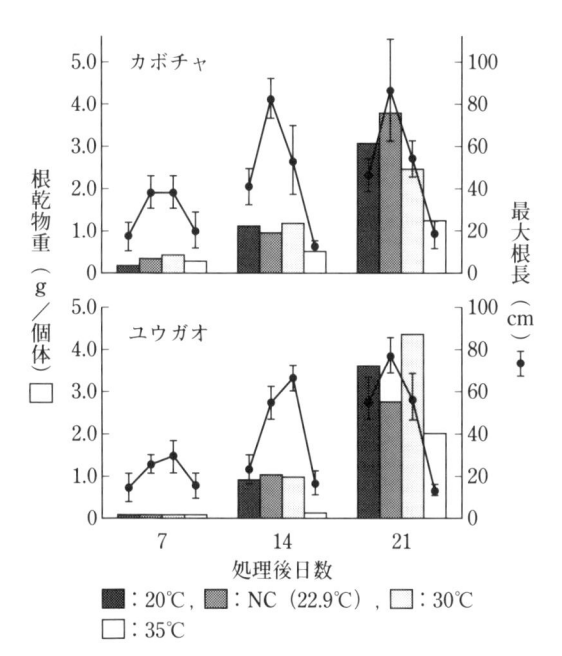

第4-14図 カボチャおよびユウガオにおける根の生育適温の変化 (奥田, 2001)

■: 20℃, ▨: NC (22.9℃), ▢: 30℃
□: 35℃

NC: 温度放任区 (平均温度)
縦のバーは標準偏差

第4−5表 根の酸素要求 　　　　　(篭橋ら，1970を修正)

植　物	酸素要求程度
レタス，ナス，キュウリ，トマト，キャベツ	酸素不足に強い
ホウレンソウ，ゴボウ，ダイコン，サツマイモ	酸素不足に弱い
カリフラワー，ニンジン，ピーマン，メロン	酸素不足にもっとも弱い

pH　5.0　　　5.5　　　6.0　　　6.5　　　6.8

土壌酸度への耐性　　酸性に弱い　　　pH6.0〜6.8
(生育範囲)　　　　　　　　　　　アスパラガス，セルリー，メロン，ホウレン
　　　　　　　　　　　　　　　　ソウ，ブロッコリー，ハクサイ，キャベツ，
　　　　　　　　　　　　　　　　カリフラワー，レタス，タマネギ，ネギ

　　　　酸性にやや強い　　　　pH5.5〜6.8
　　　　　　　　　　　　　　インゲンマメ，カボチャ，ダイコン，ニンジン，キュウリ，
　　　　　　　　　　　　　　トマト，ナス，トウガラシ，エンドウ，ニンニク，カブ

　酸性に強い　　　　　　　pH5.0〜6.8
　　　　　　　　　　　　サツマイモ，スイカ，ジャガイモ，サトイモ

第4−15図　根の土壌酸度耐性

(Yamaguchi，1983を修正)

　温度は根の呼吸にも影響するため，酸素要求量の多い種類では高温や冠水などにも注意が必要である(第4−5表)。また，根の重力屈性を示すだけでなく，水分量を感知する水分屈性も示す。エンドウなどでは，約1％の湿度を根冠部で感受する。土壌中のpHも根の伸長に影響し，種類によってその耐性が異なる(第4−15図)。

2. 肥大条件

(1) 温　度

　直根類の肥大根の発育・肥大には15〜20℃程度の温度が適しているものが多い。例えば，根の肥大適温はハツカダイコンでは15〜20℃(第4−16図)，ニンジンでは18℃程度である。ゴボウではこれらよりもやや高温の20〜25℃が肥大に適している。塊茎・塊根類のうちサツマイモ，サトイモなどでは，貯蔵部位の肥大に20℃以上が必要で，適温は22〜26℃である。冷涼な条件を好

むジャガイモでは，塊茎形成の適温は昼温20℃・夜温10〜14℃である。

(2) 日長

一般に植物の地下貯蔵器官形成と日長との関係については，長日条件下ではその形成が抑制され，短日条件では促進される（第4-17図）。例えば，ジャガイモでは16時間の長日条件下で塊茎形成が遅れ，8〜12時間日長の短日条件下で塊茎の形成が促進される。また，サトイモの球茎やヤマイモの担根体の形成・肥大も短日条件によって促進される。日長の変動を感受して塊茎形成が制御されていることから，植物ホルモンや塊茎形成物質の関与が示唆されている。

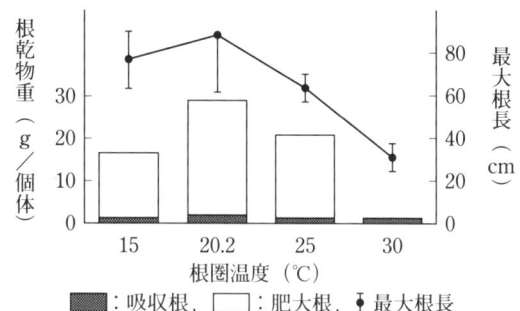

第4-16図 ハツカダイコンの根の発育に及ぼす根圏温度の影響 （藤目ら，1992）

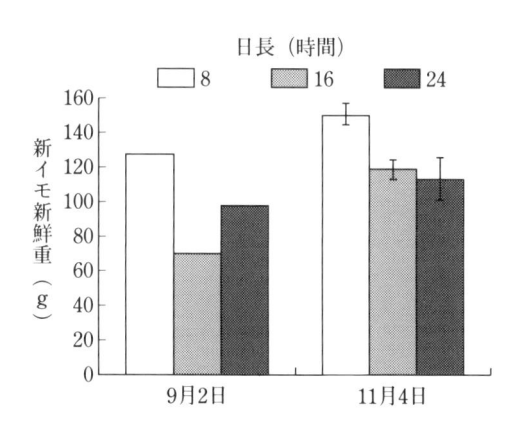

第4-17図 ヤマイモの新イモ新鮮重に及ぼす日長の影響 （吉田ら，1999）

(3) 植物ホルモン

ジャガイモの塊茎形成は，オーキシンとジベレリン含量がともに減少してサイトカイニン含量が多い場合に誘導される。サツマイモではオーキシン処理で塊根形成が促進される。ジャガイモの塊茎形成誘導物質は短日・低温条件下で茎頂部の若い葉で生成され，茎を求基的に移動し，地下の匍枝の先端に達して

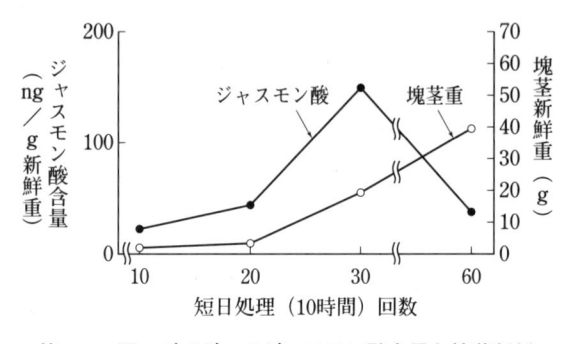

第4－18図　ダイジョのジャスモン酸含量と塊茎新鮮重の推移　　　　　　　　　　　　　　（菊野ら，2002）

塊茎形成を誘導する。ヤマイモの仲間で熱帯地方で栽培されるダイジョについて，最近では塊茎形成にジャスモン酸とこの類縁化合物が関与していることが示唆され（第4－18図），ジャスモン酸類縁体のチュベロン酸が塊茎形成を誘導することが報告されている。

(4) 体内養分

　地下貯蔵器官の形成と肥大とは，同化産物の蓄積によるものであるため，サツマイモやジャガイモなどの塊茎・塊根類の地下貯蔵器官の形成・肥大促進には十分な日照が必要である。十分な日照条件のもとでは，**ソース**側となる葉で合成された糖が**シンク**側の地下部に転流して，貯蔵デンプンや貯蔵タンパク質の合成に関係する遺伝子が活性化される。これは糖がさまざまな情報のシグナル伝達として働き，塊茎・塊根類の肥大に関係しているためである。培地中の糖濃度を変えてジャガイモの黄化茎を培養したとき，ショ糖濃度6％以上あるいはブドウ糖・果糖・麦芽糖8％以上で塊茎の形成が促進される。逆に，培地中のチッソ濃度が高い場合には，塊茎の形成が遅れる。このため，土壌中のチッソ成分が多くなり過ぎると茎葉の発育が旺盛になり，地下部のシンク活性が弱くなって塊茎や塊根の形成・肥大が遅れる。一方，リン酸やカリの施用を多くすると，地下部のシンク活性が強まり糖の転流がいっそう盛んになる。葉で合成された糖が根に転流し，細胞に必要な量よりも過剰に供給された場合，糖はシグナルとして遺伝子に働き，発現が活性化されたり，逆に抑制されるものがあると考えられる。貯蔵物質の合成を活性化する遺伝子の発現の結果，過剰に供給された糖は貯蔵物質に変換されて蓄えられる。

(5) 土壌水分

貯蔵部位の肥大成長では土壌中の水分条件にも影響される。例えば，湿生植物のハスでは土壌水分の不足で根茎の形成と肥大が不良になる。ジャガイモの塊茎とサツマイモの塊根形成と肥大には，それぞれ容水量の40～60％と60～70％が適している。塊茎や塊根を形成・肥大する地下部では盛んに呼吸しており酸素の要求量が高いため，サツマイモの塊根やジャガイモ塊茎などの形成と肥大には十分な通気と酸素供給が必要である（第4-19図）。

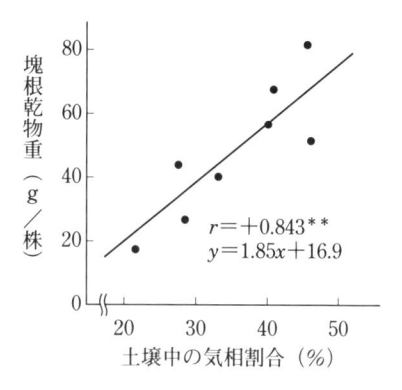

第4-19図 サツマイモの塊根乾物重と土壌気相割合との関係
(渡辺, 1965)
＊＊有意水準1％で有意差あり

$r=+0.843**$
$y=1.85x+16.9$

3. 肥大根の発達異常

肥大根の発達異常として外観的には岐根，曲根，裂根があり，内部的にはす入り，空洞症，みみずばれ症などがある。す入りは，根の肥大が進んだ後に，発達した柔組織の細胞内に気泡が現われて細胞間隙が発生し，組織内に不規則な形状の空隙が広がっていくものである（第4-20図）。す入りは，葉の同化能力以上に根の肥大成長が盛んになり，同化産物の供給が伴わない場合に発生する。例えば，成育中期以降の高夜温，低日照および土壌の乾燥ならびに肥料多施用や低栽植密度などです入りが増加するため，これらの条件を避ける必要がある。

第4-20図 ダイコンの「す入り」模式図（横断面）

II 生殖相

第5章　花芽分化

　葉・根菜類では茎や根などの栄養器官が収穫対象であり，果菜類，花菜類では花あるいは果実を収穫する。また，採種栽培においては完熟した果実中の種子を採種する。一般に葉・根菜類では，花芽が形成されると，養分は根や茎葉にいくより花芽に集中するようになる。第5-1，2図に，ブロッコリーの出らい

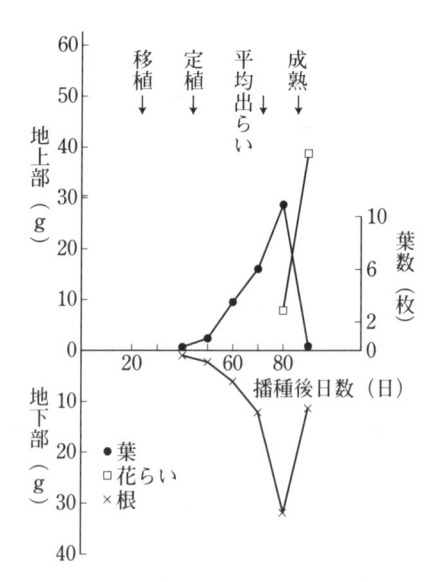

第5-1図　ブロッコリー'グリーンコメット'の花らい形成に伴う部位別の乾物重の変化 （藤目，1988）

花らい形成に伴って，葉や根の乾物重は減り，花らいでは増加が著しい

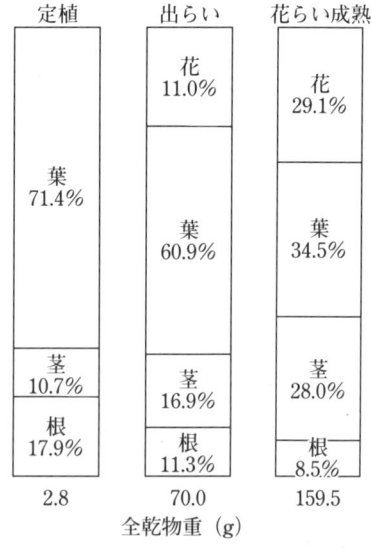

第5-2図　ブロッコリー'グリーンコメット'の発育に伴う部位別の乾物成長割合

（藤目，1988）

（蕾）に伴う成長量の変化を示した。定植時は成育量の大半が葉だが，出らいに伴って花らいの成育が旺盛になっていくのに比べ，茎葉や根の成育は低下していく。一方，果菜類や花菜類においては，栄養器官の成育と花芽あるいは果実の発育とが並行して進んでいく。従って，葉・根菜類では採種栽培を除き，花芽を形成させないように栽培管理をする。また，果菜類と花菜類では，栄養器官を十分に成育させながら，積極的に花芽形成を促進する栽培管理をすることになる。

このように，収穫部位の違いによって野菜の栽培管理は異なるため，各種の野菜について**栄養成長**から**生殖成長**への転換に関する条件とともに，花芽の発達過程を理解しておく必要がある。

第1節　花芽の分化と発達

1. 花芽分化の過程

植物が若い間には第5-3図に示すように，円錐形の茎頂で葉のみが形成されているが，ある程度発育が進むと，分裂組織は膨大化してドーム状になり，その基部から花芽を形成するようになる。栄養成長期の茎頂の**頂端分裂組織**は葉原基を分化するのに伴って小さくなり，**葉原基**の分化が終了すると頂端分裂組織はふたたび大きくなってくる。このように頂端分裂組織はいつも形と大きさを変化させており，花芽を分化したかどうかを形状だけで判断するのは困難である。

葉原基あるいは花芽原基が分化す

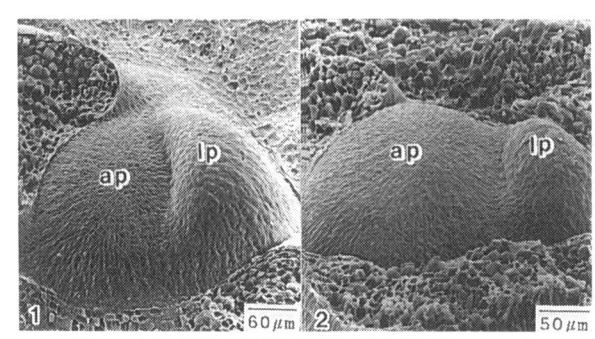

第5-3図　栄養成長期の頂端分裂組織（キャベツ）
(垣渕・藤目原図)

1) 葉原基を分化している，小さな頂端分裂組織
2) 葉原基を分化した直後の大きな頂端分裂組織
ap：頂端分裂組織　lp：葉原基

る位置は周辺分裂組織であり（第1-11図），花芽分化に伴って外衣層の厚さの変化することが知られている。また，カリフラワーでは花芽分化に伴い周辺分裂組織でのDNAとRNA量が変化する（藤目，1999）。最近，遺伝子解析の結果，外衣あるいは内体のそれぞれに発現部位を持つ遺伝子群が明らかにされており，その作用機作の解明が待たれる。

　花芽形成を伴って起こる植物の栄養成長から生殖成長への転換の発育の生理が，いかなるものであるかは生理学的に論議されるべきものであるが，その過程を花成と呼ぶ。花成そのものは次の3段階をたどる。

a) 催花
b) 花芽原基の形成
c) 花芽の発達

　花芽が形成されてその発達に伴って出らいが起こり，花は開花に至る。従って，花芽原基の形成，花芽の発達という花芽分化に伴う形態的変化を正確に把握することは，植物の開花問題の研究には必須の条件である。花芽の形態観察は近年では走査型電子顕微鏡の導入で，より詳細にまた3次元的に示されるようになり，従来の実体顕微鏡では明らかにできなかった微細な形態が明らかになってきた。ここではその一例として，パクチョイの花芽とその基部の腋芽の関係を第5-4図に，ナス科のトマト，アオイ科のオクラ，キク科のシュンギク，バラ科のイチゴの花芽発達段階を，それぞれ第5-5, 6, 7, 8図に示した。さらに第5-9図にカリフラワー，ブロッコリーの花芽発達段階を示した。

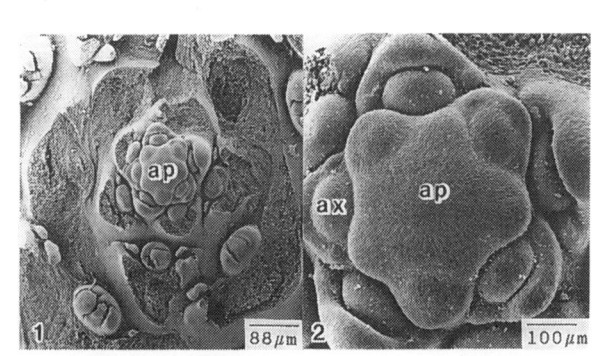

第5-4図　花芽を分化したパクチョイの茎頂部
（垣渕・藤目原図）

1) 花芽を分化した小さな茎頂部と腋芽
2) 花芽を分化している頂端分裂組織
ap：頂端分裂組織　　ax：腋芽
葉序に従って花芽が規則正しく配列する

第5章 花芽分化 *101*

カリフラワーは花序を作るため，そこには花序形成と花芽形成をともに示している。また，カリフラワーでは後述（124ページ）するように，花芽も花序も原基の状態で発達は止まり，それぞれの原基数が増加していくという独特の特性を持っている。カリフラワーの場合まず花らいができ，その上に花芽原基が分化し，その数が増加していっている。そこで，花らいの発達を示すと第5-10図のようになり，その両者の関係を第5-1表に示した。カリフラワーの花らい形成（花序形成）と花芽形成のように，花序と花芽が完成するまでに2段階の要求を持つものはいくつかあり，キクの頭状花序もその一例である。

2. 花器の種類と着生位置

花を作っている器官には，外側からがく，**花弁，雄ずい，雌ずい**がある（第5-11図）。これらの花器はすべて葉が変形したもので，段階的に形態が変わ

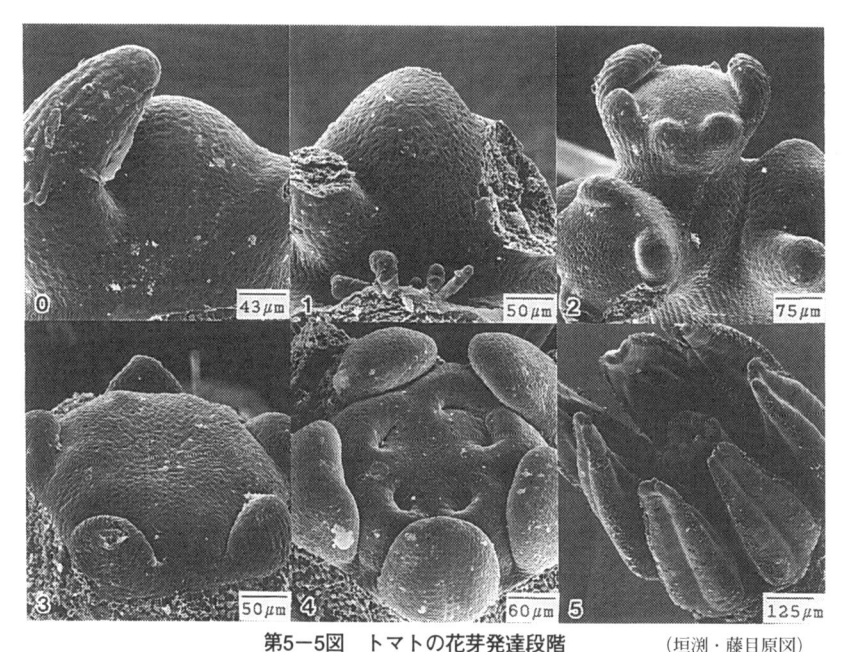

第5-5図 トマトの花芽発達段階 (垣渕・藤目原図)
0) 未分化期 1) 膨大期 2) がく片形成期 3) 花弁形成期 4) 雄ずい・雌ずい形成期
5) 雄ずい・雌ずい発達期

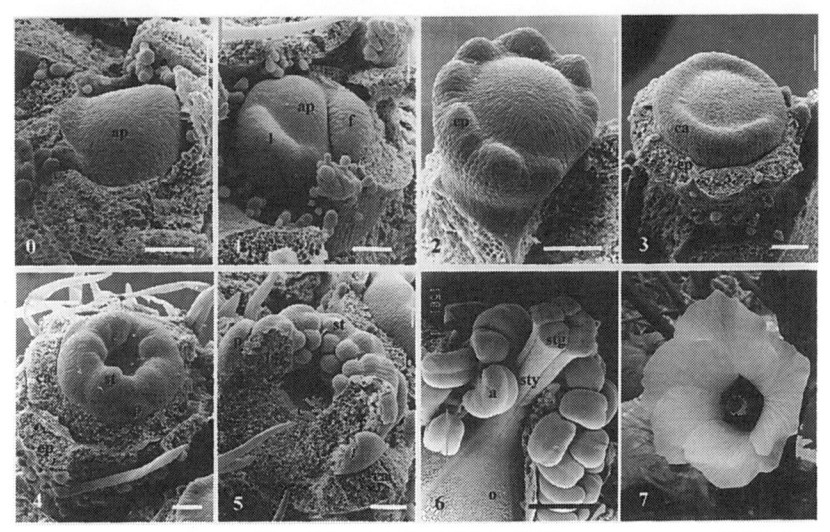

第5-6図　オクラの花芽発達段階　(Panumart・藤目原図)
0) 未分化期　1) 膨大期　2) 副がく形成期　3) がく形成期　4) 花弁・雄ずい形成期
5) 心皮形成・雄ずい発達期　6) 雄ずい・雌ずい発達期　7) 開花期
ap) 茎頂　l) 葉原基　f) 花芽　ep) 副がく　ca) がく　p) 花弁　st) 雄ずい　stc) 雄ずい筒
a) 葯　c) 心皮　sty) 花柱　stg) 柱頭　o) 子房

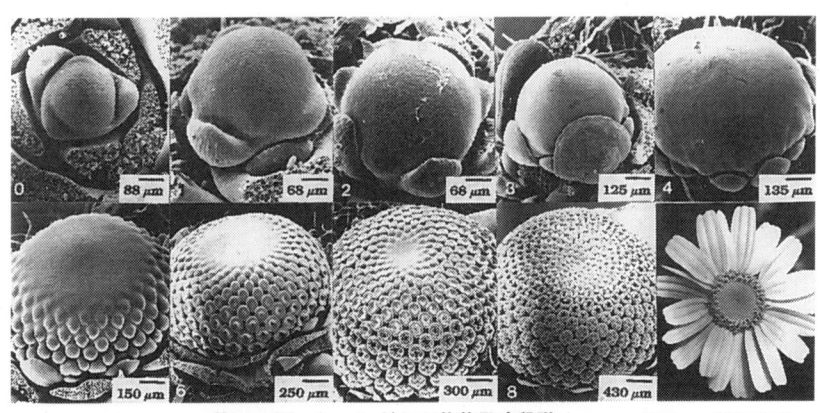

第5-7図　シュンギクの花芽発達段階　(Yulian・藤目原図)
0) 未分化期　1) 膨大期　2) 総包形成前期　3) 総包形成後期　4) 小花形成前期
5) 小花形成後期　6) 小花発達前期　7) 小花発達中期　8) 小花発達後期　9) 開花期

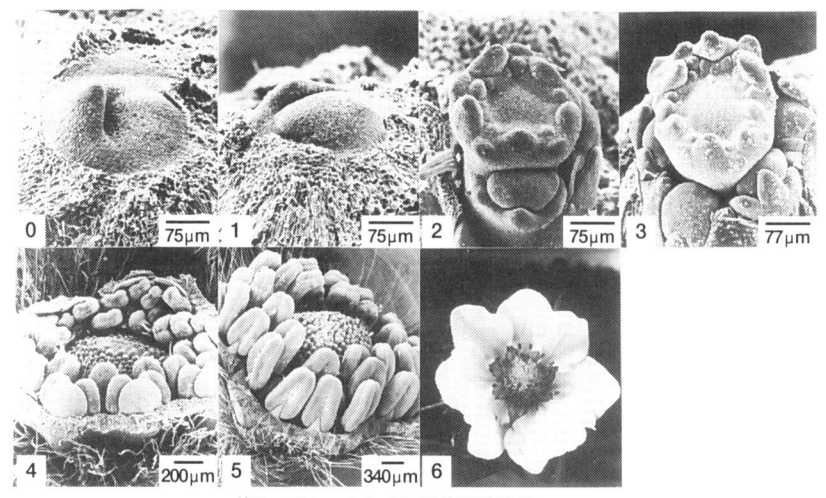

第5-8図　イチゴの花芽発達段階　　　　　　（Aspuria・藤目原図）
0) 未分化期　1) 膨大期　2) がく片形成期　3) 花弁形成期　4) 雄ずい・雌ずい形成期
5) 雄ずい・雌ずい発達期　6) 開花期

っている。中間的な形態のがくを葉と比べると，がくでは葉にある切れ込みはなく，また腋芽がなくなっている。さらに，それより内側の花弁では葉緑素は黄色，赤色などの色素に変わっている。それぞれの花器も葉が変形したものであるから，普通葉にある気孔が雌ずいの子房などに見られることもある（第5-12図）。

　花弁の内側に雄ずいがあるが，花弁と雄ずいは同じ原基から発達してできていることをよく示す種類もある。ツバキではたくさんある花弁のうち，中にあるほど小さくなり，最後には雄ずいと見分けのつかないものが出てくる。雄ずいの長さと雌ずいの柱頭の位置は重要で，種子や果実の発達に関係してくる（第6-4図参照）。

　ナスやメロンの花は1つずつ着くが，イチゴ，シュンギクやトマトではいくつかの花が集まった**花序**（**花房**）を着ける（第5-13図）。トマトでは1つずつの両性花が分かれて着いているが，イチゴでは**集合花**と呼ばれる花を作る。イチゴ（第5-14図）の場合には，花序の基部にたくさんの雄ずいが着き，それより上の円錐形に盛り上がった**花床**にたくさんの雌ずいが着いている。最近

104　Ⅱ　生殖相

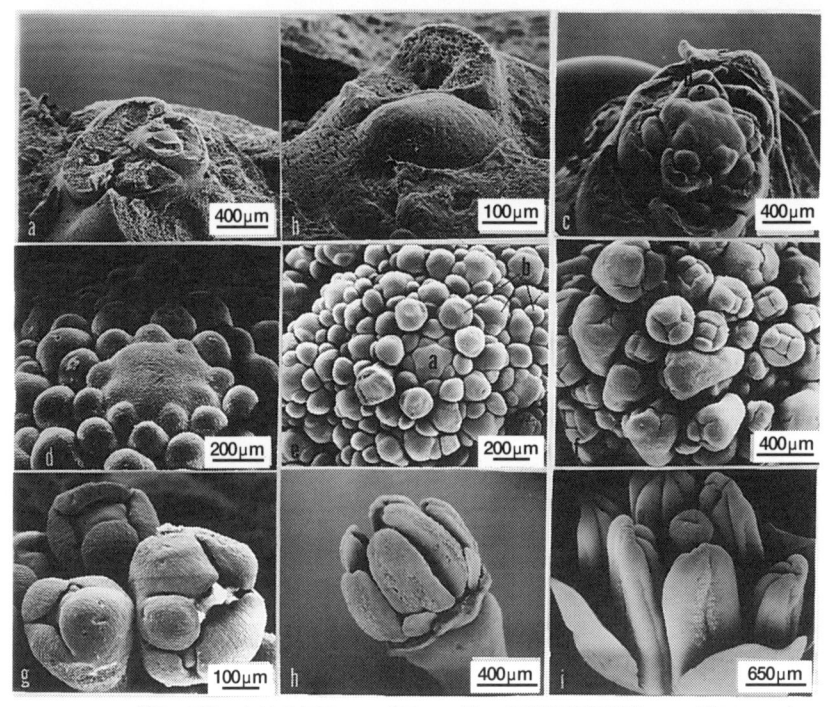

第5-9図　カリフラワー，ブロッコリーの花芽発達段階　　（藤目，1983）
a) 未分化期　b) 膨大期　c) 花らい形成前期（a；花序原基，b；包葉原基）
d) 花らい形成中期　e) 花らい形成後期（a；主軸の中心，b；花序原基）
f) がく片形成前期　g) 雄ずい・雌ずい形成期　h) 花弁形成期　i) 花弁伸長期

第5-10図　カリフラワーの花らい発達
　　（藤目，1983）
a) 未分化期
b) 花らい形成期
c) 花らい肥大期
d) 花らい成熟期

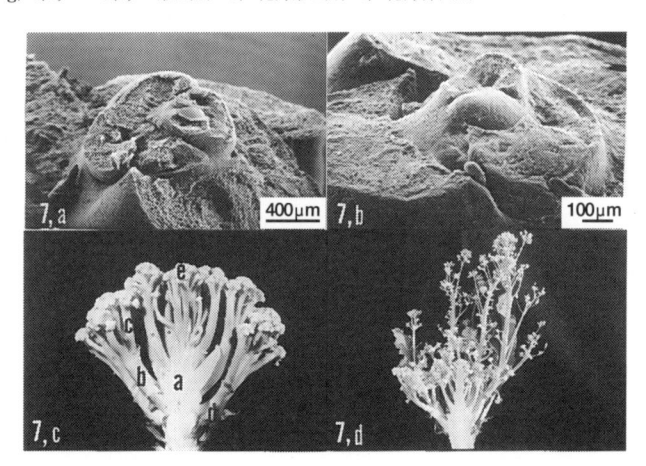

第5-1表　カリフラワーの花らい発達と花芽発達　　(藤目, 1983)

花らい発育	未分化		花らい形成			花らい肥大	花らい成熟		
花芽発育	未分化	膨大期	花らい形成			がく片形成期	雄ずい雌ずい形成期	花弁	
			前期	中期	後期			形成期	伸長期

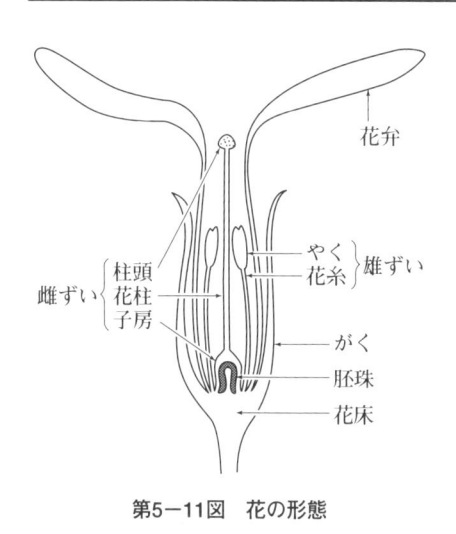

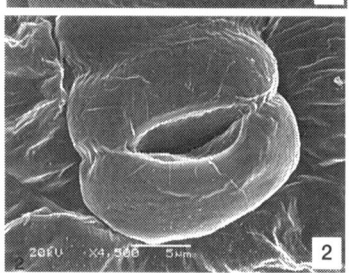

第5-11図　花の形態

(label: 花弁, やく／花糸＝雄ずい, 柱頭／花柱／子房＝雌ずい, がく, 胚珠, 花床)

第5-12図　エゴマ子房に見られる気孔　　(藤目・新保原図)
1) 子房　2) 気孔の拡大

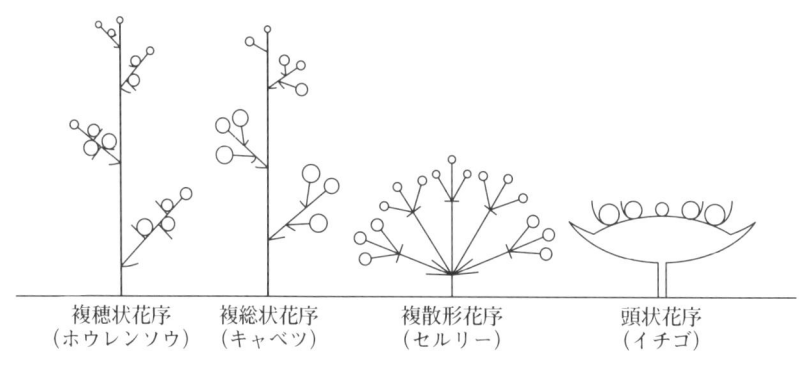

複穂状花序（ホウレンソウ）　複総状花序（キャベツ）　複散形花序（セルリー）　頭状花序（イチゴ）

第5-13図　野菜類の花序型（模式図）

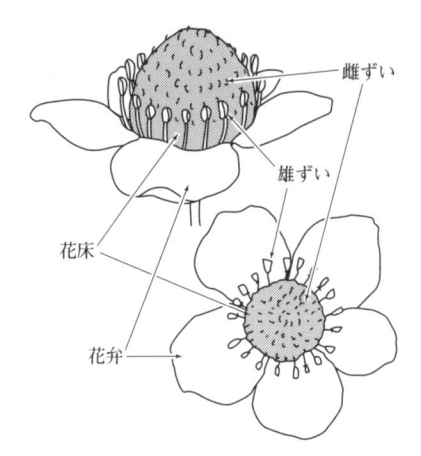

第5-14図 イチゴの花
イチゴでは花弁，雄ずいと雌ずいがそれぞれ集まって着く

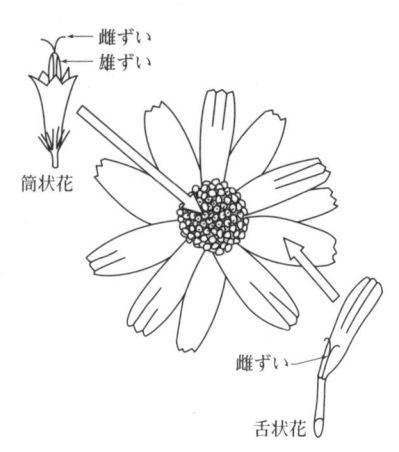

第5-15図 シュンギクの花
シュンギクでは舌状花で昆虫を誘引し，筒状花で受粉させる

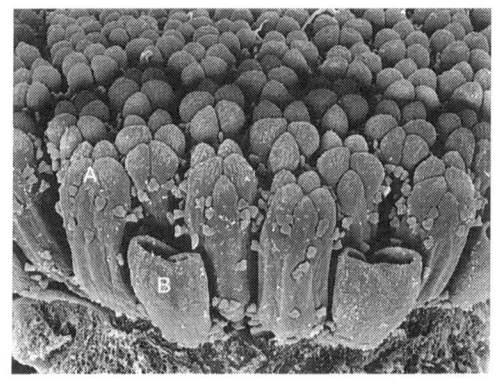

第5-16図 シュンギクの舌状花と筒状花の原基（走査型電顕像） (藤目・河村原図)
A：筒状花　B：舌状花

の大果型の品種では，花床の先端の雌ずいが受精するまでに，雄ずいの花粉がなくなってしまうことがある。すると，先端部では受精不十分で種子(**痩果**)ができず，その部分は赤くならず先白果になる。従って，先端部まで赤くするためには，多少成熟程度の違う多くの雄ずいが必要になる。シュンギク（第5-15図）の場合，花弁のように見えるのは**舌状花**と呼ばれる雌花で，中央部にあるへそのようなところには，両性花である**筒状花**が着く。走査型電子顕微鏡で見た舌状花と筒状花の発達を第5-16図に示した。

　花は茎の先端に着く場合と，葉の付け根の腋芽部に着く場合とがある（第

第5章 花芽分化 107

第5-17図 葉の付け根の腋芽に着くオクラ（右）やマメ類（左，写真はソラマメ）

5-17図)。キャベツ，ホウレンソウ，トマトやブロッコリーの花は先端に着き，オクラ，キュウリ，ソラマメ，エンドウなどのマメ類などの花は腋芽部に着く。トマトの場合は複雑で，見かけ上は茎に花房が着いているように見えるが，実際は茎の先端に着いている。花房が発達するにつれ，すぐ下の腋芽が成長して茎は太くなるため，主茎のように見える。ときどきトマトで心止まりが起きるのは，腋芽の成育が止まったためである（第5-18，25図参照)。

第5-18図 トマトの心止まり

第2節　花芽分化の生理

　植物が花芽を形成する能力を持っていても，光や温度といった環境条件が整わなければ花芽は形成されなかったり，また不十分な段階で発達が停止することがあり，環境条件の重要性がうかがわれる。代表的な野菜について，花芽形成に及ぼす日長と温度の影響を第5－2表に示した。
　花芽の形成条件と発達条件は異なる場合があり，注意が必要となる。例えばイチゴは短日・低温で花芽を形成するが，花芽が発達するのは温暖・長日で促進される。そこで，早く収穫しようと高温・長日にしておくと，次の花房の形成は起こらなくなる。主な野菜の花芽形成条件と発達条件を第5－3表に示した。
　光や温度などの環境条件を植物が受容し，何らかの代謝変化が起こり，その結果として茎頂において花芽という形態形成が起こる。この開花生理については不明な点が多いが，今までに明らかにされた知識を次に説明する。

1. 光周性

　Garner・Allard（1920）により，植物の花芽形成が昼夜の周期的な明暗期の長さに対して，ある種の生理的な反応を示すことが発見され，この現象は**光**

第5－2表　野菜の花芽形成の主要要因

花芽形成要因			種　　類
温度	低温	種子春化	ハクサイ，ツケナ類，ダイコン，カブ
		植物体春化	キャベツ，カリフラワー，ブロッコリー，セルリー，ネギ，タマネギ，ニンニク，ニンジン，ゴボウ
	高温		レタス
日長	短日		イチゴ，シソ
	長日		ホウレンソウ，タカナ，シュンギク，ニラ，ラッキョウ
栄養			トマト，ナス，ピーマン

周性と呼ばれるようになった。また，彼らは日長への反応を次の3つの型に分けた。

a) **短日植物**：日長がある長さ（**限界日長**）以下で花芽を形成し，それ以上の日長では花芽形成が遅れたり，花芽を形成しない植物である。その例として，ダイズ，ゴマ，シソ，シュンギク，キクイモなどがある。

b) **長日植物**：日長がある長さ以上のときに花芽を形成し，それ以下のときに花芽形成が遅れたり，花芽を形成しない植物。その例として，ホウレンソウ，タカナなどがある。

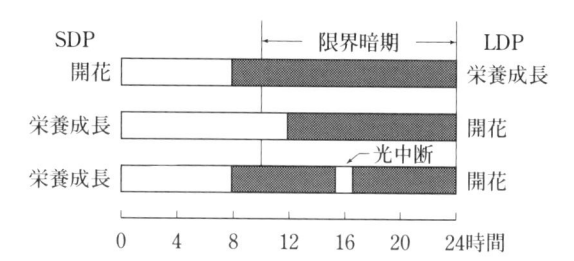

第5-19図 長日植物（LDP）と短日植物（SDP）の花芽形成に対する暗期中の光中断の効果

(Hess, 1979)

第5-3表 主要野菜の花芽形成と発達の条件

野菜	花芽分化の条件 主要因(副要因)	花芽発達の条件
ブロッコリー	低温・長日	温暖・長日
カリフラワー	低温	温暖・長日
ダイコン	低温（長日）	温暖・長日
オクラ	低温（短日）	温暖・長日
イチゴ	低温・短日	温暖・長日
シソ	短日	温暖・長日
シュンギク	長日（低温）	温暖・長日
レタス	温暖	温暖・長日
トウガラシ	栄養条件（長日）	高温・長日
ピーマン	栄養条件（長日）	高温・長日
シシトウ	栄養条件（長日）	高温・長日

c) **中性植物**：日長の長短によって花芽形成があまり影響されない植物であり，長短いずれの日長条件下でも花芽を形成する。例として，トマト，ナス，インゲンマメなどがある。

この日長反応において重要なのは，明期の持続時間ではなくて暗期の持続期間である。第5-19図に示されるように，暗期の重要性は短日条件で暗期の中間付近で光を短時間照射する**光中断**（**暗期中断**）により，短日植物は花芽を形成しないが，長日植物は花芽を形成することから明らかである。短日植物はその意味では長夜植物と呼ぶほうが正しい。

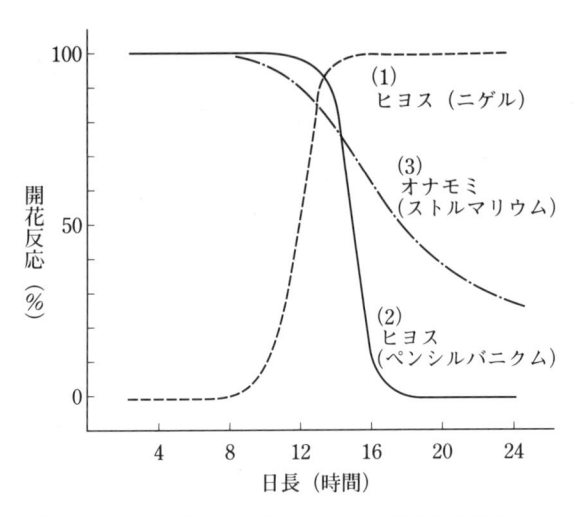

第5-20図　質的または量的な長日植物と短日植物の開花反応　(Black, 1970)

(1) ヒヨス（ニゲル）
(2) ヒヨス（ペンシルバニクム）
(3) オナモミ（ストルマリウム）

これらの日長反応には，質的な反応と量的な反応があり（第5-20図），短日条件でしか花芽形成をしない場合にこれを質的短日植物と呼び，**限界日長**がなく，日長が短いほど花芽形成が促進される場合には量的短日植物と呼ぶ。同じ植物であっても，量的あるいは質的反応を持つグループのあることが知られている。

　日長刺激を受容するのは葉であり，展開直後のもっとも若い葉が敏感に反応する。日長刺激を受けた葉において花成ホルモンが生成され，茎頂に運ばれ，そこで花芽が形成されることになる。光周性の刺激において光の強さは重要でなく，満月などの弱光にも感応することが知られており，長日効果を生むとされている。電照で長日処理をするには20 lx以上の照度が必要とされている。また，光の波長の影響については光中断の際の波長を変えることにより，赤色光(660nm)が遠赤外光(730nm)より効果的である。花芽形成を抑制するための電灯照明の光源には，白熱灯のほうが赤色の波長の光を多く含むため，蛍光灯より有効である。

2．春化（バーナリゼーション）

(1) 春化の型

　春化（バーナリゼーション）とは低温によって花芽形成が引き起こされることであり，Lysenko（1932）は低温処理による花芽の誘導効果を実証した。日

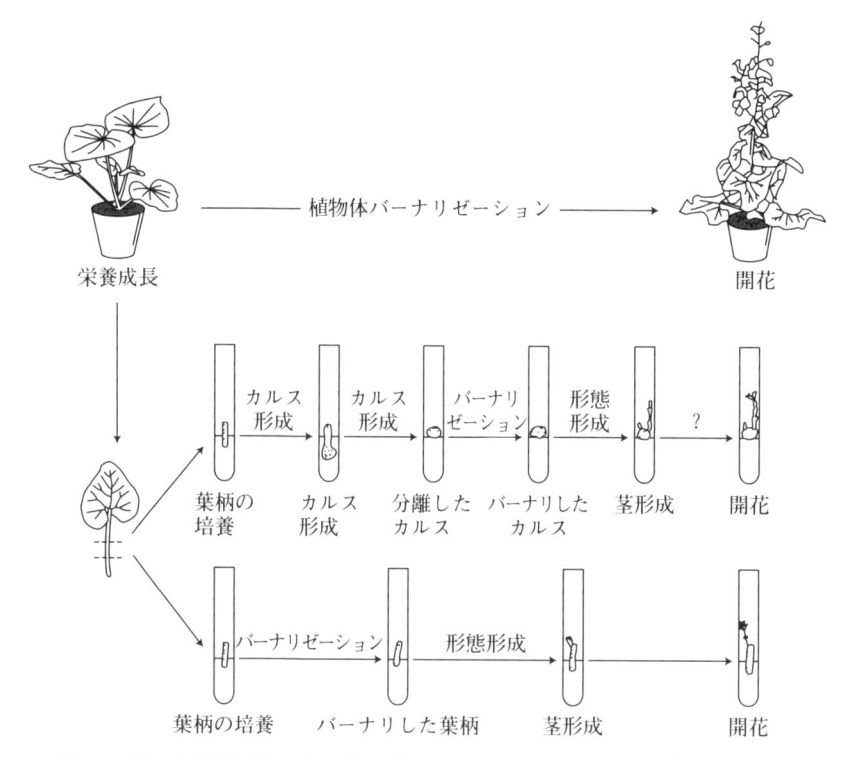

第5-21図 組織培養したルナリア（*Lunaria annua*）のバーナリゼーション
(Pierik, 1967)

長反応と異なり，低温刺激を受容する部位は茎頂自体であり，そこで花芽が分化する。しかし，茎頂の頂端分裂組織だけが低温を受容できるのでなく，細胞分裂を行なっている細胞ならば低温を感応できることが，組織培養した実験結果から明らかにされている（第5-21図）。

　低温感応の作用様式について，植物が低温に遭遇している間に花芽を形成する**直接作用型**と，低温経過後に低温よりやや高くて植物が成育できる温度に移された後に後作用として花芽形成が誘導される**誘導作用型**とがある。前者は花芽形成の適温が低温域にあるためで，Schwabe(1971)は後者が真の低温要求である春化としている。

　これは，春化のための低温を感受する発育ステージから，2つの型に分けら

第5-4表 チコリーの抽だいに及ぼす種子形成時の母植物体の温度の影響

(Wiebe, 1989)

温度	播種日	
	4月30日	5月18日
5℃	78a	79a
10℃	44b	8b
15℃	7c	0c
対照区	13c	0c

注. 有意差 (5%)

れる。

a) 種子春化型
b) 植物体春化型

種子春化型植物では吸水して胚が発育を始めると低温を感応し、その温度は0～5℃が最適と見られている。この要求性を持つ植物では植物体上で登熟中にも低温感応する場合のあることが知られており、登熟バーナリゼーションと呼ばれている（第5-4表）。アブラナ科野菜やマメ科野菜ではこの性質を持ち、採種地の選定の際にはこれに注意する必要がある。

植物体春化型植物では植物体が一定の大きさの苗になって初めて低温に感応するようになる。低温に感応できるまでを**幼期**と呼ぶ。植物体春化型の適温は種子春化型よりやや高い、5～10℃ぐらいにある。低温の感応ステージによる分類については、第5-2表に示した。

これらの低温要求性植物においては、花芽を形成するのに十分な低温を受けた後に花芽を形成するとともに花茎が伸長する、いわゆる抽だい現象を伴って開花・結実していく。もし、低温感応が不十分な場合には花芽形成自体が遅れたり、抽だいが途中で止まる**座止**が起こり、花茎は伸長しない。

カリフラワーは植物体春化型の低温要求性を持っているが、種子に低温を与え、その後一定の温度条件で育てて花芽形成の有無を調べると、第5-5表に示したように、**中庸温度**域で明らかに種子低温処理の効果は植物体に蓄積されており、対照区より早く**花らい**を形成している。このことからわかるように、種子春化と植物体春化は完全に別々の過程ではなく、同じ機構を持つものと思われる。

(2) 脱春化と再春化

低温感応中に高温に遭遇すると、低温効果が打ち消される**脱春化**（離春化）が起こる。温度と春化の関係を詳しく見ると、春化の起こる低温域と脱春化の起こる高温域があり、さらにその間に中庸温度があることがわかる。そしてこの

第5－5表　カリフラワー'野崎早生'の花芽発育に及ぼす種子低温処理（0℃, 30日）の影響

(藤目, 1983)

生育日数(日)	生育温度(℃)	種子低温処理	花芽発育段階				
			0	1	2	3	4
81 (1975)	15	−	○○	○○○	○	○	○○
		＋	○○○	○○○	○○	○	○○
	20	−	○○○○○○○○○○	○			
		＋	○○○○○○○○○	○○	○		
	25	−	○○○○○○○○○○				
		＋	○○○○○○○○○○				
92 (1976)	15	−					○○○○○○○○○○
		＋					○○○○○○○○○○
	20	−	○○○○○	○○			
		＋	○○○	○○			○○○
	25	−	○○○○○○○○○○				
		＋	○○○○○○○○○○				
105 (1977)	15	−					○○○○○○○○○○
		＋					○○○○○○○○○○
	20	−	○○○○○○○○○	○	○○	○	○
		＋		○	○○	○	○○○○
	25	−	○○○○○○○○				
		＋	○○○○○○○○				

○：1個体

中庸温度で低温効果が安定すると，その結果として花芽が形成されることになる。

　脱春化された植物がふたたび低温に遭遇すると，春化効果が現われて花芽が形成される。この現象を**再春化**と呼ぶ。この脱春化と再春化は可逆的反応であることが知られている。

　自然の条件では，一般に昼夜の温度に差があり，昼間は高温であっても夜温がふつうの場合，それより低い。第5－22図に昼夜の温度を変えた25の組み合わせでカリフラワーを育て，花らい形成を調べた結果を示した。夜温が低温

花芽発育段階

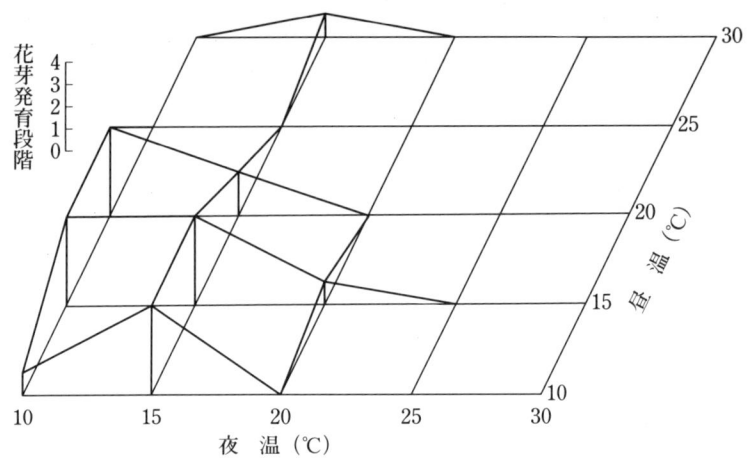

第5-22図 カリフラワー'野崎早生'の花らい形成に及ぼす昼夜変温の影響　　　　　　　　　　　　　　　　　　　　　（藤目，1983）

の場合にだけ花らいは形成されており，それも昼温が低い範囲に限られており，昼温が高温になれば花らいは形成されなくなっている。このように夜温の低温に対して日中の高温はそれを打ち消すように，拮抗的に作用していると考えられる。

3. 栄養条件

花芽が形成されるのに，前項までに示したような温度や日長に関係なく，成育初期からごくふつうの環境条件下で，植物の成育に伴い花芽が形成され，栄養成長と生殖成長が並行していく種類の植物もある。例えば，ナス科のトマト，ナス，トウガラシなどがそうであり，この型の植物では栄養条件が花芽形成を誘導している。この型の花芽形成に及ぼす栄養条件の作用を，Kraus・Kraybill(1918)とFischer(1916)は**C/N率**で表現している。C/N率を説明すると，次の4つの場合がある（第5-6表）。

第1の場合：チッソは十分で炭水化物生成が少ない場合には，栄養成長が不十分で，花芽は形成されない。

第2の場合：チッソと炭水化物がともに十分ある場合には，栄養成長は旺盛

になるが，花芽形成は不十分になる。

第3の場合：チッソが炭水化物の生成に比べて少なくなると，炭水化物が十分に蓄積され，栄養成長は促進され，さらに花芽形成は良好で結実も促進される。

第4の場合：チッソが第3の場合より減少すると，炭水化物の生成は十分であっても栄養成長は劣り，花芽形成・結実は不良となる。

第5-6表 炭水化物・チッソ関係4つの場合　(香川，1967)

条件	C（炭水化物） :	N（チッソおよび水分）
第1の場合	+++	++++++
第2の場合	++++++	++++++
第3の場合	++++++	+++++
第4の場合	++++++	+++

4. 植物ホルモン

日長処理により葉で生成される**開花ホルモン**を，Chailakhyan(1930)は**フロリゲン**と呼んでいる。この物質は異種植物間の接ぎ木および長日・短日植物間の接ぎ木実験から，植物の種に特有のものでなく共通のものであることが示されているが，化学的性質は明らかでない。しかし，その移動速度はアサガオで1時間に50cmも動くことが確認されており，光合成産物の糖類などが植物体内を移動する速さにほぼ等しい。この日長反応は体内オーキシンの低下と関係しており，オーキシンとフロリゲンとの関係が調べられたが，現在のところオーキシンが花芽形成に対して直接的作用は持たないようである。

最近，荒木ら（2005）は長日植物のシロイヌナズナについて次のように報告している。すなわち，シロイヌナズナでは葉で，長日刺激によりFT遺伝子が活性化されてFTタンパク質ができ，茎頂ではFD遺伝子が活性化されてFDタンパク質ができる。実際には促進系と抑制系が複合して調節しているが，葉から運ばれてきたFTタンパク質が茎頂部でFDタンパク質と結合することにより，花芽を形成する別の遺伝子を活性化して花芽ができるとし(第5-23図)，これがフロリゲンではないかとしている。

一方，Melcherer(1934)は春化処理により**バーナリン**と呼ばれる開花ホルモンが生成すると仮定し，やはり接ぎ木実験からその存在を確かめている。フロリゲン同様，バーナリンの化学的性質も明らかでない。春化にはジベレリンの

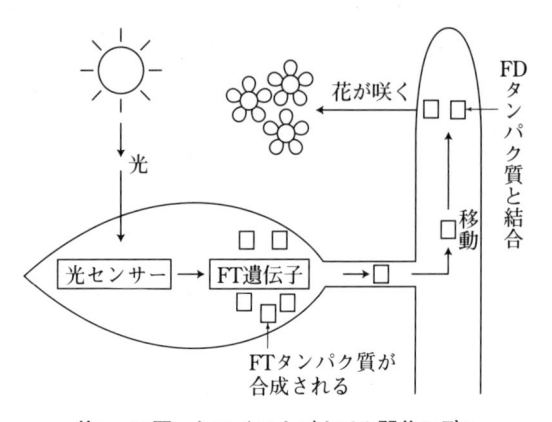

関与が認められる場合が多く，その処理により低温要求性のある植物の開花・結実が促進する例が知られている。しかし，ジベレリンが直接的に花芽形成を誘導しているという説には疑問が持たれ，誘導された花芽の発達を促進しているのではないかとされている。

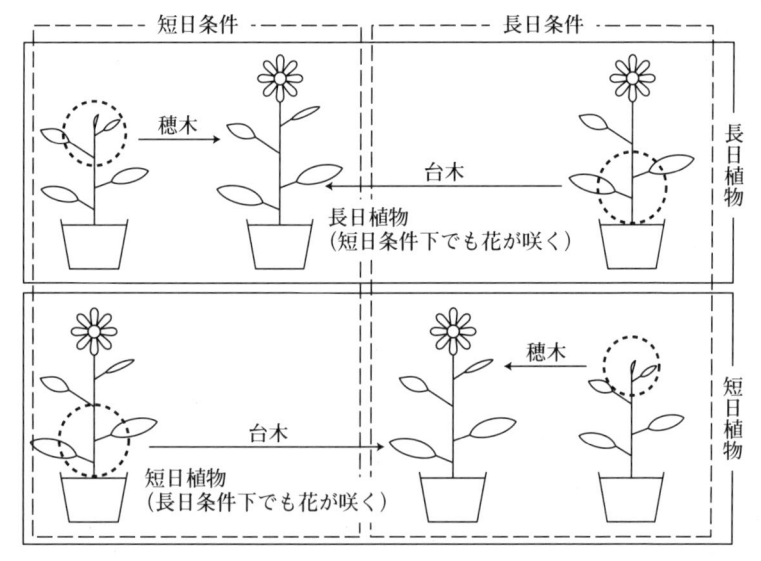

第5-23図　シロイヌナズナでの開花モデル
(荒木ら，2005)

第5-24図　開花ホルモンの移動
花芽のできた植物の基部を台木として，花芽ができていない植物の茎頂を穂木として接ぎ木すると，誘導条件下でなくても開花する

低温や日長などを好適にすることにより花芽形成が誘導されるが，その仕組みはまだよくわかっていない。しかし，日長処理によりフロリゲン，低温処理によりバーナリンと呼ばれる開花ホルモンができ，茎の中を移動して花芽を作る。それは開花している植物を台木として，誘導されていない植物を穂木として接ぎ木すると，穂木に花芽ができることから確かめられている（第5－24図）。

植物ホルモンのいくつかは，花芽ができるのを遅らせたり促進したりすることができる。低温要求を持つ植物あるいは長日植物など，例えばセルリー，タマネギ，ニンジンでは，ジベレリン処理により花芽ができる。ジベレリンと反対の作用を持つグロースリターダント（矮化剤，例えばSADHやCCC）を処理すると，花芽はできなくなる。これら植物ホルモンについては第11章で説明する。

また，これら温度や日長が作用して花芽ができたり発達したりする際には，植物体の成育程度，とくに茎葉や根の成長程度も関係する。例え葉が日長刺激を受けるにしても，茎頂に花芽ができるためには，茎や根でできる物質が重要な役割をしている。

第3節　光と温度の影響

前述したとおり，花芽形成のポテンシャルを持つ植物であっても，光や温度などの環境条件が準備されたうえで，それらの相互作用のもとで花芽形成が起こり，花芽が発達していく。

以下にはいくつかの野菜を例に挙げ，その花芽形成・発達と環境条件との関係を見ていくことにする。

1. 栄養条件主導型

ナス科野菜の花芽は温度や日長に影響されずに，発芽後旺盛に成育していき，やがて栄養条件が整えば花芽を形成する。**栄養条件主導型**の植物であっても，日長あるいは温度の影響を受けることが知られている。ピーマンの場合は，短日に比べ明らかに長日で花芽形成は促進されている（第5－7表）。

トマトの花序は本葉8枚目くらいに形成され，その後は3葉おきに花序ができる。1花序には約8～10花が形成される。ナス科の花序は節間に着生してい

118　Ⅱ　生殖相

第5-7表　トウガラシ3品種の花芽分化に及ぼす日長の影響（1番花）　　　（藤目ら，1990）

処理		シンサキガケ	シシトウ	カリフォルニアワンダー
温度（℃）	日数			
20	5 10 15 20 25 30	○ ●	○ ●	○ ●
25	5 10 15 20 25	○ ○ ● 	 ○ ●	○ ○ ●
30	5 10 15 20 25 30	○ ● 	○ ● 	○ ●

注．○：長日（16時間日長），●：短日（10時間日長）

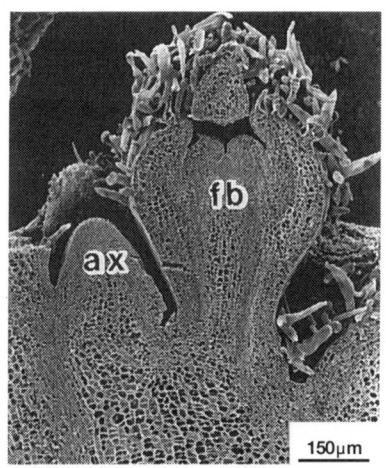

第5-25図　トマトの花芽形成直後の花芽と腋芽　（垣渕・藤目原図）
ax：腋芽　fb：花芽
腋芽は旺盛に成育して主茎のようになる

るように見えるが，第5-25図に示すように**仮軸分枝**であって，茎頂が花序を形成した直後，その直下の腋芽が伸長している。腋芽は3葉を分化した後にその先端が花序になり，その後またその直下の腋芽が伸長をする。その間に側枝は肥厚していき，見かけ上はこれらの茎は1本の主茎のように，また花序は節間に着生しているように見える。

　ナス科野菜の花芽形成は育苗期に始まっており，トマトの第1花房は播種後24～25日目に，ナスでは若干遅くて播種後約30日で分化している。トマトではふつう定植期には第3花房まで分化しており，着花数を確保するうえで育苗中の管理が重要となる。

2. 日長条件主導型

　日長に対する要求性の大きいものとして，ホウレンソウ，レタス，イ

第5-8表 低温処理および日長と花芽分化，抽だい，開花期との関係（ホウレンソウ）

(香川，1997)

処理日長 (時間)	低温処理期間 (日)	播種後経過日数 日10/月3日15	15/20	20/25	25/30	30/4月4	34/8	40/14	分化所要日数(日)	分化時葉枚数	抽だい所要日数(日)	開花所要日数(日)	開花株率(%)
24	28	○	◎	●					10	7.0	16	30	100.0
	21	○	◎	●					10	8.0	16	25	100.0
	14	○	◎	●					10	8.0	16	28	100.0
	7	○	◎	●					10	8.0	19	28	100.0
	0	×	○	◎					15	10.7	22	31	100.0
自然日長 (11.40～14.32)	28	×	×	○	○				20	11.0	49	61	86.7
	21	×	×	○	○				20	11.0	49	67	86.7
	14	×	×	○	○				20	12.0	58	76	73.7
	7	×	×	×	○	○			25	13.0	58	73	86.7
	0	×	×	×	×	○	○		34	17.0	58	88	93.3
8	28	×	×	○	○				20	14.0	55	114	6.7
	14	×	×	×	○	○			25	15.0	58	107	6.7
	7	×	×	×	○	○			30	18.0	58	—	—
	0	×	×	×	×	○	○		34	18.0	67	—	—

注．本実験の調査は7月2日に打ち切った
× 未分化，○ 花房分化期，◎ 花房形成期，● 花器形成期

チゴがある。ホウレンソウは典型的な長日植物であり，長日条件下で花芽形成は促進される（第5-8表）。また，低温も若干関係しており，種子春化型の反応をする。

レタスは長日下で花芽分化・抽だい・開花が促進され，その際，高温に一定期間遭遇していることが必要である。この長日反応は第5-26図に見るように高温ほど促進され，抽だい・開花が早く起こっている。短日・低温ではその逆になる。レタスは近年ますます周年栽培に対する需要が増加してきているが，このような高温要求を持っているため，高温期の夏季の栽培は高冷地に限定されることになり（第5-27図），栽培時期や品種の選択が重要になる。

ふつうに見られるイチゴは**一季成り**であって，この品種群は典型的な短日植

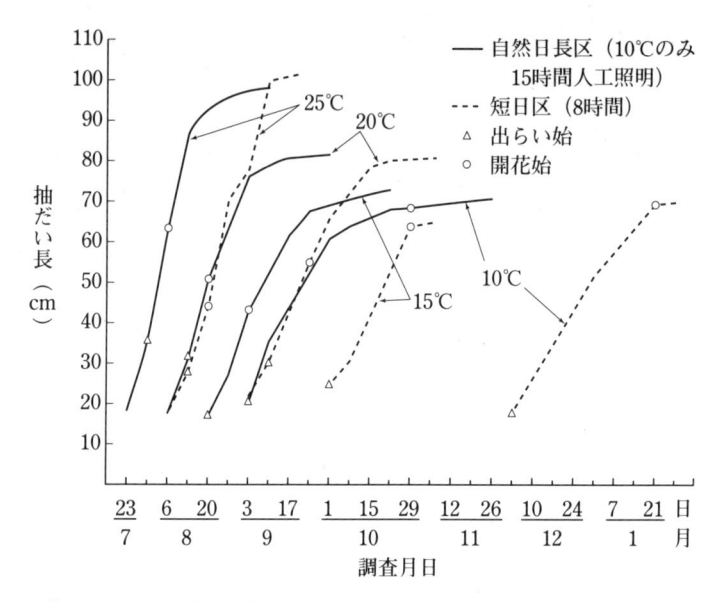

第5-26図　温度と日長の組み合わせがレタスの抽だい・開花に及ぼす影響

（平岡，1967）

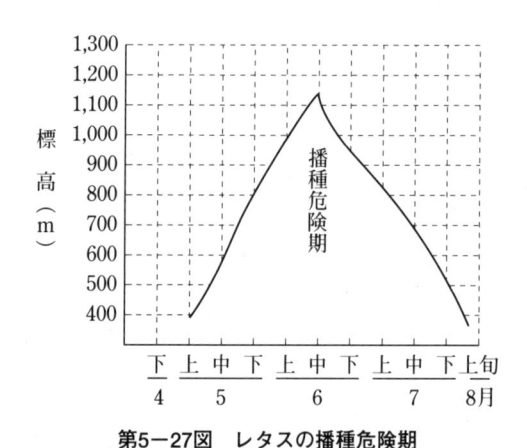

第5-27図　レタスの播種危険期

（高橋，1980）

高温期の夏季の栽培は，平坦地では高温長日となり抽だいするため，高冷地に限られる

物で，日長に敏感に反応する。しかし，この日長反応にも温度条件との相互作用が見られる。第5-9表に示されるように，15℃以下では日長にかかわらず低温条件で花芽を形成し，20～25℃では短日植物として反応して短日下でだけ花芽を形成するが，25℃以上では日長にかかわらず花芽を形成しない。このようにイチゴは環境条件に敏感に反応

する習性を持つため，促成栽培，半促成栽培あるいは抑制栽培などが発達し，収穫期間は前進しながら広がってきている。

3. 低温条件主導型〔1〕

葉根菜類の多くはこの型の低温要求性を持っている。ダイコン，キャベツなどがその例であり，ダイコンは種子春化型の低温要求性を，キャベツは植物体春化型の低温要求性を持つ。

ダイコンの場合には発芽した種子が，0～5℃の温度にもっとも敏感に反応し，10日処理では花芽形成は不十分だが，15～20日処理では花芽を形成するとともに抽だいしている（第5-10表）。播種期を変えて栽培すると，春～夏播きでは播種期の早い低温期ほど花芽分化・抽だいは早く起こり，播種期が遅れるとともにそれらの反応は遅れている（第5-11表）。

植物体春化型であるキャベツは，第5-28図に示される

第5-9表 イチゴ'宝交早生'の出らい・開花に及ぼす温度と日長の影響

成育温度 (℃)	日長	
	短日 (10時間)	長日 (16時間)
15	+[z] (12/12)[y]	+ (12/12)
20	+ (12/12)	- (2/12)
25	+ (8/12)	-
30	-	-

注. z：+ 出らい・開花あり，
　　　- 出らい・開花なし
　y：分母は供試個体数，分子は形成個体数

第5-10表 ダイコンの抽だいに対する低温の段階と処理期間の影響　　（萩屋，1955）

処理期間	処理温度 (℃)	抽だい率 (%)	抽だい*期 (月日)	抽だい*日数	抽だい株の葉数
標準無処理		0	-	-	-
15日間	10	95	5.24	39	12.2 ± 3.56
	8	100	18	33	9.9 ± 2.02
	5	100	17	32	7.3 ± 0.86
	3	100	18	33	7.8 ± 0.94
	0	54	28	43	8.7 ± 1.24
	-3	0	-	-	-
10日間	10	34	-	-	13.9 ± 2.66
	8	90	5.23	38	11.8 ± 2.18
	5	94	21	36	10.0 ± 1.84
	3	85	22	37	9.8 ± 1.33
	0	47	-	-	9.7 ± 2.24
	-3	0	-	-	-

注. *50％抽だいした時期

第5-11表 ダイコンの播種期と花芽分化・抽だい・開花期との関係

(江口ら, 1944)

品種名	播種期 (月.日)	花芽分化期 (月.日)	播種後の所要日数 (日)		
			花芽分化	抽だい	開花
みの早生 (1936)	5. 2	6. 3	32	45	50
	11	6.18	38	41	46
	21	6.25	34	39	44
	6. 2	8. 1	59	58	64
	16	8.12	57	70	87
	7. 2	9.15	72	95	不開花
	16	11.19	126	不抽だい	不開花
	8. 2	11.19	109	不抽だい	不開花
	16	12. 1	107	不抽だい	不開花
練馬 (1936)	5. 2	6. 7	36	47	54
	11	6.13	33	40	47
	21	6.21	31	43	54
	6. 2	7.10	39	42	58
	16	8.25	70	73	88
	7. 2	9. 9	69	80	不開花
	16	11.19	125	不抽だい	不開花
	8. 2	11.20	110	不抽だい	不開花
	16	12. 1	107	不抽だい	不開花
二年子 (1936)	5. 2	7. 1	60	108	113
	11	7.25	75	102	107
	21	8. 5	76	95	不開花
	*6. 2	(8.21まで未分化)		(不抽だい)	(不開花)
	*16	(9. 9まで未分化)		(不抽だい)	(不開花)
	*7. 2	(11.7まで未分化)		(不抽だい)	(不開花)
	16	1. 4	174	不抽だい	不開花

注．＊実験の範囲内ではすべて未分化であった。秋季低温の到来によって分化を起こすと思われるが，抽だいは同年内には行なわれない，いわゆる座止状態を起こす播種期であろう

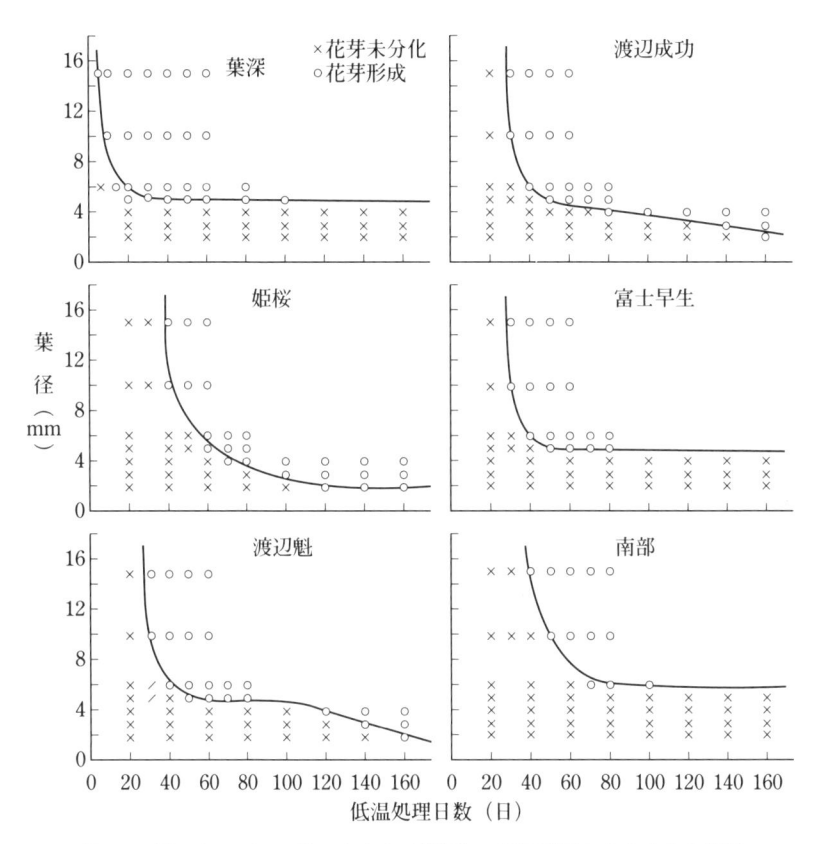

第5-28図 キャベツの苗の大きさ（茎径），低温期間と花芽分化の関係
(伊藤ら，1962)

ように，苗がある程度の大きさになって低温に感応する。このときの苗の大きさは品種によって異なり，最近では比較的大きくなってから初めて低温に感応する晩抽性の品種も育成されている。一般には10～13℃の低温に1カ月以上遭遇すると花芽を形成する。また，これら低温要求性を持つ植物の花芽形成と抽だいは，長日条件下で促進される傾向がある。

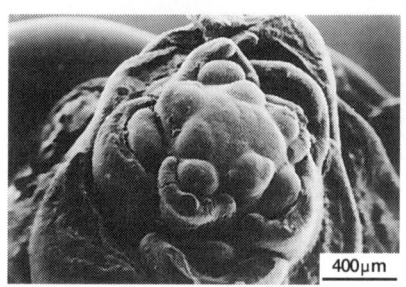

第5−29図 カリフラワーの花芽原基
(藤目, 1988)

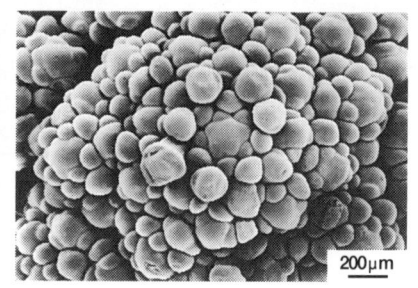

第5−30図 カリフラワーの収穫期の花らい表面 (藤目, 1988)
花芽は原基の状態で止まっている

4. 低温条件主導型〔2〕

植物体春化型の低温要求性を持つカリフラワーとブロッコリーでは、〔1〕のキャベツやレタスのグループとは異なり、積極的に低温に遭遇させて花芽形成とその発達を促進させる必要がある。それはカリフラワーとブロッコリーでは収穫する可食部位が生殖器官であるためであり、この部位を**花らい、カード**あるいはヘッドと呼んでいる。カリフラワーの花らいは無数の花芽原基と著しく肥厚した花茎からできており、ブロッコリーの場合にはこの花芽原基がさらに発達してすべての花器が形成されている。花芽原基とは単なる初生突起として花芽の原基ができただけで、がく片などの花器原基ができていない状態を指す(第5−29図)。カリフラワーでは花らいが収穫されるまで、花らいの表面にはこの花芽原基が無数に形成されているだけで(第5−30図)、個々の花芽原基に花器はまったく分化していない独特の形態をしている。

どちらも若いつぼみを食べる花菜類で、カリフラワーの花らいの色はふつうは白色、ブロッコリーは緑色である(第5−12

第5−12表 カリフラワーとブロッコリーの違い

	カリフラワー	ブロッコリー
花らいの色	おもに白色	緑色
茎の伸長	ほとんど伸長しない	よく伸長
腋芽の発生	ない	よく発生
花芽の発達	原基の状態で停止	よく発達

第5-13表 早晩性の異なるカリフラワー7品種の花らい形成条件

(藤目, 1988)

早晩性	品種	花らい形成温度(℃)	花らい形成に必要な低温期間(週)	低温に対する開花反応*	低温感応時			
					苗齢(週)	展開葉数	総葉数	最大茎径
極早生	しらたま	15,20,25及び30	2	D	4	7.2	17.0	4.4
	スノークイーン	15,20及び25	2	D	4	6.5	18.8	5.0
	スノーキング		4	D	5	6.2	15.8	3.8
早生	スノークラウン	15及び20	4	I	6	8.1	21.0	5.0
	野崎早生		3	I	5	6.9	15.2	4.0
	福寿		4	I	5	8.5	15.3	4.1
中生	野崎早生	15	8	I	8	11.4	15.3	4.5

注. *D:直接作用型 I:誘導作用型 (111ページ参照)

表)。カリフラワーの茎はほとんど伸びないでロゼット状だが、ブロッコリーではよく伸びる。大きく異なるのは分枝の出方で、カリフラワーでは分枝は出ないで先端にできる花らいを収穫する。しかし、ブロッコリーでは先端の頂花らいを収穫した後にも、腋芽から出る分枝が発達するため、この側花らいも収穫できる。カリフラワーの収穫期の花らいには、花芽の原基ができているだけである。しかし、ブロッコリーの花らいにある花芽では、花弁や雄ずいなどの花器がすでにできている。そのため、暖かいと店先でもブロッコリーの花が咲いてくる。カリフラワーでは、花らいを構成している茎が伸び出した後に、やっと花芽が発達できるようになる。

カリフラワーの低温要求性は第5-13表に示すとおりで、極早生から早生、中生となるほど低い温度で花らいを形成するようになる。極早生では25～30℃でも花らいを分化しているが、早生では15～20℃、中生は15℃以下で花らいを形成する。花らい形成に必要な低温期間も晩生になるほど長期間を必要としている。低温を感応するようになるまでの長さについても晩生になるほど長く、また植物は大きな苗になっている。

低温が作用して花芽ができる春化反応と、日長が関係する光周性反応は別々に働くのではなく、相互に関係しているようである。例えば、ブロッコリーの

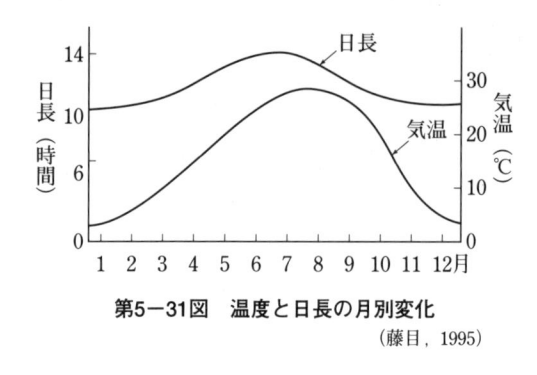

第5-31図　温度と日長の月別変化
(藤目, 1995)

早生品種では初夏でも花らいができるため、低温要求性はないと考えられたこともあった。しかし低温が必要ないのではなく、その頃の日長が長日条件であったため（第5-31図），花芽が形成されたと考えられる。カリフラワーでは花らい形成に日長は関与していないが，ブロッコリーでは第5-32図と第5-14表に示すように，長日条件下では花らい形成が促進され，多少温度が高くなっても長日条件であれば形成しており，花らい形成の可能な温度域が広がっている。このように低温と日長による花芽形成の促進作用を，低温・長日の**相乗作用**と呼んでおり，他の植物でもこのような反応のあること

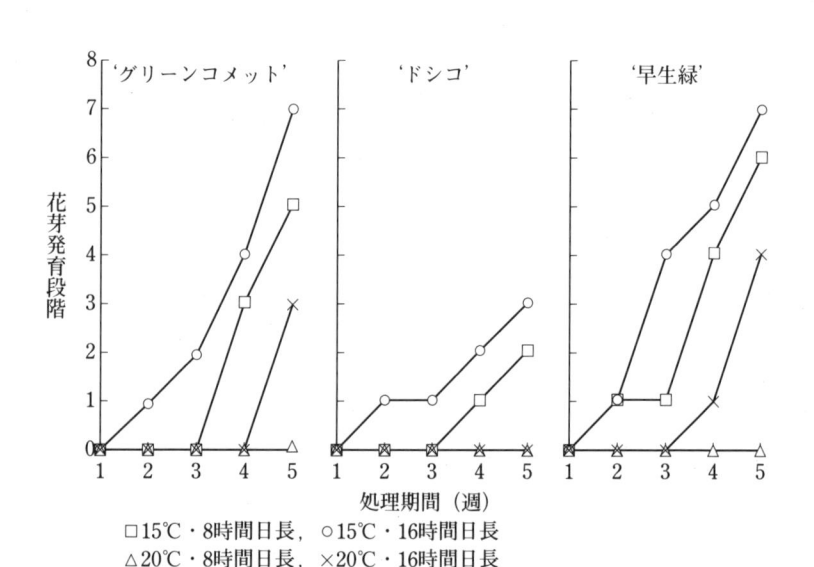

□15℃・8時間日長，○15℃・16時間日長
△20℃・8時間日長，×20℃・16時間日長

第5-32図　ブロッコリーの花らい形成に及ぼす温度と日長の影響
(藤目, 1983)

第5-14表　ブロッコリーの着らい節位におよぼす温度と日長の影響

(藤目, 1988)

品　　種	着　ら　い　節　位			
	温度 15℃		温度 20℃	
	日　長（時間）		日　長（時間）	
	8	16	8	16
グリーンコメット	23.4 ± 0.99 *	21.1 ± 0.97 *	—	27.7 ± 0.97 *
ドシコ	27.3 ± 0.79	25.4 ± 2.22	—	—
早生緑	23.6 ± 1.39	22.2 ± 0.86	—	26.4 ± 0.84

注．*信頼限界（95%）

が知られている。

そこで，温度と光はともに関係し合って反応を進める結果，花芽ができると思われる。植物は温度あるいは光条件が不十分であっても，その足りない条件を他要因から流用して，花芽を作ると考えたほうがよいようである。

第6章 花芽発達と抽だい

花芽ができる生理については前章で述べたが,本章では花芽形成と発達に及ぼす環境の影響を説明する。また,ロゼット型の植物では花芽形成に伴って短縮化していた茎が伸びる抽だいについて説明する。

第1節 花器の発達

花芽ができてもそのときの環境によって花器,とくに**雌ずい**や**雄ずい**の発達が影響される。**がく**や**花弁**,雄ずいの数,雌ずいを作る**心皮**の数は決まっていてだいたい3～5枚である。また,花器分化は外輪側から内輪側に行なわれ,がく,花弁,雄ずい,雌ずいの順に分化する。アブラナ科とアヤメ科では,花弁と雄ずいの分化時期が逆転(塚本,1969)するとされてきたが,垣渕・藤目(1994)は走査型電子顕微鏡で観察し,やはり外輪側から,つまり花弁,雄ずいの順に分化していることを明らかにした(第6-1図)。茎頂部に花芽ができるアブラナ科では,4本の花弁原基は同じ外輪部で同じ速さで発達し,4本と2本の雄ずい原基は,内輪部においてそれぞれ同じ速さで発達する。しかし,腋芽部に花芽ができるオクラやソラマメでは,そのそれぞれの花弁原基と雄ずい原基は向軸側より背軸側での発達が優先的に進む(第6-2図)。アブラナ科では,花弁原基は分化後雄ずい原基がある程度発達するまで発達を停止している。また,オクラやソラマメの花芽では,花弁と雄ずいの原基はまず共通の花器原基として分化し,それからその後花弁原基と雄ずい原基が分化してくる(第6-2図)。これらのことは,花弁原基と雄ずい原基の密接な関係を示唆している。

最近の遺伝子分析の結果から,シロイヌナズナも花器分化に対してABCモ

130　Ⅱ　生殖相

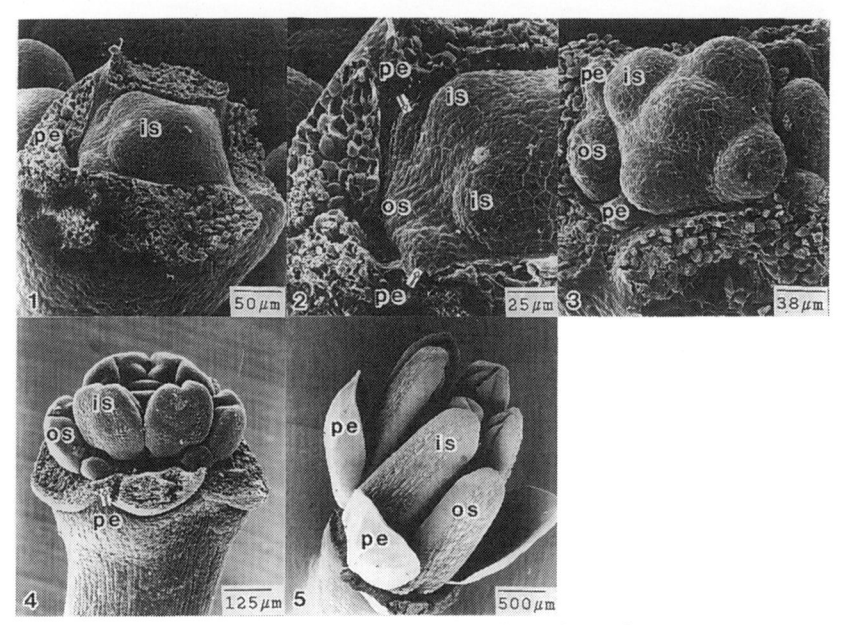

第6-1図　カイランにおける花器形成と発達　　（垣渕・藤目原図）
1) 花弁，外輪，内輪雄ずいの分化　2) 1) の拡大図　3) 雄ずい発達　4) 雄ずい伸長と雌ずい分化　5) 花弁伸長
pe：花弁　is：内輪雄ずい　os：外輪雄ずい

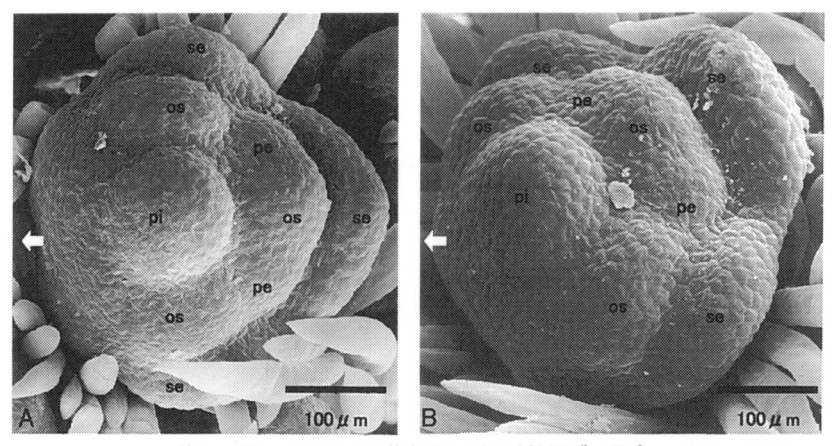

第6-2図　ソラマメの花弁ならびに外輪雄ずい発達　　（藤目・萬原図）
A：花弁雄ずい原基分化　B：斜め上面から見たA
se：がく片　os：外輪雄ずい　pe：花弁　pi：雌ずい　矢印：花軸側

デルが提唱されている。それに従えば，A，B，Cの3群の遺伝子群があり，Aのみではがくが，AとBがあれば花弁ができ，BとCがあれば雄ずいができ，Cだけであれば雌ずいができるとしている（第6－3図）。

トマトでは，がく，花弁と雄ずいの数はいずれも5で，雌ずいも5枚の心皮からできている。しかし，花芽形成が低温で促進されると，たくさんの心皮からなる子房ができる。その後それらの心皮が揃って発達しないことがあるため，乱形果などの奇形果になる。

また，花芽形成時の栄養状態や環境条件が不良な場合には花柱の短い**短花柱花**（第6－4図）になり，受粉不良で落果しやすくなる。また，一般に花芽形成までの環境条件や栄養状態が悪いと，子房の細胞分裂が早く停止するため，その後は細胞肥大がいくらよくても大きな果実にはなれない。従って，栄養状態と環境条件をよくし，素質のよい花を着けさせることが重要になる。

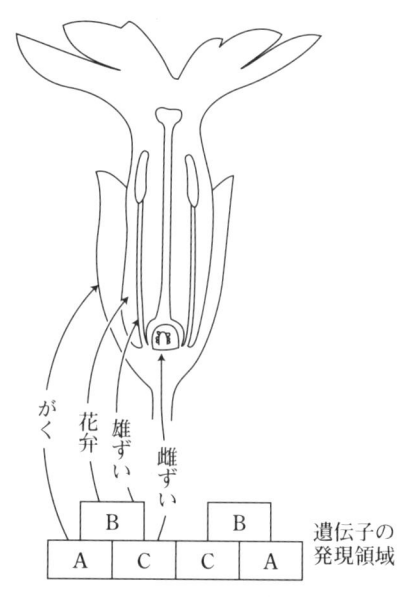

第6－3図　花の花器形成と遺伝子ABCモデル　　（後藤，1998）
2層ある遺伝子群の組み合わせにより花器形成が決定される

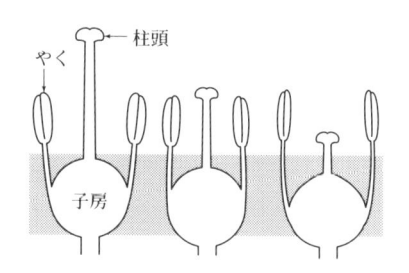

第6－4図　ナスの長花柱花，中花柱花と短花柱花（左から順に）
長花柱花なら受粉・受精がうまくいって果実ができる

第2節 栽培技術による花芽分化の制御

1. 野菜の種類による花芽分化と制御の違い

　多くの野菜の花芽分化が，質的にあるいは量的に光や温度などの環境条件に反応して成育していることは，すでに述べたとおりである。実際栽培において，花芽分化・抽だいを調節する技術の中心になるのは，播種期と品種の選択である。なぜなら，施設栽培は別として，一般の露地栽培では花芽分化を制御するために，日長や温度を人工的に変えることは育苗期間を除いては困難だからである。多くの葉菜類あるいは根菜類については花芽分化を抑制する必要があり，それぞれの作型では花芽分化を避けるような時期に播種をし，栽培している。

　一方，果菜類のあるもの，とくにトマトやナスでは花芽分化に特別の条件を必要としないため，成育に必要な温度と光条件があれば周年栽培される。ただし，ウリ科の野菜は雌花の着生が短日・低温で促進されることが多い（詳しくは第7章で後述する）。従って，これらの種類では育苗期が短日・低温になることが必要となる。

　イチゴは花芽分化に低温と短日が必要なため，トマトのように周年栽培はできないが，野菜としては珍しく人工的に花芽分化と開花を調節する技術が進んでおり，冬から春にかけての収穫期間が拡大されている。以下にイチゴについて試験研究の成果と栽培技術の進歩を見ることにする。

2. イチゴの花芽形成の制御

(1) 育苗方法による制御

　イチゴの果実のつく第一歩は花芽形成から始まる。イチゴの花芽形成について江口（1932～1939）は次のことを明らかにした。つまり，ある程度の大きさになったイチゴ苗は日長が12時間以下の短日で，温度が17℃より低くなると花芽を形成し，その後はむしろ温暖で長日の条件で花の発育は進む。この事実は早速実際の栽培に応用された。

　例えば静岡県では，8月中旬頃苗を取って富士山麓の標高800～1,000mの畑

に苗を植え付け，花芽の形成を促進させ，ある程度花芽の形成が進んだ時期にこの苗を平地の畑に移し，久能山麓のような温暖な条件で栽培し，早く果実を収穫する栽培法を考案した。これが**山上げ育苗**であり，その後他の府県でもこれを行なうようになった。

また，黒い寒冷紗をイチゴ畑に張って日射をさえぎり，低温にして花芽形成を促進し，その苗を早出し栽培に用いる方法を工夫している。以前は苗床にイチゴを植えて育苗していたが，その際に苗床で苗の位置を動かす"ずらし"によって根を切ることにより，チッソの吸収を制限してC/N比を高めて，花芽形成を促進する方法も取られていた。しかし近年では，鉢植えで育苗して，チッソ肥料を制限することにより苗の成育をある程度抑えて，花芽形成を促進する方法が各地で行なわれるようになっている。これが**ポット育苗**である。また，**夜冷育苗**による花芽形成の促進効果が明らかにされ，現在では短日処理と組み合わされ，**短日夜冷処理**と呼ばれる促成技術として定着してきている。

(2) 短日処理による制御

これらの反応をするイチゴは**一季成り**であって，**四季成り**ではこのような反応をしない。一季成りのイチゴは典型的な短日植物で，短日で花芽形成が促進される。しかし，この日長反応には温度条件との相互作用が見られ，121ページの第5-9表に示されるように，15℃以下では日長にかかわらず低温条件で花芽を形成し，30℃以上では日長にかかわらず花芽を形成できない。しかし，15～25℃では短日植物として反応して花芽を形成する。

そこで花芽を早く形成させるためには，短日処理をする。収穫期が同じ時期に集中しないようにするためには，花芽形成の時期を調節して遅らせることも必要になる。夜間に電灯照明をしているのは花芽形成を遅らせるためである。それには日没少し前から照明をして日長を14～16時間くらいにしてやる。あるいは真夜中にだけ30分程度照明して，夜間の暗期を中断してやることでも花芽形成を抑えられる。これは夜の長い暗期の間に，花芽形成の準備が進むためであり，また実用的にもこの**光中断**と呼ばれる方法のほうが使用電力のロスも少なく経済的となる。

134 II 生殖相

第3節 花芽の異常発育と環境
(ブロッコリー,カリフラワーの場合)

ブロッコリーとカリフラワーの花らいの異常発育として,ブラインド,バト

第6-5図 ブロッコリー,カリフラワーの正
a:正常花らい b:花らいの中心部 c:ブラインド d:ブラインド e:バトニング f:e の拡大

第6章　花芽発達と抽だい　135

ニング，ファジー，リーフィーおよびライシーの5種類がある。異常花らいの発生は，栽培条件以外に遺伝要因の影響を受けており，このことに関してすでにいくつかの報告がある。

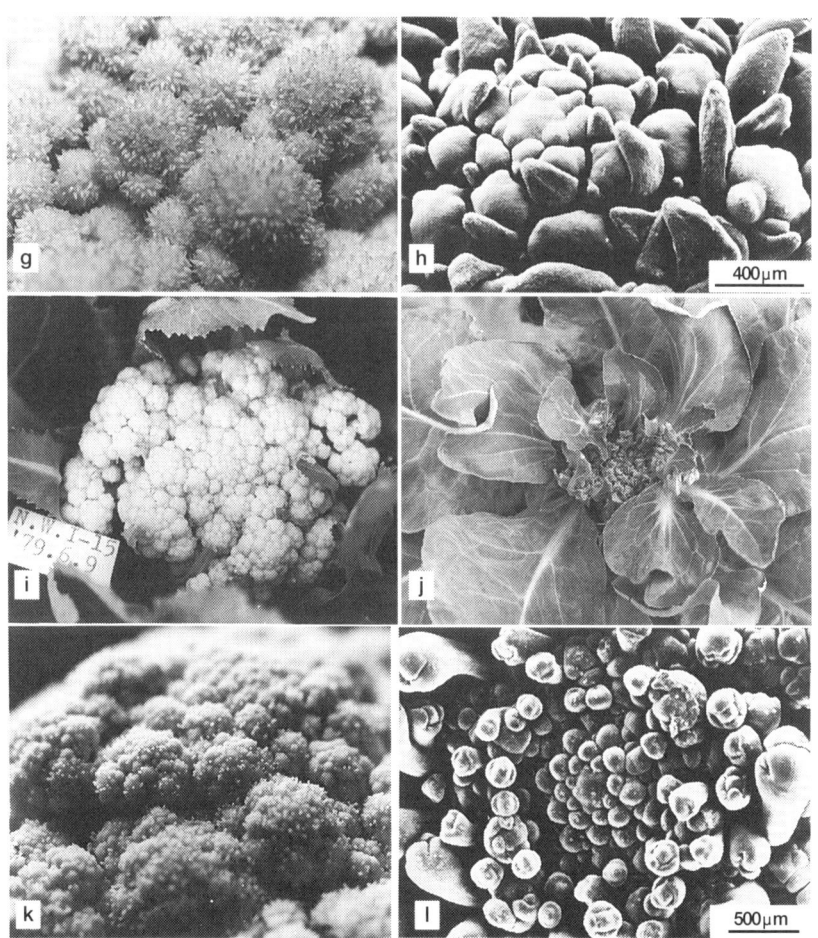

常花らいと5種類の異常花らい（走査型電顕像）　　　　　　　　　　　　（藤目，1983）
　　g：ファジー　h：gの走査型電顕像　i：リーフィー（異常程度小）　j：リーフィー（異常程度大）　k：ライシー　l：kの走査型電顕像

1. 異常花らいの形態的特徴

第6-5図に示すように,ブロッコリーやカリフラワーの正常な花らい(a) は,その表面に無数の花芽が形成されている(b)。

(1) ブラインド
ブラインドは成長点の発育が座止した現象であり,植物がきわめて低温か高温に遭遇した場合に発生する (c, d)。

(2) バトニング
バトニングは,幼期を過ぎたばかりの幼植物が低温に遭遇し,きわめて低節位に花らいを形成した場合であり,通常その花らいを包むだけの葉が発育しない (e, f)。

(3) ファジー
ファジーは毛羽立ちともいい,花らいの表面は著しく毛羽立っている (g, h)。ファジーの発生は,花らい形成後の温度が高くなると起こり,花芽原基を保護するように,ふつうでは分化しない小包葉が伸びている。

(4) リーフィー
リーフィーは,花らい形成後の低温が続かず,花らい発育より高い温度に遭遇したため,花らい内部の花柄基部から緑色の包葉が伸長したものである (i, j)。

(5) ライシー
ライシーは,花らい形成後に肥大適温より低温に遭遇して,花芽原基の発育が停止することなく続いて発育して花芽となったものである (k, l)。

2. ライシーとファジーの発生要因

カリフラワーの極早生種の'スノークイーン'と早生種の'野崎早生'を用い,低温に遭遇させて花らいを形成させ,形成後まもなく(花らい形成前期),ある

第6章 花芽発達と抽だい 137

第6-1表 カリフラワーの異常花らい発生に及ぼす処理開始時の花芽発育段階ならびに生育温度の影響 (藤目, 1988)

品種	処理区*	温度(℃)	個体数	ライシー 程度 少	ライシー 程度 中	ライシー 程度 多	正常花らい	ファジー 程度 少	ファジー 程度 中	ファジー 程度 多
スノークイーン	A	15	12			12				
		20	10	2			8			
		25	12					12		
		30	12							12
	B	15	12	4			8			
		20	12				12			
		25	12				12			
		30	12					4	8	
野崎早生	A	5	12	7	2		3			
		10	12				12			
		15	10				10			
		20	10					8	2	
		25	10							10
		30	10							10
	B	5	12	7			5			
		10	12	4			8			
		15	10				10			
		20	10					7	3	
		25	10					4	6	
		30	10						6	4

注. *A：花らい形成前期　B：花らい形成中期

いは花らいが少し発育して(花らい形成中期)から，ファイトトロンへ移して，5，10，15，20，25，30℃で成育させ，異常花らいの発生を調べた(第6-1表)。

'スノークイーン'は20〜25℃，'野崎早生'は10〜20℃では，花らいの発育は正常でこの範囲が適温と考えられる。花らいの発育適温より温度が低下すると，花らい発育より花芽発育が優先してライシーとなる。逆に，花らいの発育適温より高温になると，花芽原基の横に小包葉の発育が花芽原基を保護するために誘起されてファジーとなるか，側生花序の基部から包葉が伸長してリーフィーになる（第6-6図）。花らいの発達程度が進むほど，異常花らいは

138　Ⅱ　生殖相

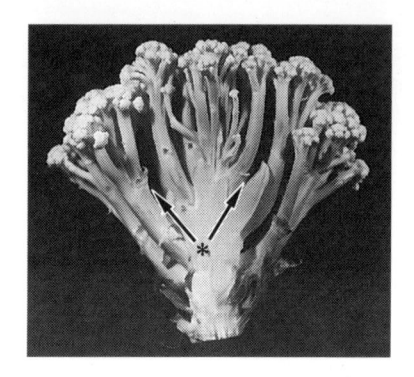

第6-6図　花らいを構成する花序と包葉
(藤目, 1988)
包葉(＊)が伸びるとリーフィーになる

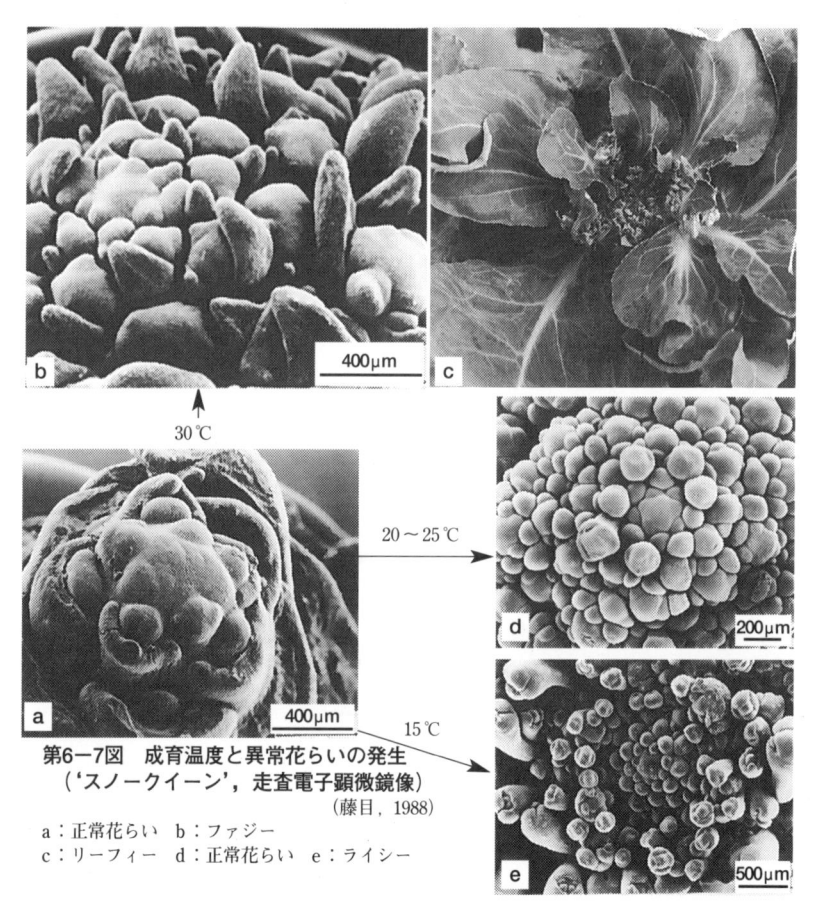

第6-7図　成育温度と異常花らいの発生
('スノークイーン', 走査電子顕微鏡像)
(藤目, 1988)
a：正常花らい　b：ファジー
c：リーフィー　d：正常花らい　e：ライシー

発生しにくくなる。第6－7図に，'スノークイーン'について，正常花らい，およびライシー，ファジー，リーフィーの発生と温度との関係を示した。

第4節　抽だいとその制御

1. 抽だいの定義

　抽だいとは，栄養成長期に短縮茎，**ロゼット**状の植物が，花芽分化に伴って花茎が**根出葉**の間から伸長してくる現象である。従って，単なる茎の伸長は**節間伸長**と呼んで区別している。葉・根菜類では花芽分化・抽だいに伴って葉数の増加が止まり，茎葉の成育より花芽の発育が優先していく。そこで，青果栽培と採種栽培では，花芽分化・抽だいの抑制あるいは促進が必要になる。青果栽培においても気候の変動などにより，収穫前に抽だいの起こることがあり，これは早期抽だいあるいは不時抽だいと呼ばれる。

　花芽分化・抽だいの要求が満たされれば，ロゼット型から抽だい型へ移行するわけであるが，その要求の充足程度により完全抽だい，不完全抽だい，抽だい座止などが見られる。茎頂の組織はすでに第1－11図（55ページ）に示したが，葉芽あるいは花芽を分化しているのは周辺分裂組織であり，茎の伸長は髄状分裂組織の活性に依存している。茎頂部での最初の反応は，この髄状分裂組織の細胞における液胞化と伸長である。

　一度抽だいが起こると，ダイコンやニンジンなどでは養水分の選択的吸収は花茎部分に移っていき，収穫部位である根の組織は一般に肉質は硬くなっていく。また，キャベツやレタスなど葉球を形成する野菜では抽だいを開始すると，葉球のしまりが悪くなり，ときには葉球を突き破って花茎が伸長してくるため，著しく品質を損なうことになる。

2. 抽だいの生理

　抽だいと花芽分化は，ほぼ同じ環境要因で誘導されると考えられているが，その要求程度を見ると一般的に花芽分化のほうがより大きな要求を持っている。それは，抽だいは起こっても花芽が形成されていないことがよく観察され

第6-2表 セルリーの発育に及ぼす日長の影響

(松本・長瀬, 1983)

日 長[1]			花芽分化[2]			抽だい率（％）			
						定植後日数			
1回目	2回目	3回目	5月29日	6月12日	6月26日	50	60	70	80
8h	8h	8h	－	－	－	0	8	13	15
8	8	16	－	－	－	0	0	13	13
8	16	16	－	－	－	0	3	13	13
16	8	8	－	－	－	0	0	3	8
16	16	8	－	－	－	0	3	3	3
16	16	16	－	＋	＋＋	5	18	33	35

注. 1) 1回目3月17日～4月1日, 2回目4月2日～4月26日, 3回目4月27日～5月12日
2) －：未分化, ＋：花芽分化開始, ＋＋：花序分化開始

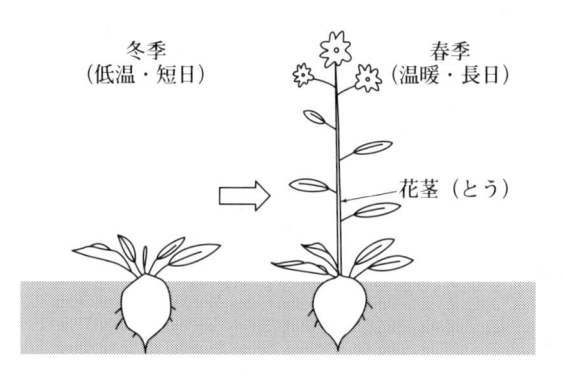

第6-8図 ロゼット型からの抽だい
根菜類は，抽だいしないよう管理することが大切

冬季（低温・短日） 春季（温暖・長日） 花茎（とう）

ているため，セルリーでの例を第6-2表に示した。第5章の花芽分化の項ですでに述べたが，低温で誘導される花芽形成は，誘導される際に日長，とくに長日条件があると，花芽形成は促進される。同様のことは抽だいにおいても認められており，第6-8図にも示されているように，長日で花芽分化も抽だいも促進されている。

　一般に，茎・根の伸長と花芽の形成には，それぞれ適温がある。ダイコンの根の伸長適温は品種により異なるが，10～15℃くらいでよく伸長する。しかし，抽だい・花芽分化には5～10℃くらいの低温が必要となる。抽だいの適温と花芽分化の適温はなかなか分けにくいが，花芽分化のほうが抽だいの温度よ

第6-3表 春化処理後のハクサイ 'Michihilli' の抽だいと花芽分化に及ぼす根温と日長の影響 (Pressman・Negbi, 1981)

処 理	抽だい				花芽分化 (%)	
	(%)		茎長 (cm)			
	ND	LD	ND	LD	ND	LD
(a) 茎頂:春化,根:30℃	0	88	0	3.9±0.5	0	0
(b) 茎頂:春化,根:10/5℃	100	100	2.6±0.4	29.3±4.1	0	70
(c) 対照 春化処理	100	100	6.8±1.1	47.8±5.2	14	100
(d) 対照 春化無処理	0	50	0	13.7±2.1	0	16

注. a:春化処理後55日,b:10日・10/5℃,ND:自然日長,LD:長日

り若干低い。そこで一般的には,低温の要求程度は花芽分化のほうが抽だいより大きい。

カリフラワーを秋作した場合にはこの関係が明らかになる。可食部である花らいができるには低温が必要だが,収穫期には花芽はまだほとんどできていない。収穫期を過ぎ,さらに低温に当たった後に花らいの表面がデコボコになり,いくつかの分枝が伸び出してくる。その後さらに低温に当たった後,分枝に花芽ができるようになる。そこで,低温要求度の小さい順に並べると,**花らい形成,抽だい,花芽分化**の順になる。

一般に植物では,茎葉あるいは根などの各器官が相互に影響し合って成長が進んでおり,このように相互に影響し合うことを**成長相関**と呼んでいる。例えば,成長の初期では茎頂が旺盛に成長しており,葉腋部での腋芽の成長は抑制されている。この現象は頂芽優勢と呼ばれている。花芽形成でも茎頂部と根部は相関のあることが知られている。第6-3表に示すように,ハクサイでは茎頂部が低温であっても根を高温に保つことにより,抽だいは起こるが花芽は形成されていない。

抽だいはまた花芽分化と同様に,植物ホルモンや化学物質の影響を受けることが知られている。セルリーでは第6-4表に示すように,GA_3(ジベレリン酸)による抽だい促進は塩化ナトリウムにより打ち消されている。ニンジンは低温で花芽分化が促進されるが,第6-5表に示すようにGA処理されることにより比較的高い温度条件でも花芽分化・抽だいが促進される。

第6-4表 セルリーの成育と抽だいに及ぼす塩化ナトリウム濃度とGA₃処理の影響

(Aloni・Pressman, 1980)

処理区	茎長 (cm)	茎新鮮重 (g)	す入り率 (%)	花茎長 (cm)
対照区	37 ± 3	438 ± 15	30	0
対照区 + GA₃	63 ± 7	616 ± 30	78	5.9 ± 0.6
0.2% NaCl	32 ± 5	281 ± 15	0	0
0.2% NaCl + GA₃	61 ± 3	397 ± 41	0	1.0 ± 0
0.4% NaCl	27 ± 4	165 ± 15	0	0
0.4% NaCl + GA₃	48 ± 4	219 ± 23	3	0.7 ± 0.1
0.6% NaCl	19 ± 2	81 ± 23	0	0
0.6% NaCl + GA₃	37 ± 3	108 ± 16	0	0.7 ± 0.1
1.0% NaCl	13 ± 1	47 ± 3	0	0
1.0% NaCl + GA₃	31 ± 2	63 ± 7	0	0.7 ± 0.2
1.0% NaCl → H₂O[1)]	28 ± 2	199 ± 10	20	0
1.0% NaCl + GA₃ → H₂O	45 ± 3	237 ± 18	50	4.3 ± 0.4

注. 22日間の処理後，水（－，＋GA₃）をかん水

第6-5表 ニンジンの抽だいと開花に及ぼすGA₃と温度の影響

(Nieuwhof, 1984)

実験区	温度（℃）	GA₃ (mg/l)	個体数	抽だい個体数	開花個体数
4	10	0	15	8	6
		200	15	5	1
	20	0	15	4	2
		200	15	9	9
5	17	0	30	1	1
		200	30	23	14
6	17	0	29	2	0
		200	32	25	0

3. 栽培技術による抽だいの制御

ダイコンでは晩抽性の品種，'みの早生'あるいは品質のすぐれた'青首ダイコン'による春まき栽培が行なわれている。しかし，春は気温の変化が激しく，低温に敏感な青首系は早期抽だいしやすく，トンネルを用いた高温管理に

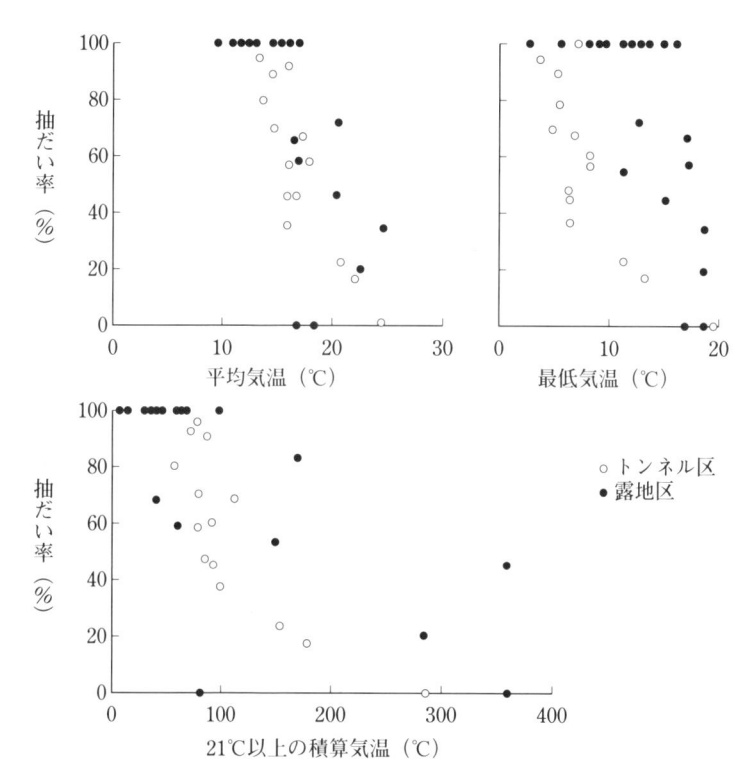

第6-9図　ダイコン'耐病総太り'の抽だいとトンネル被覆内気温の
　　　　関係
　　　　　　　　　　　　　　　　　　　　　　　　　（施山・高井，1982）

よる脱春化作用が調べられている。この昼夜温の作用についてはすでにカリフラワーの花らい形成の例（114ページ，第5-22図）に示したとおりで，夜間の低温に対して昼間の高温は拮抗的に作用している。

　第6-9図にはダイコンにトンネル栽培をすることにより，夜温は露地区と大差ないがトンネル区では昼温は著しく高く保たれ，抽だいが抑制されることが示されている。

　ニンジンについても，トンネル被覆による抽だい抑制が明らかにされており，同様のことはセルリー，ハクサイ，ゴボウについても知られている。

4. 花芽分化・抽だいと遺伝

生態的分化が進んでいる植物についても,その抽だいのメカニズムに関する究明はあまり進んでいない。ホウレンソウでは,西洋系品種は東洋系品種より抽だいに対する長日の要求量が大きいことが知られている。また,雄株は雌株よりも抽だい・開花が早い。カブの低温要求についても,西洋系品種は東洋系品種より要求量が大きい。ニンジンの低温要求について,欧州系A型の要求量はもっとも大きく,ついで欧州系B型,東洋系品種の順に小さくなることが知られている。

香川(1971)は,アブラナ科野菜の開花感応性の遺伝性について調査を行ない,種子春化型は植物体春化型に対して優性であり,日長感応型は低温感応型に対して優性に現われ,また,同一感応型の間であれば,要求程度の小さい性質は大きい性質より優性に現われると報告している。実際に,2年生のコールラビあるいはキャベツと1年生のブロッコリーの雑種はともに1年生化する。植物体春化型のキャベツと種子春化型のハクサイとの間で細胞融合あるいは胚培養で作出された雑種であるハクランでは,種子春化型が優性に現われる。第6-6表にはキャベツとダイコンの雑種であるブラシコラフナスでは,種子春化型が優性に現われることを示した。

第6-6表 ブラシコラフナスの出らいと開花に及ぼす種子春化の影響

(Long et al., 1990)

品種,系統	出らい率			開花率		
	C	V10	V25	C	V10	V25
K. 11	0	0	100	0	0	30
Shōren	0	0	10	0	0	0
Nanpou-daikon	0	100	100	0	100	100
Kenshin	0	100	100	0	0	100
Tamanishiki	0	0	100	0	0	0
Tenkou	0	0	0	0	0	0

注. C:対照区, V10:春化処理10日, V20:春化処理25日

第7章 性表現

第1節 性表現の定義

　植物には，株ごとに雌雄いずれかの花をつける種類（**雌雄異株**）と，同じ株で雌雄の区別のある花を着ける種類（**雌雄同株**）とがある。第7-1表に示すように，雌雄異株の例として，アスパラガス，フキ，ホウレンソウ，サンショウ，ソレル，ローリエ（ゲッケイジュ）などがあり，雄株と雌株に分かれる。雄株には**雄花**だけ，雌株には**雌花**だけが着く。雌雄同株の例としてウリ類があり，雄花，雌花と**両性花**が着く（第7-1図）。

第7-1表　野菜，ハーブの雌雄性

雌雄性	作物名
雌雄異株	アスパラガス，フキ，ホウレンソウ，サンショウ，ソレル，ローリエ(ゲッケイジュ)
雌雄同株	ウリ類(キュウリ，スイカ，メロン，カボチャなど)，トウモロコシ

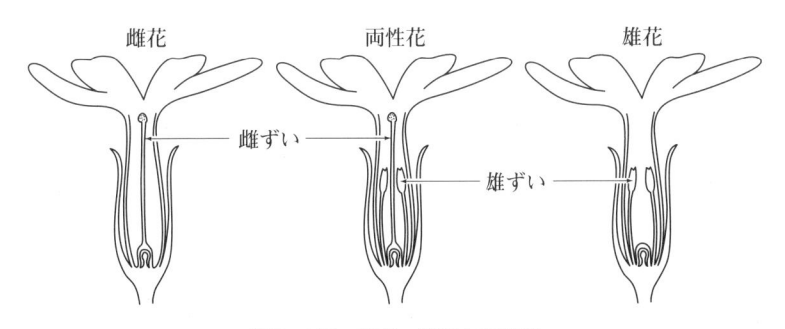

第7-1図　雄花，雌花と両性花

雌雄異株の植物では，種子ができるためには，雄株と雌株が植わっている必要がある。一方，雌雄同株では1株だけでも種子ができるはずだが，実際には雄ずいと雌ずいの成熟時期が同じでないため，数株を栽培することが必要になる。ある植物では性染色体を持ち，動物と同じようにX染色体やY染色体に似た役割を演じていると考えられている。しかし，植物で性染色体が発見されたものは，それほど多くはない。

植物体における雌花，雄花，両性花の着生状態を**性表現**という。ウリ類の性表現は，遺伝的にはポリジーン系や主働遺伝子の関与による変異が知られているが，環境要因によっても動かされやすい形質である。とくに，主枝に雌花をつけるキュウリやカボチャ，スイカなどで，その影響が現われやすい。環境要因としては，肥料要素や水分条件も影響するが，温度と日長の効果が著しい。

例えば，キュウリ，カボチャでは短日条件下で雌花が増加し，長日条件下では雄花が増加する傾向が認められている。また，ホウレンソウでは温度とも結びついて，低温・短日では雌性化が促進され，高温・長日では雄性化が促される。

第2節　性表現の分類

作物として栽培されている多くの植物では，雌雄両器官が同一花の中に存在する両性花をつけるが，トウモロコシ，ウリ科野菜のように同一株に単性花である雌花と雄花が分かれて着生する雌雄同株や，ホウレンソウ，アスパラガスのように雌雄異株の作物もある。

ウリ類の性表現は雌雄同株で代表されるが，種により，また品種によって変異がある。例えばWhitaker（1931）は，8種・49栽培品種について調査し，第7-2表のような変異を認めている。このようにキュウリやスイカには両性雄性同株型品種が存在し，両性雄性同株を基本とするメロン，マクワウリには例外的に雌雄同株型が分化している。雌雄同株のカボチャも，ときには両性花の出現することがある。

雌花と雄花，または両性花と雄花の着生割合は環境条件によっても変動するが，種や品種で量的に著しく異なる。とくにキュウリでは集約栽培に適用され，

郵便はがき

1078790

（受取人）
東京都港区
赤坂郵便局
私書箱第十五号

☎03-3585-1141 FAX03-3589-1387
http://www.ruralnet.or.jp/

農文協

読者カード係 行

おそれいりますが切手をはってお出し下さい

◎ ご購読ありがとうございました。このカードは当会の今後の刊行計画及び、新刊等の案内に役だたせていただきたいと思います。

● これまで読者カードを出したことが　ある（　　　）・ない（　　　）

購入書店名：	ご購入年月日　　年　　月　　日

住所	（〒　　－　　　） TEL： FAX：

名前	男・女　　歳

E-mail：

職業	公務員・会社員・自営業・自由業・主婦・農漁業・教職員（大学・短大・高校・中学・小学・他）研究生・学生・団体職員・その他（　　　　　　）

勤め先・学校名	所属部・担当科
購入の新聞・雑誌名	加入団体名

お名前は伏せたままご感想をインターネット等で紹介させていただく場合がございます。ご了承下さい。今後出版案内を送付する場合もございます。ご了承下さい。
送料無料・農文協以外の書籍も注文できる会員制通販書店「田舎の本屋さん」入会募集中！
案内進呈します。　希望□

■**毎月50名様に見本誌を１冊進呈**■（ご希望の雑誌名ひとつに○を）
① 食農教育　　② 初等理科教育　　③ 技術教室　　④ 保健室　　⑤ 農業教育　　⑥ 食文化活動
⑦ 増刊現代農業　⑧ 月刊現代農業　⑨ VESTA　　⑩ 住む。　⑪ 人民中国
⑫ 21世紀の日本を考える　⑬ 農村文化運動

S04.01

書　名	お買い上げの本の書名をご記入ください。

●本書についてご感想など

- -

●今後の出版物についてのご希望など

この本を お求めの 動機	広告を見て (紙・誌名)	書店で見て	書評を見て (紙・誌名)	出版ダイジェ ストを見て	知人・先生 のすすめで	図書館で 見て

当社の出版案内をご覧になりまして購入希望の図書がありましたら、下記へご記入下さい

◇　購読申込み書　◇　　郵送ご希望の場合、送料をご負担いただきます。

(書名)	(定価) ¥	(部数)
(書名)	(定価) ¥	(部数)

ご指定書店　　地区　　　　　　　　書店名

第7章 性表現 147

第7-2表 ウリ類の性表現　　　　　　　(Whitaker, 1931)

種	標準型	例外品種	左の性表現
キュウリ (*Cucumis sativus*)	雌雄同株	Lemon	両性雄性同株
マクワ, メロン類 (*C. melo*)	両性雄性同株	Mexican Banana	雌雄同株
ガーキン (*C. anguria*)	雌雄同株	—	—
スイカ (*Citrullus vulgaris*)	雌雄同株	Siberian Sweet New Winter	両性雄性同株
ユウガオ (*Lagenaria vulgaris*)	雌雄同株	—	—
ニホンカボチャ (*Cucurbita moschata*)	雌雄同株	ちりめん	ときどき両性花発見
カザリカボチャ (*C. pepo*)	雌雄同株	Long Island Bush	内婚系に1花両性花発見
クリカボチャ (*C. maxima*)	雌雄同株	—	—

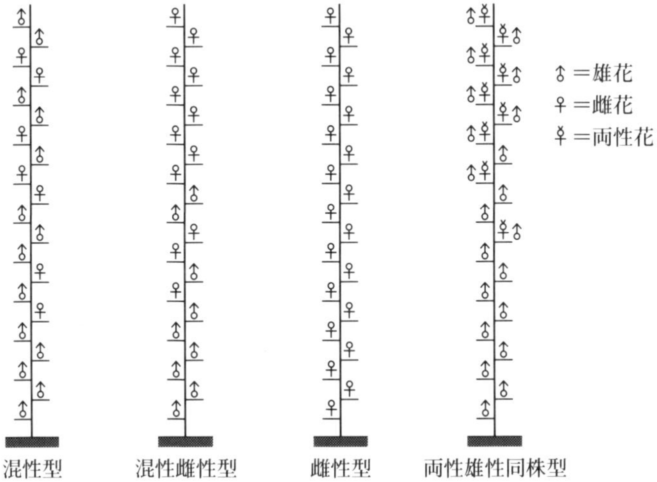

混性型　　混性雌性型　　雌性型　　両性雄性同株型

☂ =雄花
♀ =雌花
⚥ =両性花

第7-2図　キュウリの性表現の型　　(藤枝, 1967)

雌花着生の密な方向への淘汰が進められてきたために遺伝的変異が顕著であり, 栽培品種は雌花の着生力, 連続雌花節の発現能力, 両性花の有無などの遺伝性から第7-2図のような4つの型に類別される。

a) 混成型：雄花節と雌花節が混在する型で, 雌花の着生密度は品種や環境

条件によって変化する。この型には'落合'や'四葉'などの品種がある。
b) 混性雌性型：雄花節に始まり，その後雌花節と雄花節が混在するが，やがて雌性に転じて，その後連続雌花節になる。'早生節成'，'相模半白'，'落合'などの品種がこの型に属する。
c) 雌性型：全節に雌花を着生しうる型で，環境条件によって下位節に若干の雄花節を分化することもある。'聖護院'，'夏節成'，'彼岸節成'などの品種がこれに属する。
d) 両性雄性同株型：'lemon'がこの型の唯一の品種であり，雄花節に始まり，その後両性花と雄花を同一節に混生する。

第3節　環境による性表現発現

植物の性決定の機作については従来からいろいろの点から論議されてきた。Correns(1907, 1928)は雌雄異株植物について，その性を決定する遺伝因子を考え，この因子の重要性を強調した。実際，ある植物では性染色体を持ち，動物と同じようにX染色体やY染色体に似た役割を論じていると考えられている。しかし，植物では性染色体が発見されたものはそれほど多くない。例え，遺伝因子が性をコントロールしているにしても，環境条件が整わなければ形質発現が起こらないのは「第5章　花芽分化」で述べたように当然のことである。従って，園芸学的には雌花，雄花を誘導する環境条件をまず明確にしておく必要がある。

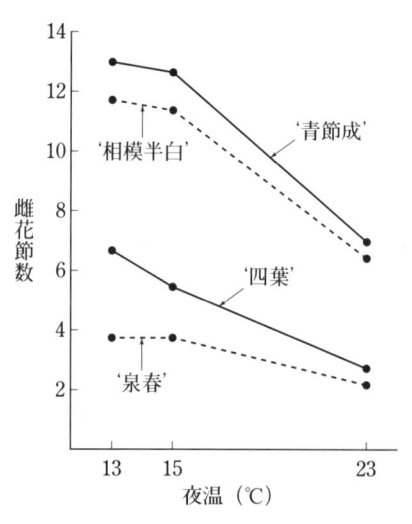

第7-3図　キュウリの性表現に及ぼす夜温の影響　　(藤枝，1967)
九大ファイトトロンで発芽後7日目から25日間処理した
昼温は25℃，日長は8時間，雌花節数は主枝15節まで

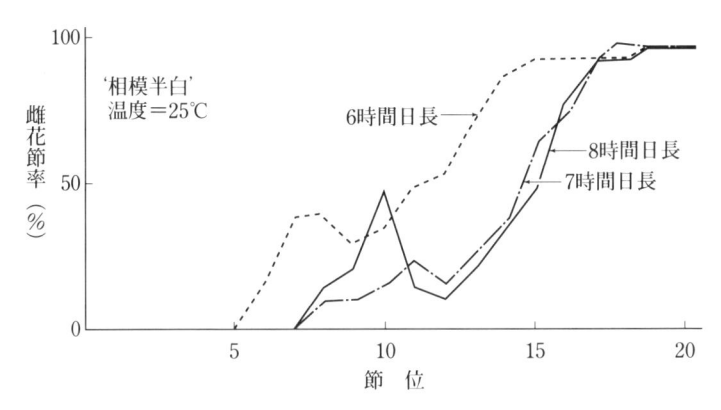

第7-4図　育苗中の日長と節位別雌花節率
(藤井ら，1955)

1. 温　度

雌性型品種を除けば，キュウリは例外なく低温によって雌花着生が促進される。昼温も影響するが夜温にとくに敏感に反応し，雌花分化には昼間を適温で経過する場合には13～15℃の夜温が最適である。この関係を第7-3図に示した。用いた4品種とも夜温の低いほど雌花節数は増加している。

2. 日　長

キュウリは多くの品種が短日条件下で雌花着生が促進される。第7-4図に示したように，育苗期間の日長が短いほど，雌花の着生が促進されるが，極端な短日処理は苗の成育を不良にし，定植後も後作用的な成長抑制現象を伴って生産力を低下させる。このため短日処理は8時間程度にとどめるのが常識となっている。

第4節　性表現の制御

1. 雌花誘導の機構

Nitschら(1950)は，西洋カボチャで性表現に関して興味あることを観察して

いる。光や温度の環境条件が一定であっても，花の性は発育の時期とともに変化することを明らかにしている。第7－5図に示したように，最初には雄花だけが作られ，その後は雄花と雌花が混生し，ついには雌花だけになる。最後には雌花はたいてい単為結果をするようになる。つまり，主茎基部の葉腋から上位の節へと**雌性化**していく傾向がある。環境はこの雌性花の体系あるいは序列を変えることはしないが，ただ相対的な長さを変動させ，その展開を促進したり遅らせたりしているように考えられる。

キュウリでも同様の傾向が見られる。つまり，第7－6図に示すように，節成種では下半分の節に雄花出現のピークがあり，上半分に雌花のピークが現われる。中間の節には両性花が現われることもある。より栄養成長的な場合には雌花は現われにくく，栄養成長の抑制的な場合に雌花は出現しやすい。

また，Galun（1967）は組織培養法を用い，キュウリの性表現機構解明の一歩を示している。それによると，性がまだ決定していない花芽原基を試験管内の培地に置床すると，培地に加えられたホルモンのうちオーキシンに対するジベレリンの比率が高い場合には雄花が，逆の場合には雌花が誘導されることを示した。植物体においてもこのようなホルモンバランスのもとに，性表現は決定されているものと思われる。

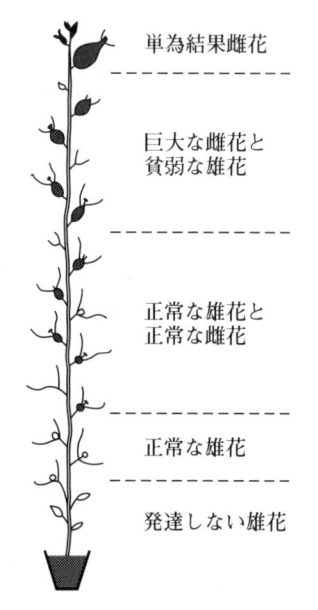

第7－5図　洋種カボチャ（*Cucurbita pepo* L. var. Acorn）の1本の主軸につくられる花の性型の変化
(Nitsch *et al*., 1952)
8時間照明，日中23℃，夜間17℃

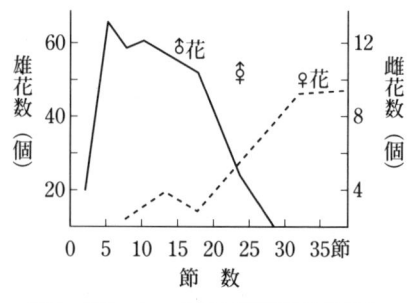

第7－6図　キュウリの雌雄花の出現の節位による変異　（伊東・加藤，1953）

実際のウリ科野菜の栽培においては，主枝の先端を摘心して第1次分枝に，あるいはさらに第1次分枝を摘心して第2次分枝を伸長させ，それぞれの低節位に早く雌花を着生できるように整枝を行なっている。

2. 雌花着生の促進

(1) 低温・短日

前述したように，ウリ類の雌花着生は低温・短日条件によって促進される。また，育苗中にかなり上の節位の花芽まですでに分化している。そこでカボチャなどでは3月頃の低温期に育苗されるので，低温には十分に当たっていることになるが，日長は春分を境にどんどん長くなっている。そこで育苗中に，最低夜温の確保を兼ねて夕方から早めにシルバーポリトウなど被覆資材で覆って短日条件にしてやると，花芽形成が促進される。キュウリの早熟栽培を例にとって具体的にそれを示すと，第1葉期までは最低温度を17～18℃以上に保って成長を促進し，その後は夜間の最低温度を13～15℃まで下げて夜冷操作を行ない，昼間は25℃を目標にして管理する。強度の日長制限は成長を抑制し，収量に悪影響を及ぼすので，短日処理は8～9時間程度にとど

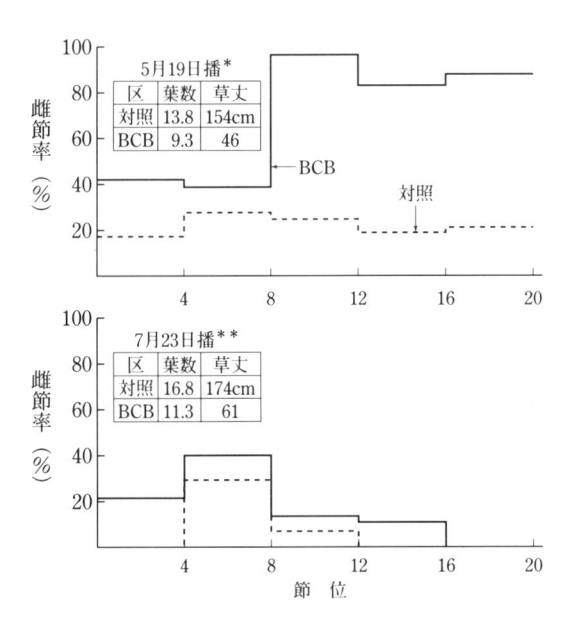

第7-7図 キュウリのBCB (1me/l) 処理と節位別雌節率 （藤枝，1967）

＊：5月28日より18日間処理，成育は6月27日調査
＊＊：7月29日より18日間処理，成育は8月25日調査
品種は'青節成'

め，夜冷操作を主にした育苗管理がとられている。

(2) 成長抑制物質

BCBやCCCなどの成長抑制物質は成育を矮化させるとともに，雌花分化を促進することが知られている。第7-7図に示すように，これら成長抑制物質の雌花分化の促進効果はごく高温期には低下する。また，この反応は品種によって異なるが，環境条件に敏感な節成性品種では成長抑制物質にも敏感に反応し，雌花分化が促進されやすい。

(3) ジベレリン

キュウリはジベレリンの葉面散布で雌花分化が抑制され，雄花が増加する。雌性系統の中には500～1,000ppm以上の濃度を必要とするものもあるが，多くは50～100ppmの処理で反応する。その効果は第7-8図に示すように，環境条件によっても影響され，低温期には弱まり，高温期には助長される。

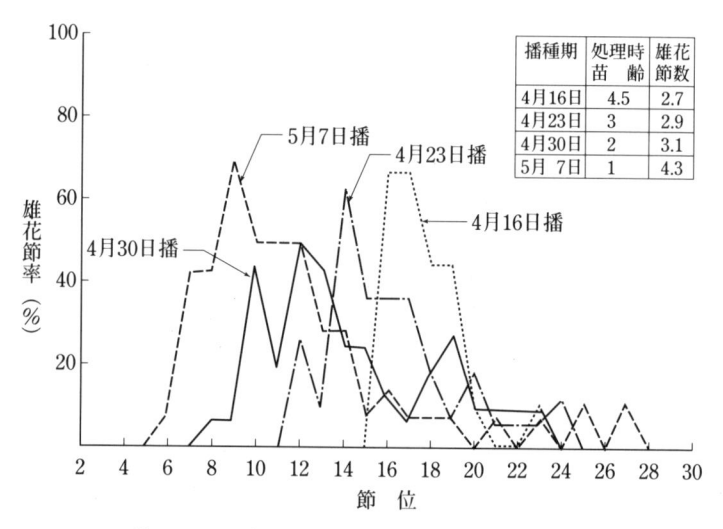

播種期	処理時苗齢	雄花節数
4月16日	4.5	2.7
4月23日	3	2.9
4月30日	2	3.1
5月 7日	1	4.3

第7-8図　ジベレリン処理時期と節位別雄花節率

(藤枝，1967)

(4) 摘　心

　ウリ類ではよく**摘心**をして分枝をくり返した後に雌花を着けている。植物に十分成長した，つまり齢が進んだように感知させているのである。別の言い方をすれば，体内のホルモンのバランスを変えてやっていることになる。上で説明したように下位節では雄花が優先して着く。ウリ類では，花は腋芽に着くが，これら腋芽の成長は茎の先端の働きによって強くコントロールされている。これを頂芽優勢という。体内のホルモンの生産・移動も頂芽がコントロールしている。頂芽を摘心してやれば頂芽優勢が破れ，主茎の腋芽が発達しやすくなり，そうして伸びた子ヅル（第1次分枝）の先端をさらに摘心してやると，孫ヅル（第2次分枝）が伸びてくる。このようにすると，子ヅルや孫ヅルの腋芽では主茎のはるか上位節と同じような生理的状態となり，雌花が低節位に着きやすくなる。実際の栽培でもカボチャでは，子ヅルを約4本伸ばさせ，その第6～8節に果実を着けさせている（第7－9図）。

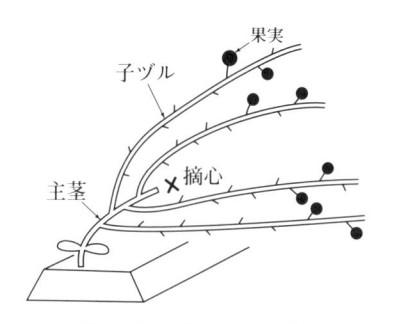

第7－9図　カボチャの整枝
早く果実をならせるのに摘心が必要になる。カボチャでは子ヅルを4本伸ばすのが一般的

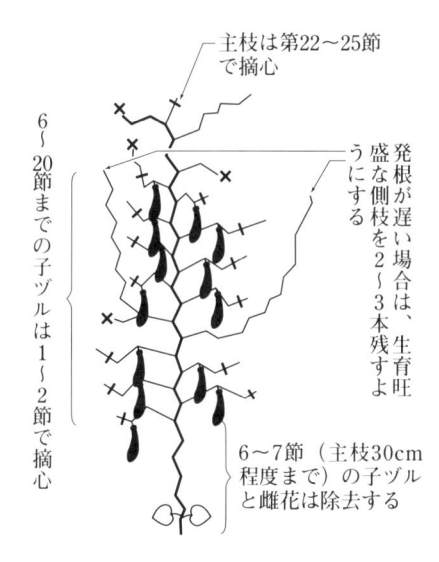

第7－10図　キュウリの整枝方法
主枝は第22～25節で摘心
6～20節までの子ヅルは1～2節で摘心
発根が遅い場合は，生育旺盛な側枝を2～3本残すようにする
6～7節（主枝30cm程度まで）の子ヅルと雌花は除去する

　キュウリの一般的な整枝方法として，例えば施設内などでは摘心垂直仕立てが行なわれている（第7－10図）。主茎は第22～25節で摘心し，第6～20節までの子ヅルは第1節か2節で摘心している。しかし発根が遅いときに摘心を

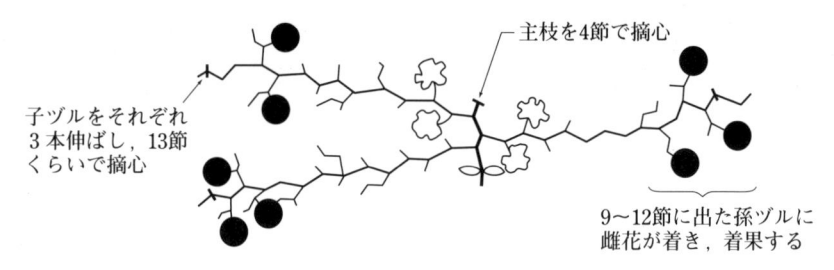

第7-11図 メロンの整枝方法

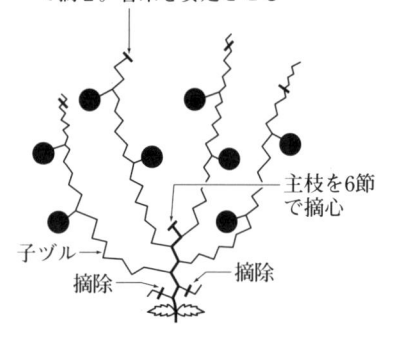

第7-12図 スイカの整枝方法

すると，根に負担がかかって成育障害が出たりする。そのような場合には，成育旺盛な側枝を2～3本残すようにすると障害は回避される。

　マクワ型のメロンでは，ふつう主茎と子ヅルに雌花は着きにくい。そこで，主茎は本葉4枚残して早めに摘心し，子ヅルを3本くらい伸ばさせる（第7-11図）。子ヅルは第13節くらいで摘心すると，第9～12節から出た孫ヅルに雌花が安定して着くようになる。

　スイカでは通常第6節で主茎を摘心し，成育がそろった旺盛な子ヅルを3～4本伸ばさせる（第7-12図）。子ヅルはさらに第18～20節くらいで摘心し，着果を安定させる。

　最近よく見かけるようになったニガウリも，定植直後は雌花が着かないが，成育が旺盛になってくれば雌花が着くようになる。まだ，整枝方法が確立していないが，整枝すればもっと早く，低節位から着くようになると考えられる。

　また，ウリ科作物の根は浅根性のひげ根で乾燥の害が出やすく，また再生しにくいという特性がある。そのため，株元を歩いたり乾燥させたり，排水不良を起こしたりして根を傷めない注意が必要となる。

第5節 雌雄異株の性発現

1. アスパラガス

アスパラガスでは種子を播くと，雌株と雄株が半分ずつ出てくる。種子を播いて2，3年目から，春先に萌芽してくる**スペア**（第7-13図）と呼ばれる若い茎を収穫できるようになる。大株になると，秋にも萌芽してくるようになる。栽培条件にもよるが，一般に雌株では太い茎が出るが（第7-3表），雄株に比べて本数は少ない。一方，雄株では適度の太さで，多くの茎が出てくるため，雄株が選択的に植えられている。花が咲いて雌雄性がわかってから，成育の旺盛な雄株を選び，組織培養で増殖した苗が植えられるようになってきている。雌株では花が咲き実が着くため，余分に栄養分が使われているともいえる。

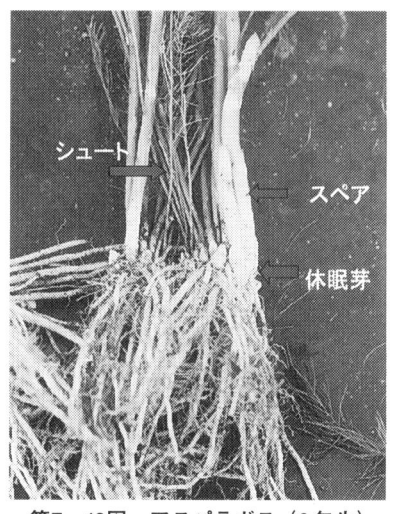

第7-13図 アスパラガス（2年生）の株元
アスパラガスの芽は萌芽してスペアとなり，収穫される。スペアの基部にできる芽は低温期になると休眠して萌芽しなくなる

2. フキ，ホウレンソウ

フキもホウレンソウも，栽培する際に雌雄性をほとんど意識していない。フキは日本原産の野菜で，日本各地で自生していたものから，品質のよいものが選択され，栽培が広がってきた。例えば，愛知早生フキなどがその代表で，すべてが雌株であって種子ができないため，株分けで増殖している。山野に自生しているフキは白色の花（正確には花序）を着ける雌株と，黄白色の花を着ける雄株が1対1になっている。どちらの株からでも，フキノトウが春先に伸び

第7－3表　アスパラガス雌株と雄株での収量性（10株当たりの平均）

(池内・小早川，1999)

株年・収穫期	株	LL (g)	L (g)	M (g)	S (g)	良 (g)	計 (本)	計 (g)	平均1茎重 (g)	秀品率 (%)
1年生・春芽	雌	665	2,129	384	127	260	146	3,565	24.4	93
	雄	225	2,142	398	60	248	144	3,073	21.3	92
		n.s.	n.s.	n.s.	n.s.	n.s.	n.s.	n.s.	n.s.	－
1年生・夏秋芽	雌	270	3,523	1,528	349	2,061	406	7,731	19.0	73
	雄	46	2,569	1,984	491	1,836	463	6,926	15.0	73
		n.s.	n.s.	n.s.	n.s.	n.s.	*	n.s.	*	－
2年生・春芽	雌	1,762	1,685	481	136	73	174	4,137	23.8	98
	雄	487	1,720	819	126	201	189	3,353	17.7	94
		n.s.	n.s.	**	n.s.	n.s.	*	*	*	－

注．t検定で，＊＊と＊は，有意水準がそれぞれ5％と10％，n.s.は有意差なし

出してくる。

　ホウレンソウでも花（これも花序）が咲くまで，雌雄性のあることに気が付かない。雄株では茎の先端に花（花序）を雌株より早く着けるが，雌株では腋芽に花を着ける。ホウレンソウには東洋系と西洋系があり，日本料理には歯切れがよく淡泊な味の東洋系が好まれている。しかし，東洋系は抽だいしやすいため，抽だいの遅い西洋系との雑種が育成され，その交雑種を用いた栽培が増えている。

3．トウモロコシ

　トウモロコシは雌雄同株だが，雄花（雄性小穂）は茎の先端に着き，雌花（雌性小穂）は葉の付け根の腋芽部に着く。トウモロコシの穂を収穫するとき，その先端に茶褐色のひげ状のもの

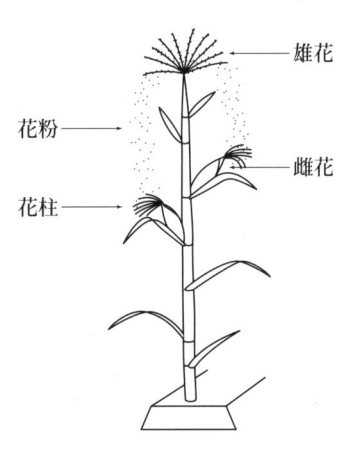

第7－14図　トウモロコシの花穂
雌雄器官で成熟期が異なるため，数株植える必要がある

が見えるが，これは雌ずいの花柱である。トウモロコシは，雄花から花粉が風で運ばれてくる風媒花だが，この花粉を多く集めるため，花柱があのように長くなっている（第7－14図）。雌花の成熟は雄花より5日くらい遅れるため，他の個体から花粉がこなければ受精できず穂もできないことになる。そこで，ふつうは安定して受粉・受精ができるよう，数株を植えてやる必要がある。1株に雌花はたくさんできるが，1株2穂取り以外の品種では良品質の穂はできないため，10cmくらいになったときに良質の1本を残し，他はベビーコーンとして利用したほうがよい。

第8章　果菜類の結実

　多くの1，2年生植物は栄養相においてある程度成長した後，生殖相（生殖成長）に進む。生殖相は茎頂あるいは腋芽の分裂組織における花芽分化とともに始まり，開花・結実，果実形成，種子形成で終わる。果実や種子を主な可食部とする果菜類の栽培では，茎葉の成育する栄養相をはじめ花芽分化から開花・結実に至るまでの生殖相の進行およびその制御が重要な意味を持つ。

第1節　開花から結実への過程

　花芽分化・発達の過程において，雄ずいのやく内には花粉が形成され，雄ずいに続いて分化した心皮は柱頭，花柱，子房からなる雌ずいを形成する。子房の内部（心皮の内側）には**胚珠**（**大胞子のう**）が形成され，胚珠は内部に**胚のう**を形成する。胚珠は胚のうの他に胚のうを包む柔組織からなる**珠心**，および胚のうや珠心を包む2層の**珠皮**（外珠皮，内珠皮）などからなる。雄性器官や雌性器官の完成と前後して，がくや花弁の展開，やくの裂開すなわち開花・開やくが起こる（第8-1表）。開花や開やくは花粉運搬者の昆虫を招いたり，花粉を飛散させる準備をするための植物が行なう運動の1つである。花粉は虫や風によって同一花内，あるいは他の花の雌ずいの柱頭へ運ばれる。

　花粉が柱頭に付着（受粉）した後，花粉は発芽，花粉管伸長，花粉管の胚珠到達，胚のう内への精核放出などの過程を経て，受精が完結する（重複受精，40ページ第1-1図）。受精後，接合子は分裂をくり返して胚や胚乳となっていく。開花・結実期におけるトマトの子房内に形成された胚珠の珠皮は9層程度の細胞からなり，その内部に胚のうが形成されている。開花後7日目の受粉果では，

第8−1表 開花・開やくと受粉特性 (井上, 1967を修正)

種 類	開花と開やく	花の寿命	開やくの形態	受 精	受 粉
ナス科(ナス, トマト, トウガラシ)	同時期	3〜4日	トマト, トウガラシ:縦裂 ナス:先端部が開孔	トウガラシ:雄ずい先熟	虫媒(マルハナバチなど)
ウリ科(カボチャ, スイカ, メロン, キュウリ)	同時期, 早朝	きわめて短命 数時間	縦裂	両性花と雌性花	人工受粉
イチゴ	開花後に開やく(午前中)	3〜4日	縦裂	集合果(花)	虫媒(ミツバチ)
マメ科	開花前に開やく, 早朝	30〜40日	竜骨弁と呼ばれる花弁の包まれた状態で, やくは縦裂	閉花受粉	閉花受粉

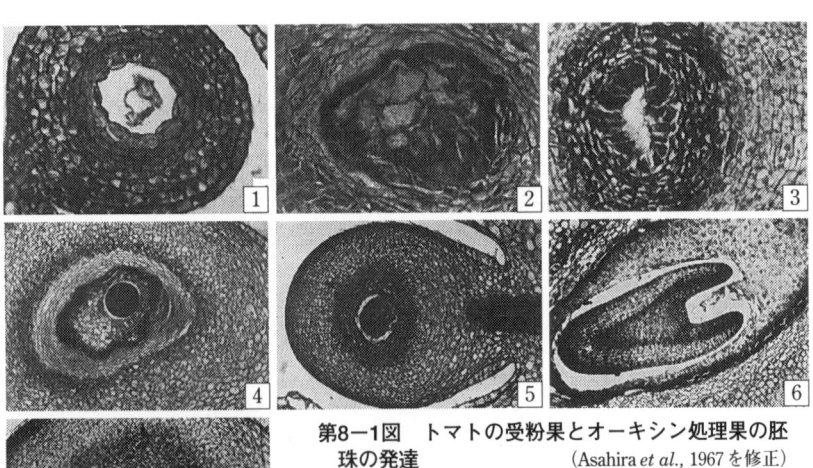

第8−1図 トマトの受粉果とオーキシン処理果の胚珠の発達 (Asahira et al., 1967を修正)

1. 開花日の胚珠
2. 開花後7日目の受粉果の胚珠
3. 開花後7日目のオーキシン処理果の胚珠
4. 開花後14日目の受粉果の胚珠。胚・胚乳の分化・発達
5. 開花後14日目のオーキシン処理果の胚珠。偽胚の発達
6. 開花後21日目の受粉果の胚発達
7. 開花後21日目のオーキシン処理果の胚珠

胚珠内に胚乳の形成が始まり，開花後14日目には分裂の進んだ胚が現われ，21日目には珠皮の発達とともに胚軸や子葉の分化した胚に発達する（第8-1図）。

　受粉・受精を経過し，胚を含む胚珠の発達が始まると同時に，子房およびその周辺組織の発達が始まる。この過程は子房への急激な光合成産物の転流や水分の流入を伴いながら，種子形成・果実形成の過程へと進んでいく。

　トマトは3葉おきに，ナスでは2葉おきに花房が着き，トウガラシでは花芽の下から分枝してその先端に花芽が着く（第8-2図）。トマトでは，各腋芽は早めに除いて1本仕立てにする。ナスやトウガラシでは3本仕立てにし，内側にできる芽は早めに摘芽する。また，ナスでは果実を収穫するたびに，果実の先端に芽を1つ残して，それより先を除く。

　秋ナスを収穫するには，低節位までせん定をして，夏の高温期には成育を休ませる。トマトでは最近では完熟型の'桃太郎'のような品種が好まれ，完熟して収穫されるミニトマトも増えてきている。ミニトマトの整枝はふつうのトマトと同様だが，成育が旺盛で腋芽が伸びやすいため，過繁茂にしない注意が必要となる。

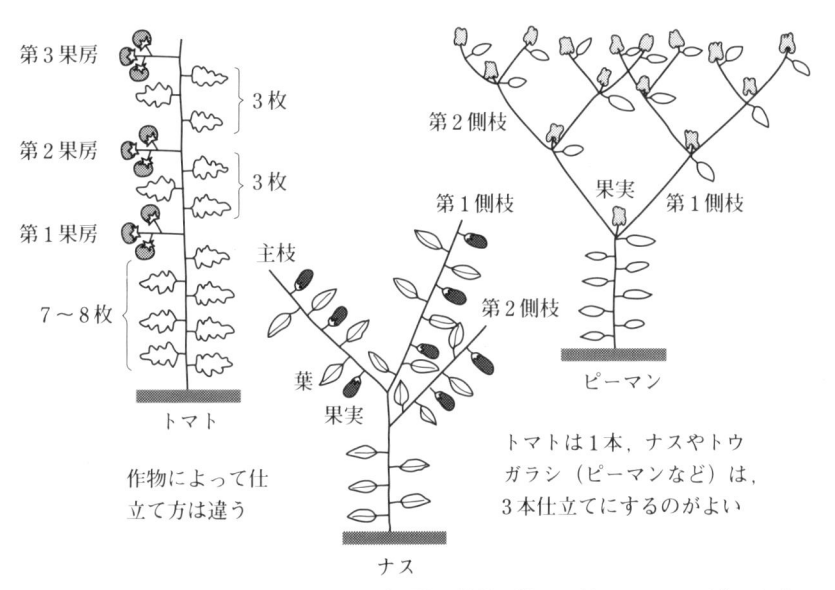

第8-2図　ナス科野菜の着花習性の比較　　　（藤目原図）

第2節　結実の内的・外的要因

1. 内的要因

光合成産物　正常な受粉・受精が行なわれるためには，発芽力および花粉管伸長力の高い充実した花粉と受精能力の高い胚珠が必要である。受精能力の高い花粉や胚珠の形成は十分な光合成産物の供給に大きく依存している。また，養水分の供給通路である根，茎，葉からの維管束の発達程度も結実に大きな影響を与える。

植物成長調節物質　受粉，花粉管伸長，胚珠発達の各過程において子房内オーキシンの増加が見られるが，花粉からのオーキシンは花粉管の伸長を促すことにより受精を可能にし，発達中の胚珠で生産されたオーキシンは子房への光合成産物や水分の流入を促すことにより果実形成を継続させると考えられている。また，ジベレリンやサイトカイニンも細胞分裂・肥大促進などに関与して，結実の重要な要因となっている。

2. 外的要因

開花・開やくは温度の影響を強く受ける。果菜類の開花・開やく適温は種類によって異なるが，多くの野菜において20～30℃である。また，花粉発芽・花粉管伸長の適温も20～30℃であり，15℃以下の低温，35℃以上の高温では花粉の発芽率，花粉管伸長量ともに低下する。また，トマトでは高温，低温の影響はあるものの，昼温／夜温の変温も必要とされている。

多くの果菜類の開花は，適温であれば，季節にかかわらずほぼ早朝に行なわれるが，連続照明下では開花が抑制されることから，開花には一定の暗期が必要であるといわれている。また，日射量は光合成産物の生成を通して花粉形成，胚珠発達，さらに果実発達に影響する。

第3節　果実の肥大

1. 果実形成

　果実とは，一般に子房および周辺組織の肥大成長したものであり，果実内には次世代植物となる種子を有している。果実は花器内の子房の各部位および周辺組織に由来する**果皮**（外果皮，中果皮，内果皮），**果心部，胎座，種子**および**花床**などで構成されている（第8－3図）。花器の各部位は個々の形態と機能を充実しながら，しかも全体の調和を保ちながら発達して果実を形成するが，果実の各部位の分化・発達程度が野菜の種類や品種によって異なるので，種類や品種によって果実の大きさや形は異なっている。果実の形態は子房を構成する心皮数や心皮の形態によって異なり，内部形態は胚珠の着生位置などの違いによっていくつかのタイプに分けられる。果実を構成する部位が柔組織として発達して可食部になるが，可食部になる部位も野菜の種類によって異なる。また，子房と他の花器（がく，花弁，雄ずい）の位置関係から分類すると，子房上位（子房着生位置ががくや花弁の着生位置より上部になるもの），子房下位（子房ががくや花弁の着生位置より下部に着生するもの）などに分けられ（第8－4図），さらに，子房のみが肥大して果実となったものを**真果**，子房および周辺組織が肥大して果実となったものを**偽果**として分類される（第8－2表）。ウリ科では**子房下位**であり，果実は偽果となり，またイチゴでは花床部が肥大した偽果である（第8－3表）。果実の形態的特徴を把握したり分類したりすることは，果実の高品質・高収量を目指すうえで重要なことである。

2. 果実の肥大過程

　果実の肥大成長は果実の形態的変化の過程であり，果実への物質の集積の過程である。ほとんどの果菜類においてこの過程は**S字型成長曲線**を描いて進行する（第8－5図）。

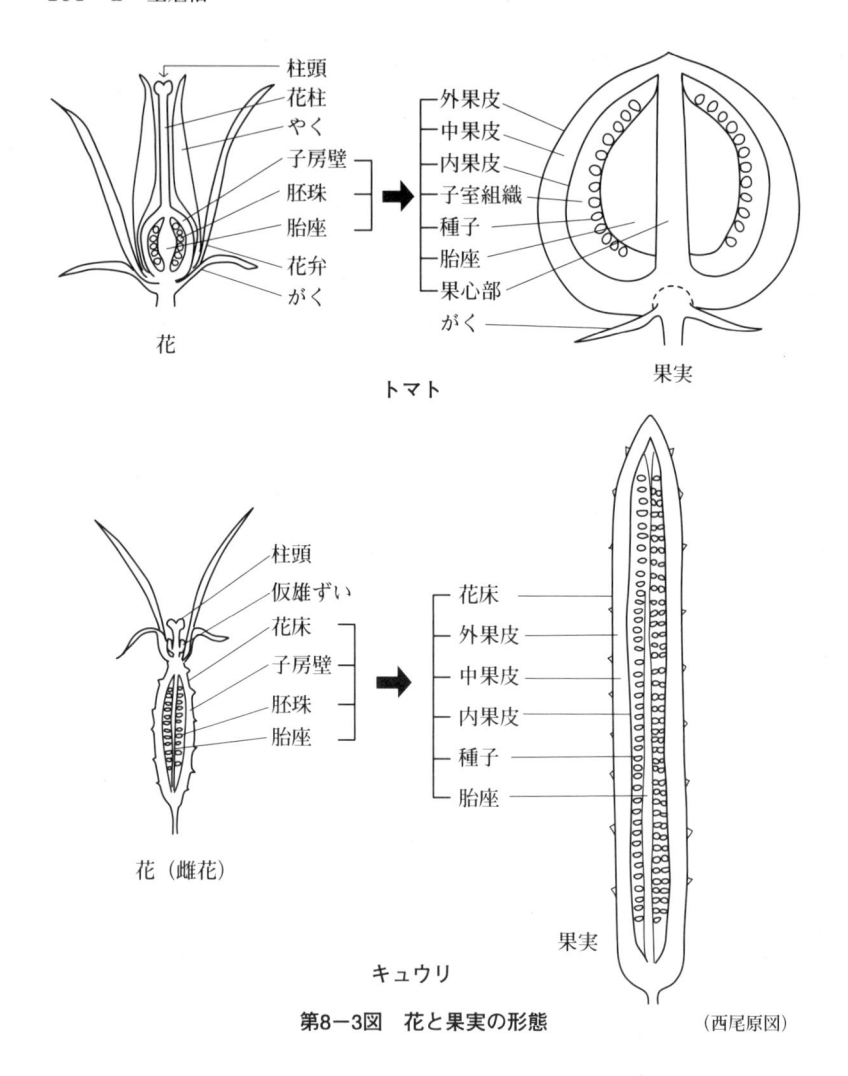

第8-3図　花と果実の形態　　　（西尾原図）

第8-2表　果菜類の花器の心皮数，子室数，胎座の種類および子房の位置

野菜	1花中の心皮数	子室数	胎座の種類	子房の位置
エンドウ，インゲンなど	1	1	側膜縁辺胎座	子房上位
トマト，ナス，トウガラシなど	2～5	2～5	中軸胎座	子房上位
キュウリ，メロン，スイカなど	3	3	側膜縁辺胎座	子房下位
イチゴ	多数	多数	中央胎座	

第8章 果菜類の結実 *165*

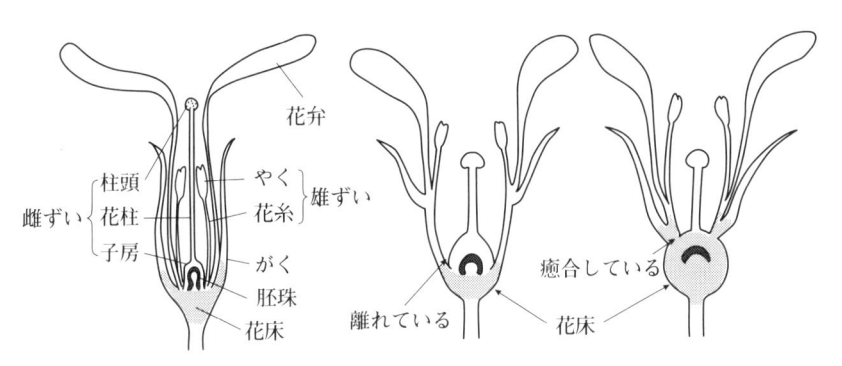

第8-4図　左から子房上位，子房中位と子房下位の花　　　（藤目原図）

第8-3表　野菜の果実の構造と可食部位

野菜	主な可食部位	肥大部位による分類
トマト，ナス	中果皮，胎座	真果（子房）
トウガラシ，マメ類	中果皮または種子	真果（子房）
キュウリ，スイカ，メロンなど	中果皮，花床	偽果（子房，花床）
イチゴ	花床	偽果（花床）

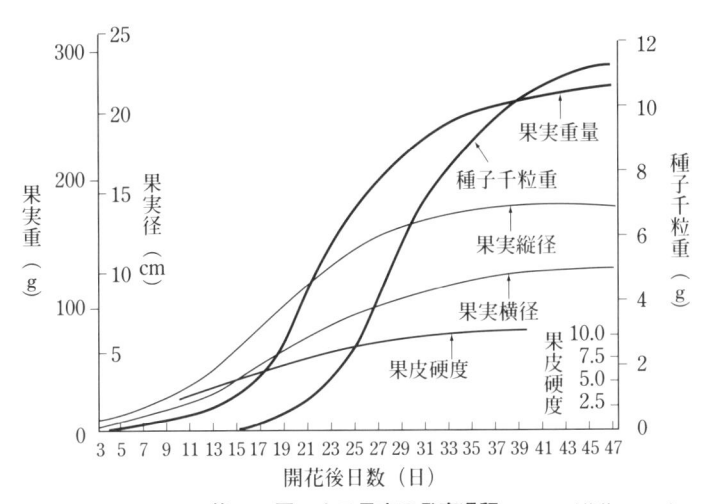

第8-5図　ナス果実の発育過程　　　（藤井，1950）

(1) 果実の構造

果実形成は花芽分化で始まる連続的な形態的変化の後半の過程であるが、厳密には心皮の分化期から始まると考えるべきである。雌性器官として分化した**心皮**は1～数枚が癒着し、1個の雌ずいを形成するが、上部が柱頭や花柱となり、下部が**子房**となる。1枚の心皮で囲まれた部分は**子室**となる（第8-6図）。種類・品種によって異なるが、1つの子房に数子室ができる。心皮は子房壁として、さらに果皮や隔壁として発達する。心皮は外表皮、内部組織、内表皮などに組織分化しているが、それぞれが果実の外果皮、中果皮、内果皮となる。一方、心皮の内側に形成された胎座組織や胚珠は、受粉・受精後、周辺組織（子室組織、果心部、花床）とともにさらに発達して果実内部の充実に寄与する。

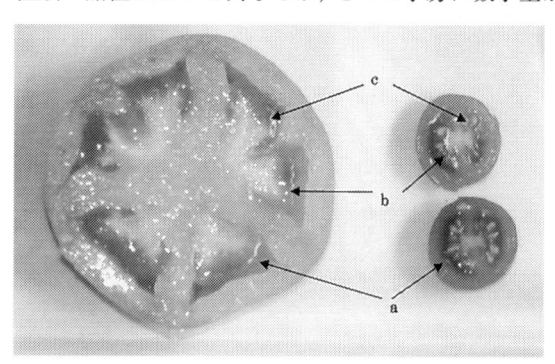

第8-6図　トマト果実の大きさと子室数　　（藤目原図）
左：普通トマト（6子室）　右：ミニトマト（2子室）
a：子室　b：ゼリー状組織　c：種子

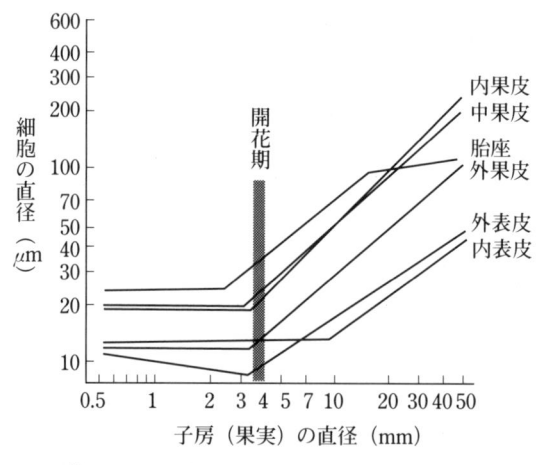

第8-7図　ピーマン果実の各組織の相対成長
　　　　　　　　　　　　　　（狩野ら、1957）
品種：'チャイニーズ・ジャイアント'

(2) 果実肥大

果実肥大は果実内各部位の細胞数の増加と個々の細胞の伸長・肥大の結果である。しかし、多くの場合、**細胞分裂**は開

花～肥大初期頃までに終わり（第8－7図），その後は**細胞肥大**が主に行なわれる。トマト果実の場合も，主な可食部である果肉（中果皮）の細胞数（果面に垂直方向の層数）は開花後2週間目頃まで増加するが，それ以後は，細胞肥大は見られるが細胞層数の増加はほとんど認められない（第8－4表，第8－5表）。従って，果実の形や大きさは開花期頃の細胞数によっても決定されることになる。

(3) ソースとシンク

果実肥大の様相は光合成産物，無機養分および水分などの流入量や流入時期などによって影響を受ける。光合成産物は糖（スクロー

第8－4表 トマト果実中央部横断面の果肉の厚さとおよび果肉細胞層数の経時的変化 （西尾・二宮，未発表）

開花後日数 (日)	果肉の厚さ (mm)	*果肉の細胞層数
0	0.02	13.1
6	0.08	21.4
12	0.27	26.2
18	0.42	28.9
24	0.51	26.3

注．*果実中央部横断面の果肉柔細胞層数（果実表面に対し垂直方向）

第8－5表 トマト果実中央部横断面の果肉柔細胞の大きさ （西尾・齋藤，未発表）

開花後日数 (日)	表皮側果肉柔細胞 水平方向 (μm)	表皮側果肉柔細胞 垂直方向 (μm)	胎座側果肉柔細胞 水平方向 (μm)	胎座側果肉柔細胞 垂直方向 (μm)
0	17.5	10.1	15.2	13.4
6	28.2	24.3	38.6	25.1
12	68.5	58.7	66.4	93.2
18	224.5	176.7	206.0	254.7
24	269.5	212.9	204.5	271.4

ス）として師管を経て果実へ，また，根からの無機養分は道管を経て果実へ移動してくる。水分は光合成産物とともに葉から師管を経て，また，根から道管を経て果実へ流入してくる。開花後1～2週間頃のトマト果実は小さく，高い乾物含有率および低い水分含有率を示すが，開花して2週間目以後は，生体重および水分含有率の著しい増加が起こり，それとともに乾物含有率は急激に低下していく。開花して2週間目以後の急激な果実肥大は光合成産物の増加以上の急激な水分の増加によっている（第8－8図）。開花後5～6週間目まで果実への光合成産物の集積は高まるが，その後は一定になり（第8－9図），果実は成熟期に入る。

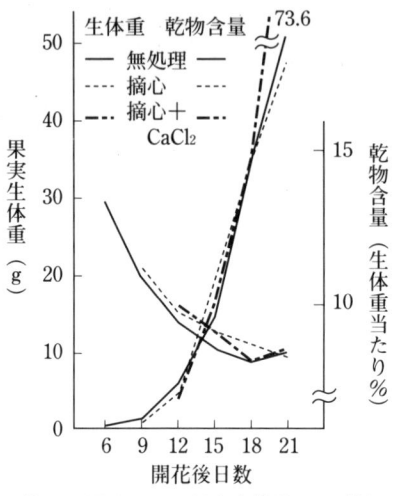

第8-8図 トマト果実生体重および乾物含有量(生体重当たり%)の経時的変化 （西尾，1983）

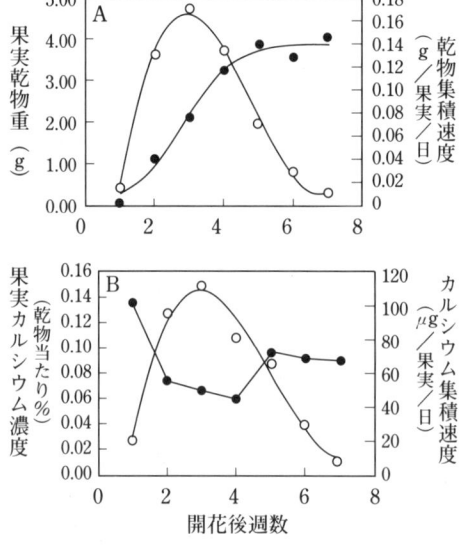

第8-9図 トマト果実の乾物およびカルシウムの集積速度 (Ho et al., 2005)

果実の肥大は，果実と栄養器官とくに葉や根とのシンクとソースの関係を持ちながら進行する。また，シンクとしての強さが異なる同じ株の果実間あるいは果実内部位間でも互いに競争的関係にある（第8-10図）。果実と茎・葉・根のソース・シンクの関係（第8-11図），あるいは果実内各部位のシンクの強さなどは一定の規則性を持った維管束の配列を介して成り立っているので，果実の肥大成長は果実への，あるいは果実内での維管束の発達程度によっても左右される。

ナスでは果実の肥大をよくするために摘心をする。通常は主枝と2本の側枝が旺盛に成長してくるので，3本仕立てにする（第8-2図）。2葉おきに花芽を着けるので，花を着けたその上1枚の葉を残して摘心し，果実を肥大させる。そして，この果実を収穫したらその枝の基部まで切り戻す（第8-12図）。このときにはすでにその下2枚の

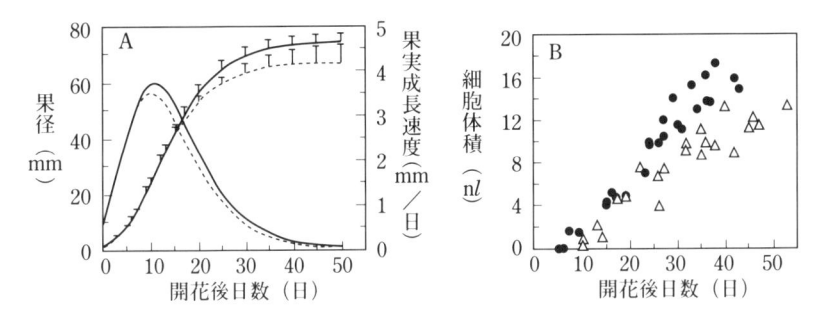

第8-10図 トマト果実の大きさ（果径），肥大成長および細胞の肥大の径時的変化
(Bertin, 2005)

A 果実の果径と肥大成長速度の径時的変化
　実線　1果房に2果着果させた区の第1果
　点線　1果房に5果着果させた区の第1果

B 果肉細胞の肥大成長
　● 1果房に2果着果させた区の第1果
　△ 1果房に5果着果させた区の第1果

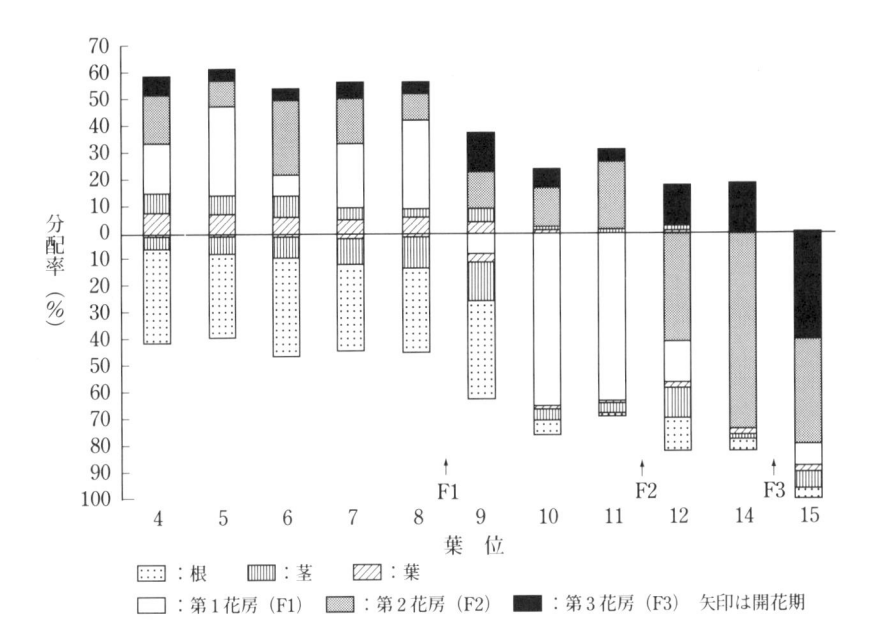

第8-11図 トマトの各葉位における光合成産物の分配パターン（宍戸ら，1991）
縦軸の「分配率0」の位置を基準に，それより上，もしくは下の各部位へどれだけ同化産物が分配されたかを見た図
　例：一番左の「葉位4」では，上から第3花房，第2花房，第1花房，茎（4葉より上），葉（5葉より上），「0」を挟んで葉（4葉以下），茎（4葉より下），根に分配されたことになる

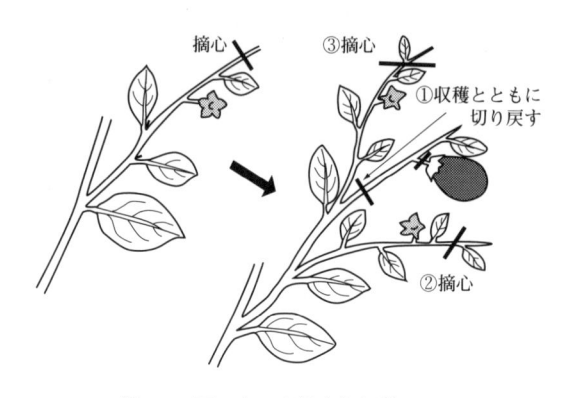

第8-12図　ナスの摘心と収穫　（藤目原図）
果実の肥大初期，その先1葉を残して切り戻す

　株の外側では比較的光もよく当たり風も通るが，株の内側は日当たり・風通しともに悪く，花は十分に成育できない。そこで上述のように摘心して着果数を制限する。そうしなければ短花柱花などになって受精できないまま落花するものが増える。「ナスの花と親の意見は千に一つも仇（無駄）がない」というが，実際には成育の後半で，高温期にはかなり落花が起こっている。

第4節　単為結果の誘導

1. 単為結果

　一部の植物において，種子形成を伴わないまま子房やその周辺組織が発達し，果実を形成することがある。この現象を**単為結果**（単為結実）という。ナス科のトマトやナスではオーキシン処理によって単為結果が誘導されている（第8-6表）。最近ではホルモン処理の代わりに，マルハナバチなどの受粉昆虫の利用あるいは保温とバイブレーターの利用により，受粉・受精を促進する場合もふえている。
　単為結果には自然的単為結果（**自動的単為結果**）と人為的単為結果（**他動的単為結果**）がある。自然的単為結果には受粉せずに単為結果するもの，受粉は

第8-6表 果菜の結実の補助に使用される植物ホルモン剤の種類と処理方法

(高橋, 1967)

果菜の種類	普及の程度	ホルモン剤の種類	処理方法	備考
トマト	広く普及	トマトトーン	50～100倍花房散布	奇形, 空洞果が発生
	普及	トライロン	500～800倍花房散布	
	普及	トマフィックス	40～200倍花房散布	
	普及	2,4-D	1～2万倍花房浸漬	
	未普及	トマコン	5～75ppm花房散布	
	未普及	ジベレリン	10～50ppm花房散布	トマトトーンと併用, 空どう防止
	未普及	フタラミン酸誘導体	200～750ppm植物体散布	効果が部分的
ナス	普及	2,4-D	1～2万倍花房浸漬 25～50万倍植物体散布	
	未普及	トマトトーン	100倍植物体散布	
カボチャ	普及	NAA	100～200倍花散布 子房塗布	処理方法の簡易化が問題
	未普及	2,4-D	10～20万倍花散布 子房塗布	
スイカ	未普及	フルートン	100～200倍花散布	奇形果が発生

するが受精しないで単為結果するもの,あるいは,受粉・受精した後,胚の発達が停止し,結果として種子なし果となるものなどがある。野菜での単為結果の例として,強い単為結果性を示すキュウリ,前述のオーキシンで人為的に単為結果を誘起させるトマト,ナスなどがあり,トマトやナスでは遺伝的に単為結果性を示す品種も知られている。単為結果は,不良環境下における落花(落果)防止,肥大促進の点から注目される現象である。

2. 植物ホルモンの働き

Asahiraら(1967)は,トマト果実内の拡散型オーキシン濃度は開花後3日頃から急激に増加し始め,3週間目頃には最高になるが,オーキシン濃度の高まりに続いて急激な肥大成長が起こることを示した(第8-13図)。このこと

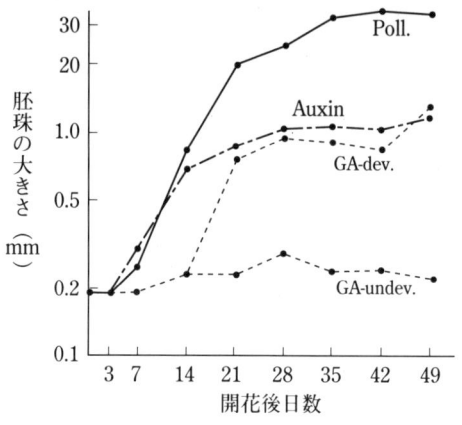

第8-13図 トマトの受粉果およびオーキシン処理，ジベレリン処理による単為結果果実の胚珠の発達　(Asahira et al., 1967)

Poll.：受粉果の胚珠
Auxin：オーキシン処理で発達した胚珠
GA-dev.：ジベレリン処理で発達した胚珠
GA-undev.：ジベレリン処理で発達しなかった胚珠

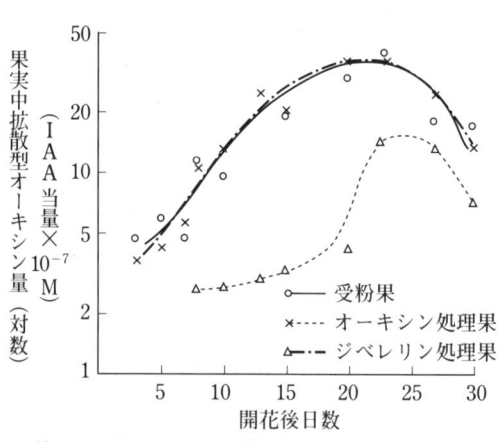

第8-14図 トマトの受粉果，オーキシン処理果，ジベレリン処理果の拡散型オーキシン濃度
(Asahira et al., 1967)

から，果実の開花後2週間目以降の急激な肥大成長は**内生オーキシン**の働きによることを示唆している。さらに，合成オーキシンで単為結果した果実の胚珠の珠皮は開花後14日頃まで受粉果と同様に発達すること，および内部に**偽胚**を生じることなど（第8-1図，第8-14図）から，果実の着果・肥大開始には内生オーキシンが重要な働きをしていること，そして，オーキシンは発達中の珠皮で生産されることを示唆している。Hoら(1986)はトマト果実肥大のごく初期には果実中のサイトカイニンやジベレリン濃度が高まり，ついでオーキシン濃度の高まりともに著しい肥大が始まることから，果実の肥大に伴う細胞の分裂や肥大に植物成長調節物質が関与していることを示した（第8-15図）。果実肥大期後半には果皮中

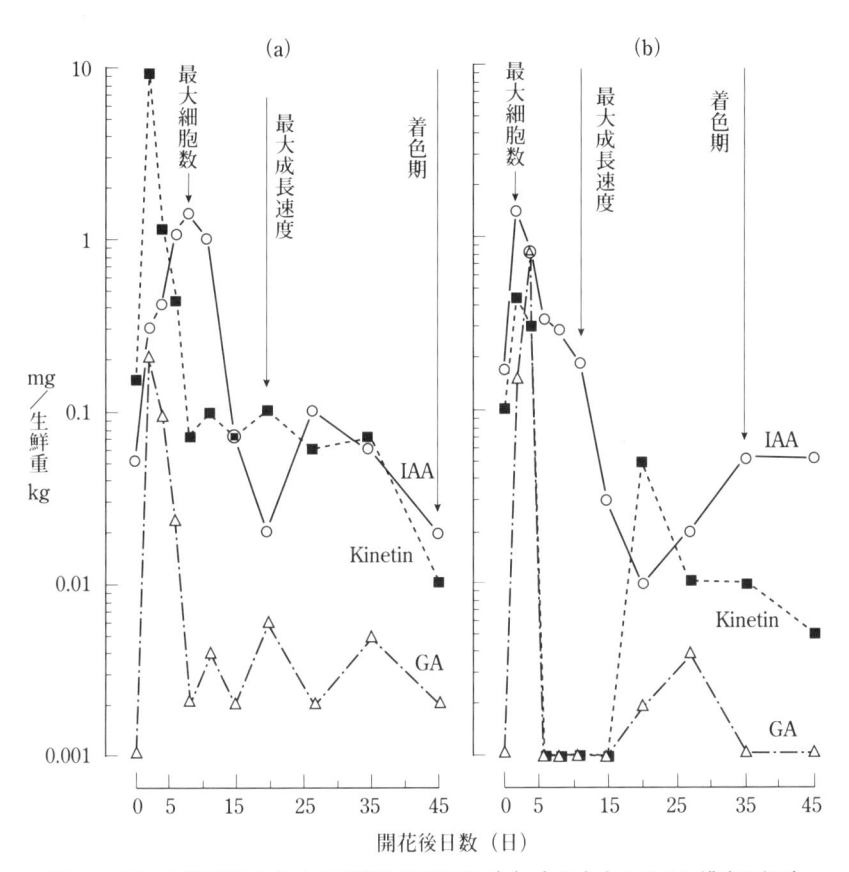

第8-15図　有種子果（a）および単為結果果実（b）中の内生ホルモン濃度の径時的変化
(Ho・Hewitt, 1986)
IAA：インドール酢酸，Kinetin：カイネチン，GA：ジベレリン

のオーキシンが関与し，また，果実の成熟にはエチレンが関与している。

　合成オーキシンで誘導された単為結果果実は，受粉果と同じようなパターンで肥大成長し，受粉果と同等あるいはそれ以上の大きさの果実となることはよく知られている。Asahiraら（1967）は，与えたオーキシンやジベレリンによって発達を促された胚珠の珠皮や偽胚が内生オーキシン生産の場となり，このオーキシンが果実への養分や水分の流入を活発化させ，初期の果実肥大を引き起こすとしている。オーキシン処理果での偽胚の発達，あるいは遺伝的単為結

果性品種における偽胚形成などから，単為結果には偽胚の存在が大きいとされている。Ho ら（1986）も単為結果性系統トマトにおいて，開花直後の子房中のサイトカイニン，ジベレリン，オーキシン含有量が高くなることを示し，これらが子房の細胞分裂や肥大を促し，受粉・受精する前に肥大が始まり，種子のない果実が形成されるのであろうとしている。

第5節　奇形果発生のメカニズム

花芽分化から果実形成過程において，組織や器官の成長量や速度に不均衡が生じたとき，その不均衡は**奇形果**または**障害果**となって現われる。果菜類に見られる奇形果は，その形態，状態，発生原因などから多岐にわたる（第8－7

第8－7表　トマト果実の障害発生の条件とその関与する時期

（齋藤，1973を修正）

発育段階	障害	発生条件	
		栽培環境	植物の状態
花芽分化期	乱形果	低温	
雄ずい初生期	楕円果	土壌水分過多	成育旺盛
雌ずい初生期		栄養過多	
柱頭初生期		ホルモン過多	
		日照不足	花粉不良
減数分裂期	空どう果	高温・低温	
		土壌水分過多	
開花・受精		チッソ栄養過多	成育旺盛
		ホルモン不足	
	小粒果	高温・低温	
果実肥大初期		日照不足	花粉・胚珠不良
		チッソ過剰	
	すじ腐れ果	日照不足	
果実肥大前期		土壌条件不良	
		カルシウム不足	
	尻腐れ果	多肥（多窒素）	成育旺盛
果実肥大中期		土壌水分－乾燥	
		高温	
果実肥大後期		土壌水分・乾燥・過湿	
	裂果	直射光照射	

表）。ここでは，果実の成長とかかわりの深い乱形果，尻腐れ果，空どう果をとりあげる。

1. 乱形果

乱形果は花芽分化・発達の過程で，心皮の分化・発達などの異常によって発生するもので，花芽分化期の低温が主な原因とされている。Asahiraら（1982）はオーキシン移動阻害剤であるTIBAおよびNPAは乱形果の発生を促進し，オーキシン類のPCPA，2,4-Dおよび2,4,5-Tは心室数を減少させ，乱形果の発生を抑制することを示して，低温により茎頂の内生オーキシン濃度が低下することで，多心皮からなる乱形果が生じることを推論している。

2. 尻腐れ果

細胞の形成や維持に必要なカルシウムの欠乏が発生の主要因であるトマトやピーマンの**尻腐れ**は，開花後2週目くらいの果実の先端部周辺に小さい褐色の斑点が数個現われ，ほとんど同時にその周辺が水浸状になり，やがてその部分の組織が壊死し，果実表面が硬い褐色～黒色の皮状となる症状である（第8-16図）。

根によって吸収されたカルシウムは道管を経て各組織や器官に移動し，さらに道管外では細胞間を移動して，各組織や細胞に集積する。従って，維管束，とくに道管の発達程度や分布はカルシウムの移動や集積量に影響を及ぼす重要な要因である。また，植物体内でのカルシウムの移動は蒸散作用に依存するところが大きく，蒸散流とともに運ばれるといわれているが，一方で，カルシウムは若い組織・器官への急激な光合成産物や水分の流入とは同調しにくいことも示されて

第8-16図　トマトの尻腐れ果　（西尾原図）

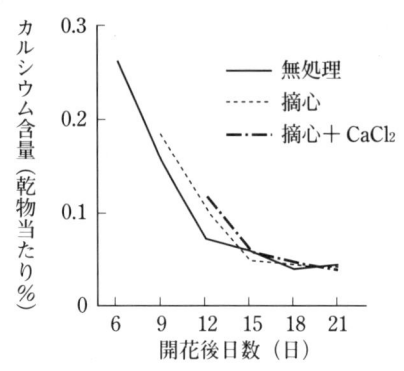

いる（第8-8,9,17図）。このような植物体内におけるカルシウムの動きの特異性は，植物体内でのカルシウムの不均一な分布の原因となり，このことが若い葉や肥大初期の果実など成長の速い組織や器官におけるカルシウムの不足状態を引き起こすと考えられる。

トマト果実の果肉（中果皮）は柔細胞からなり，果肉の中央部付近には一定の間隔で維管束が配列している（第8-18図）。果肉柔細胞は開花後2週目頃から急激に肥大伸長を始めるが，細胞の肥大伸長の様相は部位・組織によって異なる。例えば，果肉柔細胞の肥大の様相を見ると，果実肥大に伴い維管束より外側（表皮側）の果肉細胞は果面に対し水平方向に著しく伸長するが，内側（胎座側）の柔細胞は垂直方向の伸びが著しい（第8-5表，第8-19図）。また，果実内維管束の分布の様相も部位や組織によって異なり，果実基部から果心・胎座・種子へと連絡する維管束と心皮（果皮，隔壁）に沿って基部から先端部に網目状に広がる維管束がある。しかし，果実内維管束の発達程度や分布は均一ではなく，果実内維管束は果実基部に多く分布し，先端部では少ないこと，尻腐れの発生しやすい品種では道管の発達が劣ることなどが示されている。このような果実内組織や細胞の発達

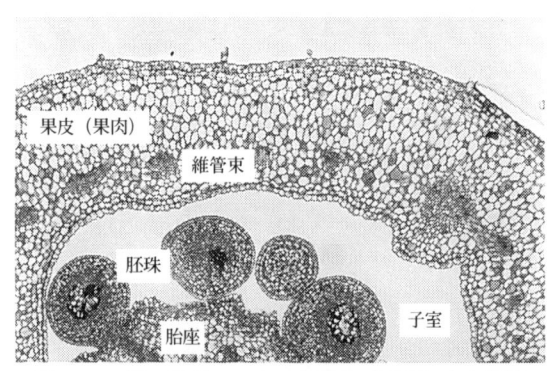

第8-17図 トマトの果実中カルシウム含有量（乾物当たり％）の径時的変化　　　　　　　　（西尾，1983）

第8-18図　開花日のトマト果実（子房）中央部横断面（果皮（果肉）および胚珠）
（棚池・西尾原図）

の違いが果実内におけるカルシウムの不均一な分布や，尻腐れ発現部位の局所性の原因となっていると考えられる。

3. 空どう果

トマトを合成オーキシン処理で単為結果させると，果実の肥大は促進されるが，子室に空どうを生じることがある。子室内の胎座と果皮の間に空どうができた果実を**空どう果**という（第8－20図）。ピーマンは子室組織の発達しない空どう果が正常果であり（第8－21図），胎座部や果心部がよく発達するナス，キュウリあるいはメロンなどではトマトのような空どう果はほとんど起こらない。トマトの空どう果は果実形成の過程で，果肉，隔壁，胎座，子室組織，果心部および種子など各部位の発達にアンバランスが生じたときに発生する奇形果の1つである。

Asahiraら（1968）は，受粉果では胚珠の発育とともに子室組織（胎座増生

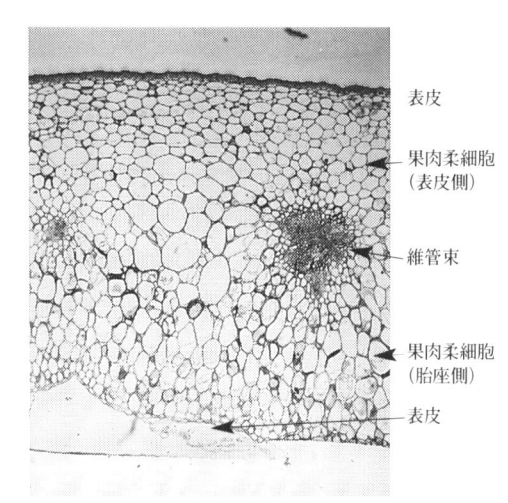

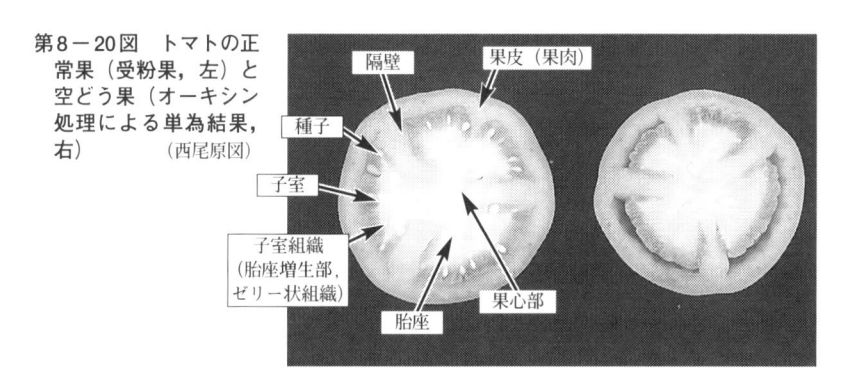

第8－19図　開花後14日目のトマト果肉柔細胞およびの維管束　　　　（棚池・西尾原図）

第8－20図　トマトの正常果（受粉果，左）と空どう果（オーキシン処理による単為結果，右）　　（西尾原図）

部)の分化・発達が見られ,開花後15日目の子室は子室組織で埋まったが,受粉果と同様に肥大成長した合成オーキシン誘導単為結果果実においては受粉果より早く子室組織(胎

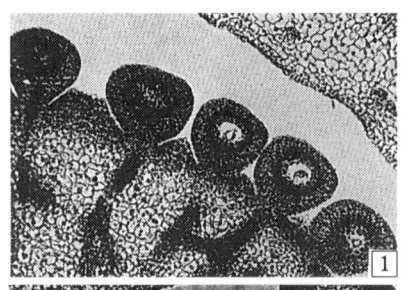

第8-21図　正常なピーマン果実の横断面および縦断面　　　　　　　　　　(西尾原図)

第8-22図　トマト果実の胚珠および子室組織の発達　　(Asahira et al., 1968)
1. 開花日の子室。胚珠の間に子室組織の原基が発生
2. 開花後6日目の受粉果の胚珠
3. 開花後6日目のオーキシン処理果の胚珠。胎座からの組織発達
4. 開花後10日目の受粉果の子室組織の発達
5. 開花後10日目のオーキシン処理果の子室組織の発達

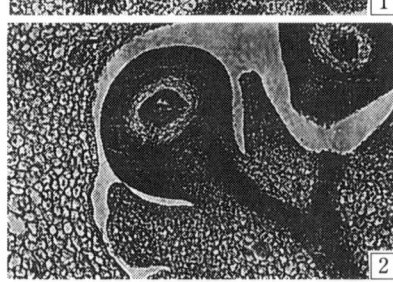

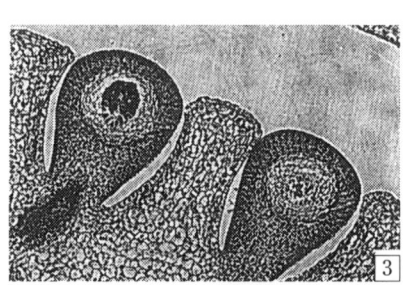

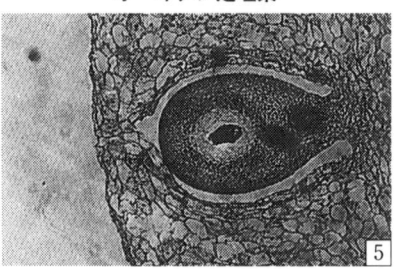

受粉果

オーキシン処理果

受粉果

オーキシン処理果

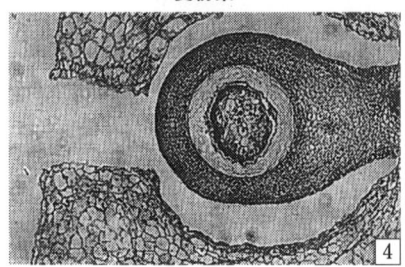

座増生部）が分化したにもかかわらず，その後の発達は見られず，開花後15日目には子室に空どうが生じたと報告している（第8-22図）。さらに，オーキシン誘導単為結果果実にはサイトカイニン含量が受粉果より少なかったことから，空どう果発生にはオーキシン含量とサイトカイニン含量のバランスが関与していることを示唆している。過剰のオーキシン処理によって誘発されるトマトの空どう果発生は，サイトカイニンによって抑制されることも示されている。

　細胞分裂や肥大にかかわるサイトカイニンやオーキシン含量の果実肥大初期におけるアンバランスは，果実各部位の成長のアンバランスを引き起こす。合成オーキシ処理で果実のオーキシン含量が著しく高まることにより，果皮や隔壁の成長が促進されるが，サイトカイニン含量が相対的に低く，胎座部や果心部の組織発達が伴わないとき，子室に空どうができると思われる。

Ⅲ 発育と環境

第9章　収穫後の生理現象と鮮度保持

野菜の多くは，収穫後まだ成長をしている。つまり葉，茎，根や果実は植物体から切り離された後も呼吸や蒸散をしており，水分補給はできないため乾燥しがちである。この呼吸により貯蔵養分は消費され，色，香り，成分などの品質は低下していく。また，呼吸や蒸散は収穫後の環境条件により著しく左右されるため，収穫後の調製とともにその後の管理が鮮度保持に重要になってくる。

第1節　収穫後の生理現象

1.　呼　吸

収穫後の各器官は，呼吸と蒸散をしている。**呼吸**によって酸素を取り込み，貯蔵物質を消費しながら生命維持活動を行ない，その結果生じる二酸化炭素を排出している。そこで呼吸の程度は，酸素と二酸化炭素の容積比であるO_2/CO_2で示され，ふつうそれを**呼吸商**（RQ）と呼ぶ。このRQ値によりどのような物質が呼吸の基質に使われているかを推定できる。

野菜の呼吸は種類によってかなり異なる（第9-1表）。一般に成長が盛んで栄養成長をしている器官を収穫部位とする葉菜では呼吸は著しく盛んである。一方，貯蔵機関である根やイモ類などの根菜では，葉菜に比べ呼吸は小さい。トマトやナスの果菜では，両者の中間の呼吸量を示す。

呼吸には，次の要因が関係しており，それを制御することにより鮮度を保持できる。

①**温　度**　呼吸は一般に温度が上昇するほど盛んになる。温度が10℃上昇

第9章 収穫後の生理現象と鮮度保持

第9-1表 各種野菜の呼吸量 (緒方ら, 1952)

種類	品種	CO_2 mg/kg/hr
タイサイ	雪白	353.8
ホウレンソウ	スタンドウエル	269.8
チシャ	メーキング（結球）	154.6
	ブラック・シーテッドシムソン（不結球）	339.9
キャベツ	野崎中生	91.5
キュウリ	聖護院節成	128.1
ナス	真黒	138.0
トマト	三元×世界一	48.0
イチゴ	（雑多）	96.2
ソラマメ	讃岐長莢	96.2
インゲンマメ	衣笠	202.0
ジャガイモ	アリー・ローズ	13.9
タマネギ	泉州黄	24.9
ニンジン	時ナシ，五寸	100.5

第9-2表 野菜の呼吸量の温度係数Q_{10} (Platenius, 1943)

種類	$0.5 \sim 10℃$	$10 \sim 24℃$	種類	$0.5 \sim 10℃$	$10 \sim 24℃$
アスパラガス	3.5	2.5	ニンジン	3.3	1.9
エンドウ	3.9	2.0	レタス	1.6	2.0
インゲンマメ	5.1	2.5	トマト	2.0	2.3
ホウレンソウ	3.2	2.6	キュウリ	4.2	1.9
トウガラシ	2.8	3.2	ジャガイモ	2.1	2.2

すると呼吸がどれくらい促進されるかは**温度係数Q_{10}**で示され，その値はだいたい2に近い。野菜のQ_{10}は種類によってかなり変異があるが（第9-2表），10℃以下では高い値を示すため，これより低温にすることで呼吸は急速に低下し，貯蔵に適した温度になる。第9-3表に，野菜の最適冷蔵条件と貯蔵期間を示した。

②**湿度** 湿度によっても呼吸は左右され，乾燥状態では湿潤状態に比べ呼吸は抑制される（第9-1図）。そこで呼吸の盛んな葉菜類では，収穫直後に予備的に乾燥処理をする予措処理が，呼吸を抑える重要な手段となる。

③**ガス環境** 大気中にはO_2約21％，CO_2 0.03％含まれている。野菜はO_2濃

第9-3表 各種野菜の最適冷蔵条件と貯蔵期間

(Ashrae Guide and Date Book, 1962)

野菜の種類	貯蔵温度 (℃)	関係湿度 (%)	貯蔵期間	凍結温度 (℃)	水分含量 (%)
アスパラガス	0	90～95	3～4週	－0.61	93.0
キャベツ	0	90～95	3～4月	－0.88	92.4
ケール	0	90～95	2～3週	－0.49	86.6
メキャベツ	0	90～95	3～4週	－0.83	84.9
カリフラワー	0	90～95	2～3週	－0.77	91.7
ブロッコリー	0	90～95	7～10日	－0.61	89.9
セルリー	0	90～95	2～4月	－0.49	93.7
レタス	0	90～95	3～4週	－0.17	94.8
ルバーブ	0	90～95	2～3週	－0.94	94.9
ホウレンソウ	0	90～95	10～14日	－0.28	92.7
西洋カボチャ	10～13	70～75	2～6月	－0.83	90.5
キュウリ	7～10	90～95	10～14日	－0.49	96.1
ナス	7～10	85～90	10日	－0.77	92.7
トマト（緑熟）	13～21	85～90	2～5週	－0.55	94.7
トマト（完熟）	0	85～90	7日	－0.49	94.1
トウガラシ（シシ系）	7～10	85～90	8～10日	－0.72	92.4
トウガラシ（タカノツメ系, 乾燥）	0～5	65～75	6～9月	－	12.0
ニンジン（葉付）	0	90～95	10～14日	－	－
ニンジン（根部）	0	90～95	4～5月	－1.38	88.2
ダイコン	0	90～95	2～4月	－	93.6
カブ（根部）	0	90～95	4～5月	－1.05	90.9
サツマイモ	13～16	90～95	4～6月	－0.27	68.5
ジャガイモ	3～10	85～90	5～8月	－0.61	77.8
タマネギ	0	70～75	6～8月	－0.77	87.5
ニンニク（乾燥）	0	70～75	6～8月	－0.83	74.2
イチゴ	0	85～90	7～10日	－0.77	89.9
インゲンマメ（さや）	8	85～90	8～10日	－0.72	88.9
ライマービン	0～5	85～90	10～15日	－0.55	66.5
グリンピース	0	85～90	1～2週	－0.61	74.3
スイートコーン	0	85～90	4～8月	－0.61	73.9
ポップコーン	0～5	85	5～8月	－	－
マッシュルーム	0～2	85～90	3～5日	－0.88	91.9
オクラ	10	85～90	7～10日	－1.82	89.8
野菜種子	0～10	50～65	－	－	－

度がかなり低下しても正常に呼吸をするが，ある限界以下に低下すると呼吸は抑えられ無気呼吸をする。無気呼吸ではO_2不足による障害が発生するが，この限界以上なら品質に影響なく呼吸を抑制できる。その限界はホウレンソウとインゲンマメでは約1％，アスパラガスでは2.5％，エンドウとニンジンでは4％であり，これよりやや多いくらいにO_2を制限することで呼吸は抑えられ，鮮度は長く保たれる（第9−2図）。

④**機械的損傷** サツマイモやジャガイモでは栽培中あるいは収穫時に受けた傷により，呼吸が増大することがあり，障害呼吸と呼ばれている。とくにイモが切断されると呼吸が増大し，切断表面に近いほど呼吸活性が高い（第9−3図）。

⑤**成長調節物質** 野菜の各種生理機能は，植物ホルモン

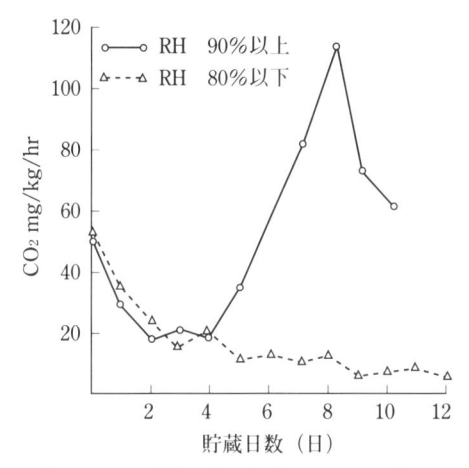

第9−1図 関係湿度の相違がバナナ果実の追熟中（24℃）の炭酸ガス排出量に及ぼす影響 (Haard et al., 1969)

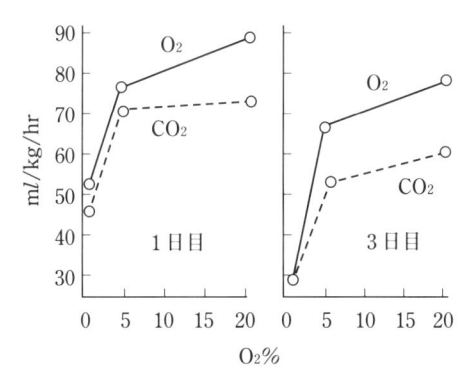

第9−2図 酸素濃度がホウレンソウの呼吸に及ぼす影響 (Platenius, 1943)

など成長調節物質により制御を受けていると考えられる。呼吸もサイトカイニンによる制御を受けていると考えられる。アスパラガス，セルリー，ブロッコリーではベンジルアデニンの10ppm液に浸漬することにより，貯蔵中の呼吸を抑制できる（第9−4図）。

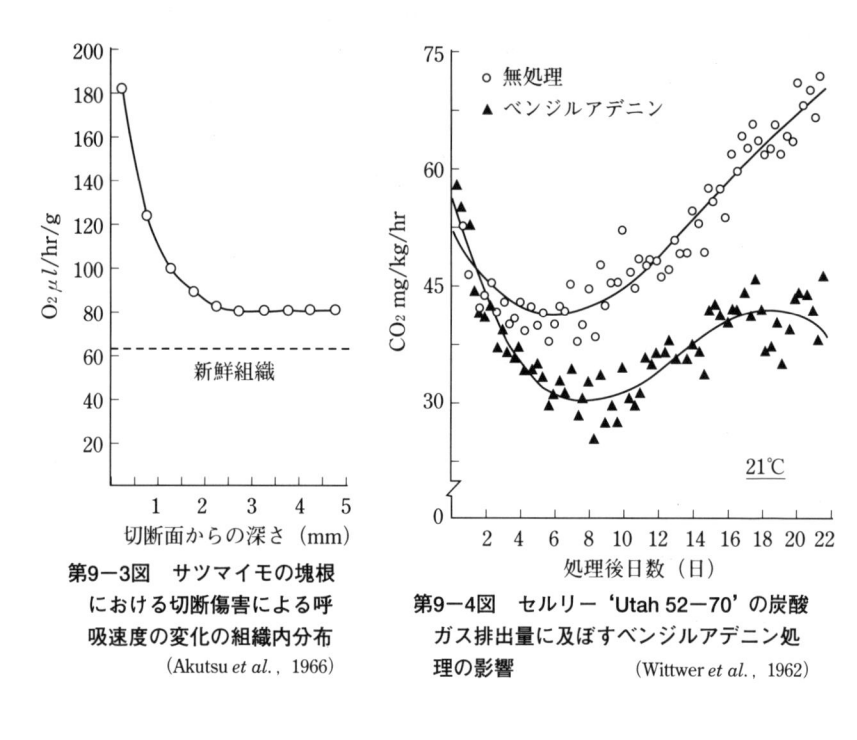

第9−3図　サツマイモの塊根における切断傷害による呼吸速度の変化の組織内分布
(Akutsu et al., 1966)

第9−4図　セルリー'Utah 52−70'の炭酸ガス排出量に及ぼすベンジルアデニン処理の影響
(Wittwer et al., 1962)

2. 蒸　散

　地上部では**蒸散**が起こり，それを補う水分を根から吸水している。しかし，収穫された器官では水分の吸収はなく，表面からの蒸散に加えて切り口から水分を失っており，水分維持が鮮度保持にはきわめて重要になる。収穫時の重量の5％程度の水分が失われると，組織に弾力がなくて光沢を失ったり，しわがよったりして，鮮度に影響が出る。
　蒸散は次の要因により左右される。
　①野菜の種類による違い　収穫された器官からの蒸散は，種類によってかなり異なる。一般に葉菜類では蒸散が激しいが，イモ類，直根などの根菜類では蒸散は小さい。一方，茎菜や果実類では両者の中間になる場合が多い。
　②熟　度　幼植物では蒸散は激しいが成育するにつれて組織が発達するため，蒸散は低下する。野菜の多くは未熟な段階で収穫されるため一般に蒸散は

第9-4表 野菜, 果実の種類による蒸散特性　　（樽谷, 1963）

	蒸散特性	野　菜	果　実
A型	温度が低くなるにつれて蒸散量が極度に低下するもの	ジャガイモ, サツマイモ, タマネギ, カボチャ, キャベツ, ニンジン	カキ, ミカン, リンゴ, ナシ, スイカ
B型	温度が低くなるつれて蒸散量も低下するもの	ダイコン, カリフラワー, トマト, エンドウ	ビワ, クリ, モモ, ブドウ（欧州種）, スモモ, イチジク, メロン
C型	温度にかかわりなく蒸散が激しく起こるもの	セルリー, アスパラガス, ナス, キュウリ, ホウレンソウ, マッシュルーム	イチゴ, ブドウ（米国種）, サクランボ

激しいが, 果菜では組織は充実しているため蒸散は比較的小さい。

③**温　度**　環境要因の中で温度は, 蒸散にもっとも影響を及ぼす。蒸散は高温で促進され, 低温で低下するので, 青果物は一般に**コールドチェーン**で流通され, 冷蔵されることになる。

貯蔵温度と蒸散の関係は, 野菜の種類によってかなり異なり, 3つの型に分けられる（第9-4表）。A型のジャガイモやタマネギでは低温ほど蒸散が極度に低下する。B型のカリフラワーやトマトでも, 低温にするほど蒸散は低下する。しかし, C型のナスやキュウリでは冷蔵効果がなく, 温度にかかわらず蒸散が激しく起こる。

④**湿　度**　青果物の周囲の湿度

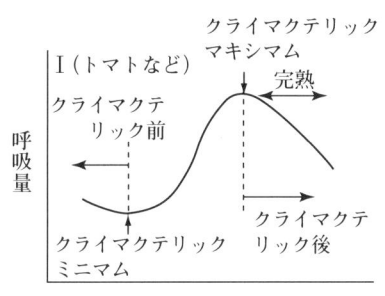

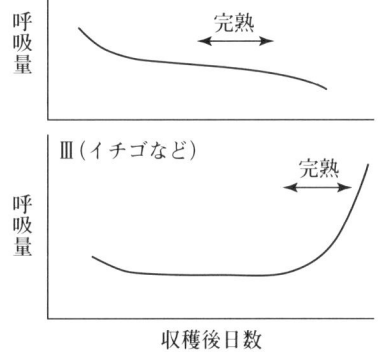

第9-5図　果実の成熟に伴う呼吸型
（岩田, 1993）
Ⅰ　クライマクテリック型（一時上昇型）
Ⅱ　ノンクライマクテリック型（漸減型）
Ⅲ　末期上昇型

は蒸散に影響を及ぼす。青果物の置かれた温度での飽和蒸気圧 Pa と実際の蒸気圧 pa の差，つまり飽差が大きいほど蒸散は激しくなることになる。

⑤風　青果物では表皮構造が発達しているため，比較的風速の影響は小さいが，風のないほうが蒸散は少なくなる。

⑥追　熟　多くの果実では未熟から完熟に近づくときに呼吸の増大が見られるが，種類によっては収穫後にそれが起こり，クライマクテリックライズと呼ばれる（第9-5図）。

第2節　収穫後の鮮度保持技術

①抽だい防止　収穫後も器官は成長しており，とくにアスパラガスなどの若茎は伸長し（第9-6図），ブロッコリーの花らいの花芽は開花したり，ハクサイの花茎は抽だいしたりする。そこで，これらの発育が起こらないよう低温下に置く必要がある。

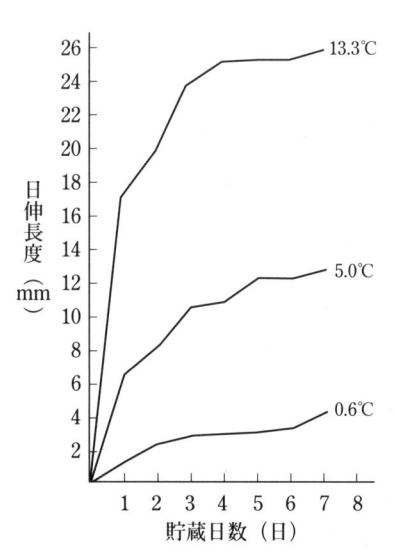

第9-6図　収穫されたアスパラガスの伸長と温度の関係

(Bisson *et al.*, 1926)

②予措乾燥　収穫後に貯蔵する前に軽く風乾させる予措乾燥により，貯蔵性がよくなる。とくに水分が多いハクサイやキャベツなどの葉菜類は，冷蔵する前に予措乾燥することは有効である。

③キュアリング　サツマイモでは，収穫後，高温・多湿状態に置くことにより，収穫時の切り口にコルク層が発達し，黒斑病などの罹病を防ぐとともに低温に対する貯蔵性が増す。

④予　冷　青果物を輸送あるいは冷蔵する前に，品温を急速に一定の温度まで下げることである。この処理をすることにより，輸送

性，貯蔵性を高めることができる。この予冷は，コールドチェーンの第1段階になる．予冷の方式には気温を低下させる**エアークーリング**が一般的であり，自然対流冷却，強制通風冷却と差圧通風冷却がある（第9-7図）．エアークーリングよりも，水で品温を下げる**ハイドロクーリング**のほうがより効果的である．もっとも効果的に品温を下げるのは減圧下で蒸散させる**バキュームクーリング**となる（第9-5表）．バキュームクーリングの効果は種類によって異なり，葉菜類やエンドウ，スイートコーンは急速に冷却され，ハナヤサイ，インゲン

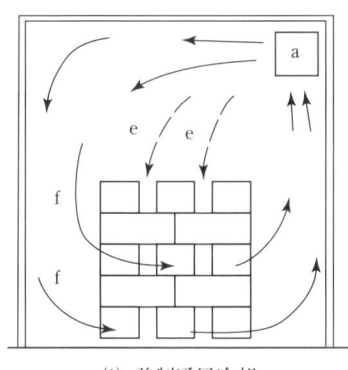

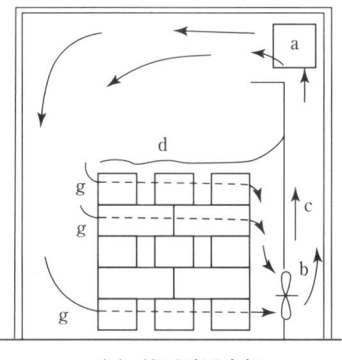

(i) 強制通風冷却　　　　　　(ii) 差圧通風冷却

第9-7図　強制通風冷却と差圧通風冷却の概要　(黒田，1981)
a：冷却器（クーラー）　b：差圧ファン　c：差圧部　d：遮へいシート
e：このような箱と箱の間は冷風が通りにくい
f：冷風は積み重ねた箱の外側を通る
g：差圧通風冷却では箱に孔をあけておくと冷風は箱の中を通りやすい

第9-5表　予冷の方法と得失　(緒方，1977)

予冷方式	得失
ハイドロクーリング { 浸漬式　散水式　降水式	(1) 表面積の小さい果実，果菜類に適す (2) 経費が安い 　・被予冷物が濡れ，水が汚染しやすい
エアークーリング { 自然対流冷却　強制通風冷却	(1) 大半の青果物に適す 　・冷却速度やや遅い
バキュームクーリング	(1) 冷却速度もっとも速い (2) 包装法の影響を受けにくい 　・適用品目が限定される

マメ，イチゴも冷却は早く，根菜類や果菜では効果は劣る。

⑤**フィルム包装** 青果物を直接保存するより，プラスチックフィルムで包装することにより貯蔵性は高まる。これはフィルムの種類によって異なるガス透過性を利用して**MA**（modified atmosphere；ガス制限）条件を作り出しているものである。ブロッコリーのMA貯蔵でO_2 3％，CO_2 5％を保つことにより，緑色保持と異臭の防止効果が見られる。

フィルム資材として，透湿性が低く透気性の高い低密度ポリエチレン，ポリ塩化ビニール，ポリプロピレンがある。中でも低密度ポリエチレンは次の理由からもっとも貯蔵性に優れている。①透湿性，透気性でもっとも青果物包装に適している。②化学的に非常に安定。③温度によって変性しない。④食品衛生上の問題がない。⑤密封性がもっともよい。⑥安価である。

⑥**放射線照射** 休眠しているイモ類やりん茎の発芽は，放射線照射により抑

第9－6表　食品貯蔵における放射線の利用場面　　（茶珍，1992）

	利用場面	適用線量 (kGy)	適用範囲	備　考
低線量	発芽抑制	0.05～0.5	ジャガイモ，タマネギ，ニンニク，クリなどの発芽抑制，ニンジンの抽だい防止	休眠期中の照射がよい。分裂細胞の障害，室温貯蔵可能
	殺虫・殺卵	0.1～1.0	貯蔵穀類，飼料，乾燥食品の害虫駆除，熱帯果実類のミバエ類の殺虫・殺卵	放射線抵抗性は，卵＜幼虫＜蛹＜成虫。果実の追熟抑制
中線量	熟度調節組織の軟化など	0.5～5.0	果実の追熟抑制，渋ガキの脱渋，アスパラガスの組織の軟化	クライマクテリック型果実に効果あり
	表面殺菌	1.0～10.0	果実・野菜類，魚介類・水産ねり製品の表面殺菌	食品の種類によっては電子線が有効
高線量	完全殺菌	10.0以上	加工食品の殺菌・改質	化学成分の変化，照射臭の発生，副反応の防止が必要

制される。用いられる放射線は主にガンマー（γ）線とベーター（β）線である。γ線はβ線より透過力は強いが，ともに物質に吸収されるとそれをイオン化する性質があり，照射された体内の害虫や組織の発育を抑制する作用を持つ。食品照射の分野に用いられる放射線の単位はrad（1rad=100erg/g）とGy（gray，1Gy=1J/kg=100rad）がある。現在ではジャガイモの発芽抑制のために最高15krad（0.15kGy）のγ線を照射することが許可されている（第9-6表）。

第3節　流通過程での鮮度保持技術

1．コールドチェーン

日本における**コールドチェーン**は1965年に始まり，その定義は「生鮮食料品を生産者から消費者まで，所定の低温に保持しながら流通を図る仕組み，すなわち低温流通機構」である（第9-8図）。これは生産者から消費者に伝えられるまでのすべての工程を低温下におき，鮮度保持しようとするものである。野菜の種類によって鮮度保持に適した温度はやや異なり，またその温度は輸送期間によっても若干異なる（第9-7表）。輸送期間が長くなるほど要求される温度は低くなり，6日を超えると低温貯蔵の適温と同じになる。

冷却方式には氷槽式，機械冷却式，冷却板式，液体窒素式や酸素抑制式があり，それぞれに特徴がある。通常の場合には維持費が安くて温度設定幅の

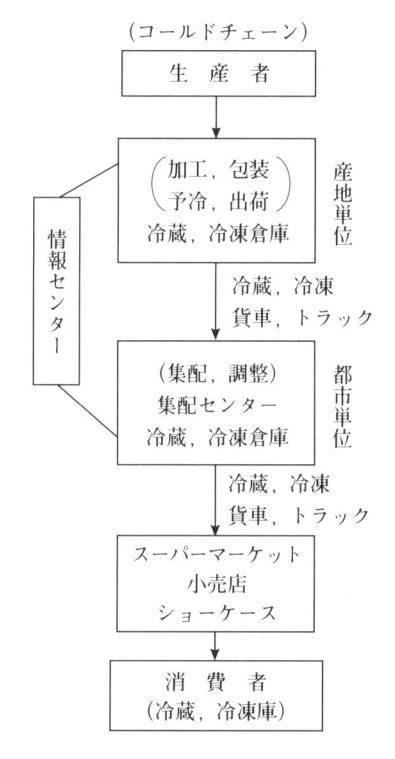

第9-8図　コールドチェーンシステムの模式図　（中村，1977）

第9-7表 青果物の低温輸送の推奨温度
(国際冷凍協会1974年勧告)

(長谷川, 1975)

野　菜	1～2日の輸送	2～3日の輸送
アスパラガス	0～5℃	0～2℃
ハナヤサイ	0～8	0～4
キャベツ	0～10	0～6
メキャベツ	0～8	0～4
レタス	0～6	0～2
ホウレンソウ	0～5	推奨できない
トウガラシ	7～10	7～8
キュウリ	10～15	10～13
インゲンマメ	5～8	推奨できない
サヤエンドウ	0～5	推奨できない
カボチャ	0～5	推奨できない
トマト(未熟)	10～15	10～13
トマト(成熟)	4～8	推奨できない
ニンジン	0～8	0～5
タマネギ	－1～20	－1～13
ジャガイモ	5～10	5～20

広い機械冷却式を備えたコンテナトラックが主体となる。近年では冷凍食品も増加してきたため,冷凍設備を備えたトラック輸送もよく見かけるようになった。

2. CA貯蔵

CA (controlled atmosphere storage) 貯蔵は,貯蔵時の環境におけるガス組成をコントロールすることによって,貯蔵性を付加させようとするものである。青果物の鮮度保持のために重要なことは呼吸により消耗を防ぐことである。呼吸を抑制するためにはまず低温条件にすることであって,低温貯蔵法が利用される。さらに,呼吸を抑制するためには周囲のガス組成を制御することにより,O_2濃度を下げ,CO_2濃度を上げることで呼吸による生体の消耗を防ぐ方法がとられる。

CA貯蔵条件は第9-8表に示すように,トマトでは温度を12～20℃,O_2を3～5%,CO_2を2～3%にするのがよいとされている。

3. 冷凍貯蔵

米国では1940年代より冷凍産業が飛躍的に拡大したが,日本では1960年代より急速に伸びてきた。このことにはファーストフードの社会的要請にも適合しているが,とくに冷凍食品の持つ優れた特性にもよっている。冷凍食品の特徴として,①高品質の保持,②食品の安定供給の可能化,③食事の簡便化・豊富化などが挙げられる。野菜ではエンドウ,スイートコーン,ブロッコリー,インゲンマメ,ホウレンソウなどが冷凍貯蔵される。

第9章 収穫後の生理現象と鮮度保持 193

第9−8表 野菜のCA貯蔵条件

(Saltveit, 1985)

品 目	温 度* (℃)	気 相	
		O_2 (%)	CO_2 (%)
アーティチョーク	0 (1〜5)	2〜3	2〜3
アスパラガス	2 (1〜5)	空気	10〜14
ブロッコリー	0 (0〜5)	1〜2	5〜10
メキャベツ	0 (0〜5)	1〜2	5〜7
キャベツ	0 (0〜5)	2〜3	3〜6
カリフラワー	0 (0〜5)	2〜3	3〜4
セルリー	0 (0〜5)	2〜4	3〜5
ハクサイ	0 (0〜5)	1〜2	0
キュウリ (生食用)	12 (8〜12)	1〜4	0
キュウリ (ピクルス用)	4 (1〜4)	3〜5	3〜5
レタス (結球レタス)	0 (0〜5)	1〜3	0
レタス (カットサラダ)	0 (0〜5)	1〜3	0
レタス (リーフレタス)	0 (0〜5)	1〜3	0
メロン (カンタロープ)	8 (5〜10)	3〜5	10〜20
マッシュルーム	0 (0〜5)	空気	10〜15
オクラ	10 (7〜12)	空気	4〜10
タマネギ	0 (0〜5)	0〜1	0
パセリー	0 (0〜5)	8〜10	8〜10
ベルペパー	12 (8〜12)	2〜5	0
ホウレンソウ	0 (0〜5)	7〜10	5〜10
スイートコーン	0 (0〜5)	2〜4	5〜10
トマト	12 (12〜20)	3〜5	2〜3
チコリー	0 (0〜5)	3〜4	4〜5

注．第4回国際CA研究集会，1985より
＊至適温度（推奨温度域）

　冷凍貯蔵中の品質変化は温度によってかなり異なる。−10℃程度の貯蔵では急速に変性が起こるため−20℃以下での貯蔵が好ましいことになる（第9−9表）。また，冷凍貯蔵中の酵素的変化を抑えるため，野菜ではブランチング（加熱処理）をして，酵素を不活性化してから凍結するのが一般的である。

第9-9表　野菜の各種冷凍食品の貯蔵可能期間

(金子, 1975)

品　目	貯蔵可能期間（月）		
	＋10°F (-2℃)	0° (-18℃)	-10°F (-23℃)
アスパラガス	4～6	8～12	16～18
インゲンマメ	4～6	8～12	16～18
ブロッコリー	6～8	14～16	24以上
メキャベツ	4～6	8～12	16～18
カリフラワー	6～8	14～16	24以上
軸つきコーン	4～6	8～10	12～14
カットコーン	12	24	36以上
ニンジン	12	24	36以上
マッシュルーム	3～4	8～10	12～14
ピース	6～8	14～16	24以上
ホウレンソウ	6～8	14～16	24以上

4. 貯蔵・輸送中のエチレン発生

レタスとリンゴをともに貯蔵・輸送すると，リンゴ果実から発生するエチレンのため，レタス葉の中肋の両側あるいはひどい場合には葉身に褐変病斑を生じる。また，果実から発生するエチレンにより，ともに貯蔵されたカーネーションではつぼみが開かなくなる眠り病などの障害が知られている。

　エチレンの生理活性濃度は0.01～0.1ppmといわれるが，果実や野菜類では0.1～1ppm程度で反応が起こる。果実類のエチレン発生量は未熟果では非常に少ないが，成熟につれて増加し$100\,\mu l/kg\cdot h$を超えるものもある。

　他にエチレンにより輸送・貯蔵上で問題となるものに次のようなものがある。①果実類（メロン，トマトなど）の追熟促進，②未熟果（キュウリ，カボチャなど）や葉菜類の老化や緑色の退色，③葉柄の離脱（キャベツ，カリフラワーなど），④アスパラガスの繊維化。

第10章　環境制御と野菜の反応

　野菜生産の多くは装置化された条件下で行なわれるようになった。野菜を簡単に被覆するだけで低温期にでも栽培できるようになり，また畦をフィルムで覆うだけでかん水を減らし，雑草の繁茂や病虫害を防げるようになる。本章では栽培施設の装置化と野菜の反応を説明する。

第1節　環境制御による野菜生産の発展

　野菜生産は穀物生産と異なり，収量を増加させるだけでなく，消費者につねに新鮮な青果を供給できる周年栽培が発達してきている。周年栽培のためには発育制御が可能なことと，野菜の成育が可能な環境を作り出すことが必要となる。

1. 野菜生産の特徴

　食料生産も工場生産のように，機械を動かせば昼夜に関係なくできるのだと思っている人があるが，食料生産は次の3条件に大きく制約されており，工場生産にはなりにくい。

　①時間：植物の成育は春夏秋冬の季節の制約を受けている。それを克服しようとして，今日では発育制御・品種改良などにより，促成栽培，抑制栽培など，季節にとらわれない不時栽培が確立されている。

　②土地：土壌条件により畑作，水田など適地があり，また根菜，花菜などそれぞれに適した土壌がある。これらの制約を除いたのが養液耕で，養液耕を行なえばトマトの連作も可能となり，土地の制約をある程度克服することが可能になった。

196　Ⅲ　発育と環境

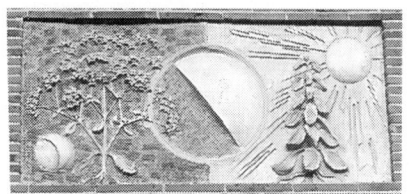

太陽が生育を調節
左側のカランコエは短日で開花

根が地上部を支持
左の植物では根がよく発達し、大きな花を咲かせている

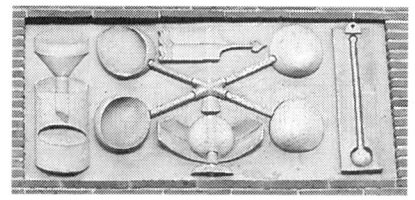

各種気象要因
左が雨量計、真ん中が風速計、右が温度計を示し、気象測定が重要なことを現している

葉や花芽が規則正しく配列
丸い枠内に示したごとく葉も花も幾何学的に配列

第10-1図　イギリス、ワイカレッジ・園芸学科のレリーフ

③光：野菜の成育は、ほとんど太陽に依存している。太陽光の熱は貯蔵できるが、光質そのものの貯蔵は今でもできない。人工光は光源からの距離が離れるほど明るさは弱くなるが、この点でも人工光は太陽光にはかなわない。太陽は地球から1億5,000万km離れており、地球上で多少場所が違っても、受ける光の強さはほとんど変わらない。

英国のワイカレッジ・園芸学科の壁には第10-1図のようなレリーフがあり、園芸作物の成育と環境の密接な関係を示している。これら3つの条件が必要でない種類、例えばモヤシとかカイワレなどは、工場的生産をすることは可能である。

2．園芸の立地条件を生かした施設化

野菜生産では適地適作が原則となり、その立地条件として、施設園芸では光と温度がもっとも重要になる。詳しく見ると、第10-1表に示したように、平均気温、降水量、晴天日数、日射量、日照時間が関係する。気候区分で見ると、施設園芸地帯は南海型と呼ばれる地域に分布している。表に見られる高知、宮

第10−1表　園芸地帯の気象比較　　　(理科年表，2000)

	年平均気温（℃）			降水量/年(mm)	日照時間/月(時間)	月別天気日数		全天日射量の月平均（2月）(MJ/m^2)
	最低	平均	最高			快晴	曇	
京都〔対照〕	11.0	15.3	20.4	1,581	1,708	3	5	9.2（彦根）
高松〔対照〕	11.0	15.3	19.8	1,147	2,116	4	5	10.2
銚子（千葉）	12.1	15.0	18.2	1,741	1,911	8	6	9.9（東京）
浜松（静岡）	12.1	15.7	19.9	1,884	2,133	12	5	11.3（名古屋）
潮岬（和歌山）	13.9	16.8	20.0	2,641	2,144	9	4	12.1
高知	11.9	16.4	21.6	2,582	2,107	8	4	12.2
宮崎	12.6	17.0	21.9	2,346	2,103	10	4	12.2
鹿児島	13.3	17.6	22.3	2,237	1,875	5	7	10.7

崎などの代表的な園芸地帯では，冬季の最低気温が高いだけでなく，日照時間が長くて晴天日が多く，またその光も強いという恵まれた好条件を備えている。

　高温期には高冷地を利用した山上げ栽培など，暖地と高冷地の気候を生かした栽培が考えられる。日本各地の気候は一様でなく，温度上昇の早い地帯と温度低下の遅い地帯など，それぞれの気象条件をうまく取り入れた栽培が各地で工夫されている。

3. 促成栽培と抑制栽培

　促成栽培とは早出しとも呼ばれるが，正確にはハウスなどの利用による果菜類などの早播き，あるいは環境制御による成育促進により，普通栽培より収穫が前進することを指す（第10−2図）。『広辞苑』には，「温度や光線などの調節で，野菜・花卉の発育を促し，普通栽培よりも早く収穫する栽培法」とあり，促成の意味は短期間に成育させることだけではない。同様に，**抑制栽培**は単に成育を遅らせることではない。『広辞苑』には，「栽培地の気温の差や，成育後期にハウス栽培を利用したりして，端境期に生産出荷できるように栽培する方法」とある。つまり，普通栽培より遅くて収穫できない低温期に，トンネルやハウスを利用して栽培することを指す。ただ，種類によってはインゲンマメのように，後期の露地栽培を抑制栽培と呼ぶこともある。また，イチゴでも，冷

198 Ⅲ 発育と環境

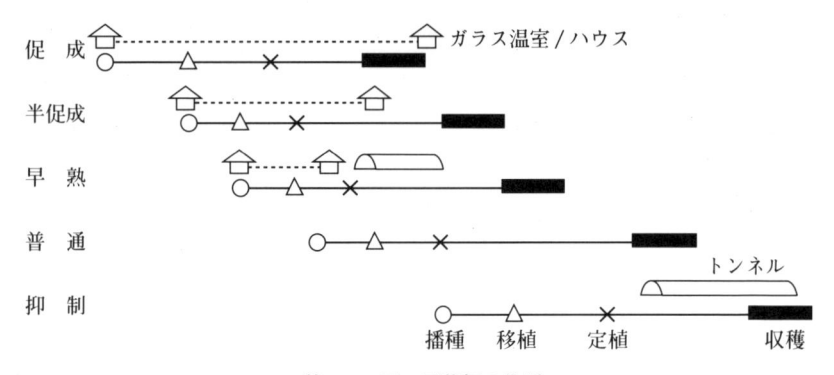

第10-2図　果菜類の作型

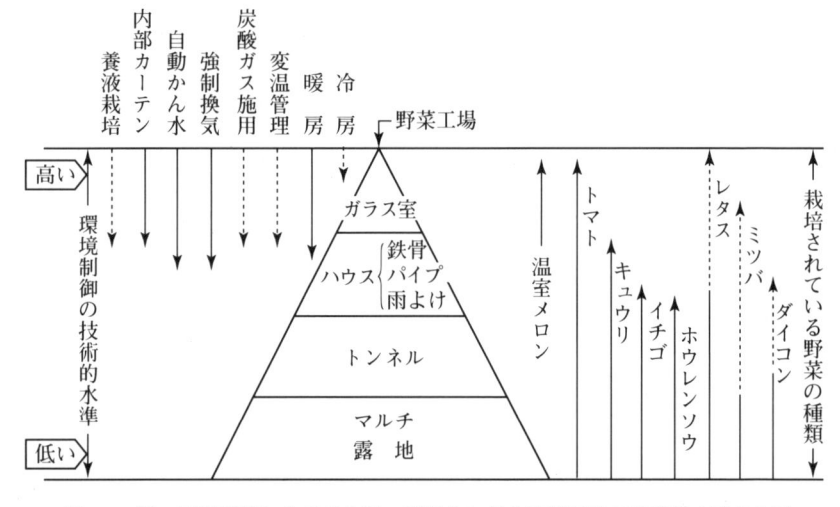

第10-3図　野菜栽培における施設・装置化に伴う環境制御の技術的水準の上昇

（日本施設園芸協会編，1986）

注1. 野菜栽培の場として，露地（裸地およびマルチ），トンネル，ハウス（雨除け，パイプハウス，鉄骨ハウス），ガラス室となるに従い，環境制御の技術的水準が高くなり，それらの技術が結集された野菜工場はその頂点に立つことを示している
 2. 左側の環境制御の各項目は，実線はかなり普及しているもの。破線は，それほどではないものを指し，いずれも線のある範囲で行なわれている
 3. 右側の野菜名は栽培されている場を示している。例えば，トマトは露地（主に加工トマト），トンネル，ハウス（主に生食用一般種）およびガラス室（主にファースト種）で栽培されているが，野菜工場（人工光型）では栽培が難しい。レタスは露地，トンネルで栽培されるが，ハウスやガラス室では栽培が少ない。しかし野菜工場（人工光型）では，リーフレタスやサラダナが栽培されている，などのことを示している

蔵苗を普通期より後に植える作型を抑制栽培と呼んでいるが，これは実際には促成栽培より早期に果実を収穫できる．

ハウスなどの施設の利用期間で区別すると，全期間施設を利用するのが促成栽培，成育の前半までをハウスなどで栽培し，その後フィルムなどの被覆資材を取る栽培法は**半促成栽培**となる．また，施設で育苗した苗をトンネル内に植えたり，あるいは苗だけホットキャップを被せたりして，その後それらの被覆を取って栽培するのが**早熟栽培**である．

一方，葉菜類や根菜類では，品種あるいは播種時期で栽培を区別することが一般的で，春播き，秋播き，あるいは春どり，秋どりと呼ぶことが多い．

4．栽培技術との関連

露地栽培から施設園芸まで，装置化が進むほどそれを使いこなす技術が必要となる（第10－3図）．露地あるいはトンネル栽培では比較的容易に栽培できるが，ハウス栽培になると施設利用効率を高めるために，輪作計画が重要になり，栽培時期によって温度管理などが重要になってくる．さらにガラス室栽培になると温度管理に付け加え，変温管理や培養養液管理，炭酸ガス施肥など，高度な技術を使いこなす必要が生じてくる．露地栽培の歴史は長く栽培技術はほぼ確立されているが，装置化栽培の技術はまだまだ体系化されておらず，とくに防除技術の確立が必要になってきている．

第2節　栽培施設の装置化

栽培施設のうちでもっとも重要なものはプラスチック資材の利用である．育苗資材として用いられて作業の効率化に貢献し，またトンネルやハウスの被覆資材として利用されることにより周年栽培が可能となってきた．育苗に用いられる培養土にも改良が加えられてきている．

1．育　苗

（1）温床育苗

長い間，低温期に果菜類の育苗をするのに，土に混ぜた堆きゅう肥などを微

200　Ⅲ　発育と環境

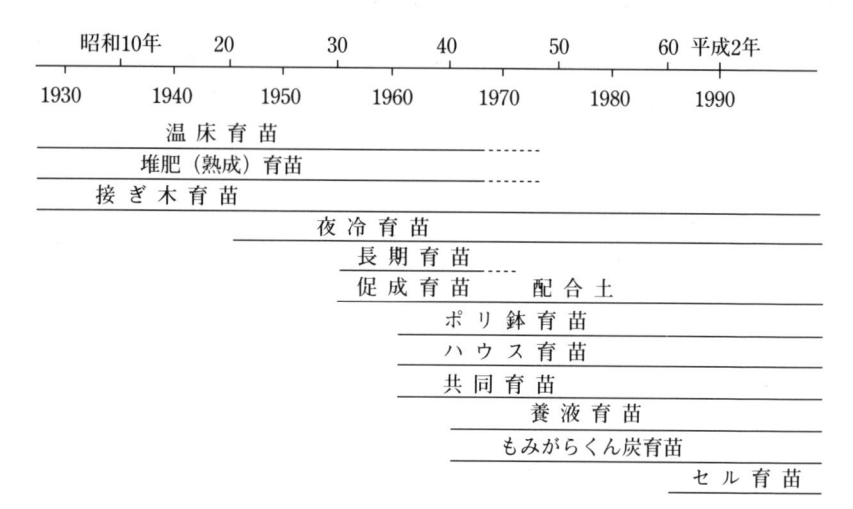

```
           昭和10年      20        30        40        50        60  平成2年
           |────┼────┼────┼────┼────┼────┼────|
         1930      1940      1950      1960      1970      1980      1990
              温床育苗
           ────────────────────────────────
              堆肥（熟成）育苗
           ──────────────────────────
                接ぎ木育苗
           ──────────────────────────────────────────
                          夜冷育苗
                       ────────────────────────────
                          長期育苗
                       ────────────────────────
                          促成育苗      配合土
                       ──────────────  ──────────
                              ポリ鉢育苗
                            ────────────────────
                              ハウス育苗
                            ──────────────────
                              共同育苗
                            ──────────────
                                  養液育苗
                                ──────────────
                                もみがらくん炭育苗
                                ──────────────
                                      セル育苗
                                    ──────────
```

第10-4図　果菜類の育苗方法の変化　　（崎山, 1994を修正）

生物が分解するときに発生する熱を利用していた。しかし，労働力の不足や有機物の確保が困難なため，堆きゅう肥が作られなくなり，熱源を他に求めるようになった。その結果，電熱線を地中に配線してサーモスタットを用いて一定温度に保つ，**温床育苗**が一般的になった（第10－4図）。しかし，近年ではフィルム資材や暖房設備が普及し，直接ハウス内で鉢育苗されるようになっている。

(2) セル育苗

1985（昭和60）年頃から，葉菜類の育苗にはプラグ苗あるいは**セル苗**などと呼ばれる，セルトレイ（第10－5図）を使った育苗が広がってきた。トレイの大きさは一般に30cm×59cmで，その中に100～300のセルと呼ばれる小穴があり，およそ40mmの深さがある。野菜の種類により，セルの大きさを変えたトレイを用いるが，その容積はあまり大きくないため育苗期間は制限され，容積の小さいものほど早く植え付ける必要がある。

このように根の成育できる容積が小さいという欠点はあるが，育苗生産システムができあがっているため，導入しやすい長所がある。また，セルトレイは

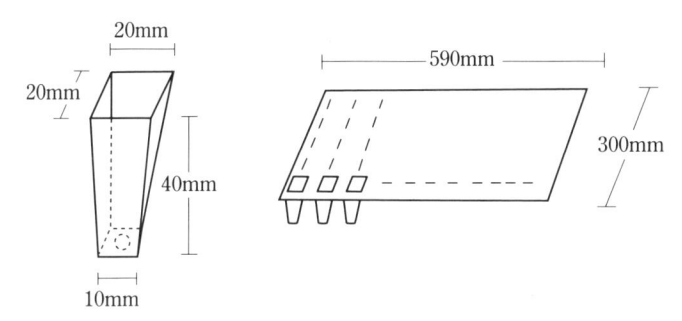

第10－5図　セルトレイの形状

くり返して使え，苗が小さいので大量に扱うことができ，定植などの作業がやりやすいなどの長所もあり，ほとんどの葉菜類の育苗に用いられるようになっている。

(3) 土壌改良材

育苗用土はまず清浄で病原菌を含まず，そのうえで排水性と保水性がよくて，適度の水分を保つことが要求される。また適度の**団粒構造**（81ページ，第4－3図参照）を持ち，根が十分伸びていける軟らかさで，できれば軽いことも重要な要因となる。最近では堆きゅう肥が作られなくなり，種々の**土壌改良材**（第10－2表）が用いられてきている。

代表的なものに，蛭石（ひるいし）を約1000℃の高温で焼いて粒子内孔隙を広げた**バーミキュライト**，真珠岩を約800℃で焼き軽石のようにしたパーライト，水ごけが堆積して完全には分解しないで泥炭化したピートモスなどがある。消毒した土壌にこれらを川砂などと混ぜ，培養土を作る。**ロックウール**は玄武岩を千数百度（℃）で溶かして繊維状にしたもので，ふつうは立方体に整形されている。

第10－2表　各種の土壌改良材

名　前	材　料	調整温度（℃）	土壌酸度
バーミキュライト	蛭石	1,000	弱酸性～弱アルカリ性
パーライト	真珠岩	800	中性ないし弱アルカリ性
ロックウール	玄武岩	1,500	弱アルカリ性～強アルカリ性
ピートモス	水ごけ	（堆積して泥炭化）	かなり強い酸性

育苗用土は，用いる土によって比率を変えるが，一例として土：砂：バーミキュライト：堆肥を3：1：1：1の割合で混合して用いる。バーミキュライトには粒子の大きさの違う2種類があり，ときには細かい微粒子をさらに除き，排水をよくすることも必要となる。ピートモスはかなり強い酸性なので，酸度調整をする。

2. べたがけ

露地栽培での定植苗の活着は，気象条件により大きく左右される。例えば，根が十分張らないうちに強風が吹くと，葉から水分が取られ，うまく活着できない原因になる。根が活着しないうちに害虫などの被害を受けると，その被害も大きい。しかし，定植後に野菜ごと畦を寒冷紗や不織布などで覆う（第10－6図）ことで，風や虫の害を防ぐことが可能になり，活着も促進されて植え傷みの減少につながる。この被覆は**べたがけ**と呼ばれ，1988（昭和63）年頃から普及してきた。

台風のよく襲来する台湾などでは，野菜そのものを覆うだけでなく，人の頭くらいの高さにも寒冷紗を被覆して2重に覆っている。最初の1枚目は乾燥防止や虫よけのため，2枚目は主に強風で葉が折れたり，互いが擦れ合って傷んだりしないためで，この2重がけによって，風害による傷のないよい収穫物を得ている。

べたがけ対象となる野菜はさまざまだが，乾燥害や害虫の被害を受けやすいコマツナやハクサイなどの葉菜類が多い。寒冷紗は目が粗く蒸れたりせず，何度も使えるので，経費的にも安価となる。

3. マルチ

野菜を植えた畦面に，敷きワラや敷き草をすると畦からの雑草の発生を抑えることができる。しかしワラが入手できなくなり，敷き草の効果も大きくないことから，プラスチックフィ

寒冷紗あるいは不織布

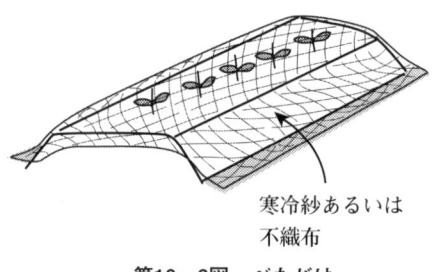

第10－6図　べたがけ

ルムによる**マルチ**が1961（昭和36）年頃から一般的になっている。マルチの目的（第10−7図）は，土壌水分の蒸発を防ぎ，雑草の繁茂を抑え，地温の上昇を防ぎ，土面からの水のはね返りによる病気の伝染を防止する点にある。雑草防除目的で緑色のマルチも試されたが，その効果はほとんどなく，現在では黒色マルチがふつうに用いられる。最近では光合成促進のためや，アブラムシの飛来防止目的で，光反射を強化したシルバーポリトウのマルチングなども使われている。

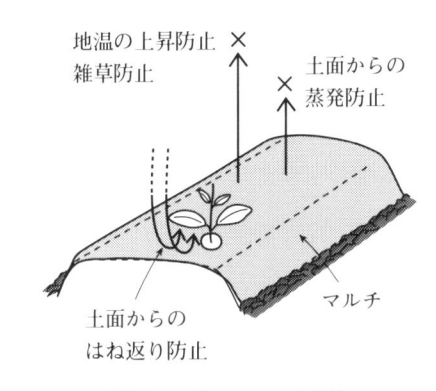

第10−7図　マルチの目的

4．ハウス栽培

不時栽培によっていつでも野菜を消費者に供給したいという要望から，ホットキャップやトンネル栽培が始まり，それらはやがて**ビニールハウス**の発展につながった。これらの利用は化学工業の発展があればこそで，1956（昭和31）年頃よりハウス園芸，**ハウス栽培**（第10−8図）という言葉が定着してきた。

ビニールフィルムは最初育苗用資材として用いられたが，被覆資材としてガラスに近い特性を持つことから，トンネルやハウスの被覆に使われるようにな

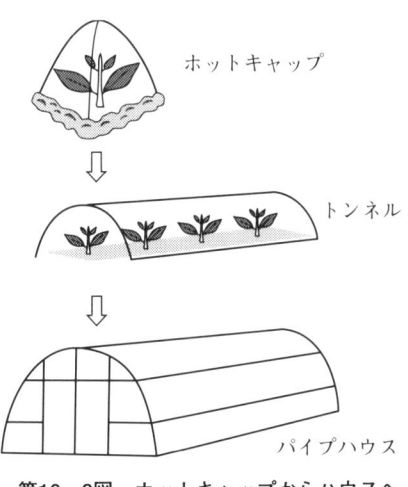

第10−8図　ホットキャップからハウスへの変化

った。現在では，大型のほうがハウス内気温の変化が緩やかであり，かん水や防除など栽培管理が容易な点から，ハウスは大型化する傾向にある。

被覆下の栽培では降雨がないため，施肥したが吸収されなかった肥料分が残る場合には**塩類障害**が起こりやすいので，栽培のない時期に湛水して余分の養分を除く必要がある。

トマトなどでは，雨に当たると吸水して裂果したり病害が発生したりするのを防止するため，収穫時期の前後だけビニールフィルムで上部だけを覆う**雨除け栽培**も広がっている。

第3節　光環境と発育

第1節で食料生産を制約する3条件について説明した。条件①の時間要因に対する発育制御については，すでに栄養相・生殖相で説明した。本節で条件③の光要因を最大限に利用するための環境制御について述べる。また条件②の土地および土壌要因に対する環境制御については第4節で説明する。

1. 畦と温室の向き

畦あるいはハウスの向きは，光条件あるいは排水の流れる方向を考慮して決める。栽培する畦の方向は，各畦の野菜が冬季でも互いに影の影響の出ない南北向きにする（第10－9図）。光の強さは，太陽が一日でもっとも高くなる南中高度に大きく影響される。京都では南中高度が76度くらいに高くなる夏季に光はもっとも強くなり，31度くらいに低くなる冬季にもっとも弱くなる。ビニールハウスなどの向きも基本的には南北棟にするが，メロンを栽培するスリークォーターの温室だけは東西棟にする。スリークォーター温室では，とくに冬季の日当たりがもっともよく，保温性にも優れている。この温室では北側ほどベッドを高くし，どの畦のメロンも一日中光を受けられるように工夫している。

2. 被覆資材

被覆資材としてはガラス，寒冷紗，不織布とプラスチック資材がある。低温

第10章 環境制御と野菜の反応 **205**

畦の方向は冬季でも互いに影にならない南北向きがよい

夏と冬では太陽の高さが大きく違う。光の強さも異なる（高度は京都での値）

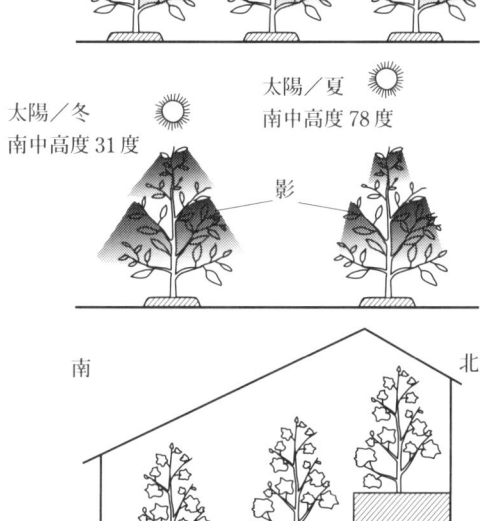

太陽／冬 南中高度31度
太陽／夏 南中高度78度

スリークォーター温室は東西向きに建てる

第10－9図　光・影のとらえ方と畦・ハウス方向

期に用いられる被覆資材として要求される特性としては，昼間太陽光をできるだけ透過し，夜間被覆内から出る赤外線をできるだけ透過しないことが挙げられる。**ガラス**は保温性はよいが単価が高くて割れやすく，また紫外線を通さないという欠点がある。**寒冷紗**や**不織布**は，主に日射の遮蔽用やべたがけなどに用いられる。プラスチック資材の利用は1950年代から始まり，ガラスよりはるかに安価で，トンネルやハウスにもっとも利用されるようになった。プラスチック資材として軟質フィルムと硬質フィルムがあり，軟質フィルムの中ではビニールフィルムとポリエチレンフィルムがよく使われる。硬質フィルムは硬くて，また接着ができないなどハウスには使いにくく，利用は伸びていない。

ビニールフィルムとポリエチレンフィルムでは光の波長別透過率が少し異なり，ポリエチレンフィルムはビニールフィルムと比べて紫外部も赤外部もよく透過する（第10－10図）ため，保温性において劣る。そのため，ポリエチレンフィルムはビニールフィルムより安価であるが，保温性を重視する際にはビニールフィルムが用いられる。

3. 光合成

植物は根から吸収した養水分を材料に，太陽光を利用して葉で光合成を行ない，炭水化物を作っている。**光合成**に必要な光は青色（450nm付近，第10－11図）と赤色（660nm付近）の光で，これらの光は葉緑体に吸収される。光が葉で一度吸収されると，その陰にある葉では光合成ができない。そこで，光を受けるため葉は重ならないように，一定の角度をあけた葉序に従って茎に規則的に着いている。

光が弱いと光合成産物の生産量と，呼吸による消費量が同じになる。そのと

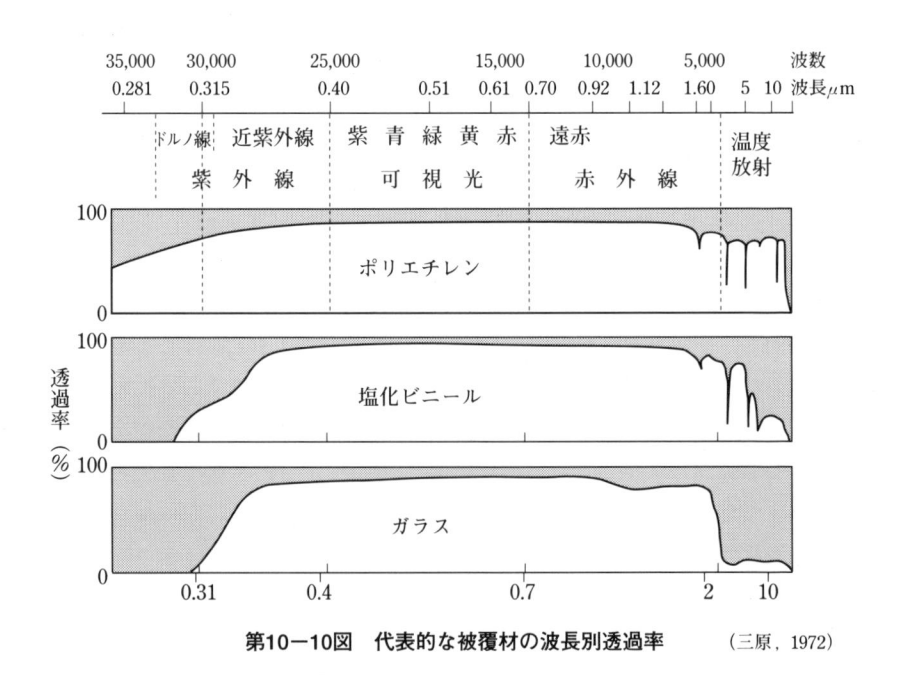

第10－10図 代表的な被覆材の波長別透過率　　　（三原，1972）

きの光の強さを**光補償点**という。光補償点より光が強いほど光合成は促進され，最大時の光の強さを**光飽和点**（第10－3表）という。トマトの光補償点は3,000 lxで，光飽和点は7万lxとなり，真夏の太陽光ぐらいの強光にあたる。曇天が続くとトマトの光合成は低下するだけでなく，成育や花芽の発達が悪くなる。低温期に栽培されるレタスの光補償点は1,500〜2,000 lxで，光飽和点は2万5,000 lxである。なお，lx（ルックス）は目で見た明るさであって実際の光の強さではないため，最近では光の強さを**光合成光量子束密度**（PPFD）で示している。2万，7万lxはそれぞれ約336 μ mol m^{-2}s^{-1}，1176 μ mol m^{-2}s^{-1} となる。

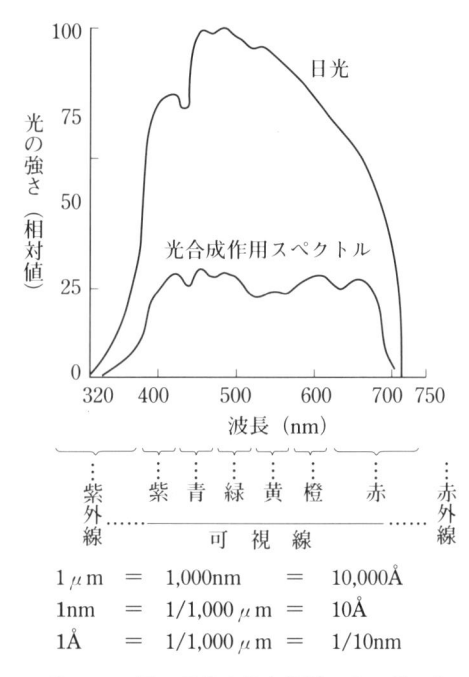

1μm ＝ 1,000nm ＝ 10,000Å
1nm ＝ 1/1,000μm ＝ 10Å
1Å ＝ 1/1,000μm ＝ 1/10nm

第10－11図　日光の分光輻射エネルギー分布と光合成作用スペクトル
（高野，1991を修正）

4．炭酸ガス施肥と光合成

　ハウス栽培では露地栽培と異なり，暖房効率を高めるため密閉される。大気中の炭酸ガスは約350ppmだが，密閉したハウスでは日の出とともに光合成が始まるため炭酸ガス濃度は著しく減少して200ppmくらいになり，炭酸ガス不足の状態になる。このときに炭酸ガスを補給してやれば，光合成を高めて，成育も収量も増加する。この炭酸ガスを与えることを，**炭酸ガス施肥**と呼ぶ。日中でも炭酸ガスが不足する際にその濃度を1,500ppmまで高めれば，その濃度に比例して光合成は促進する。炭酸ガスを高めるには，灯油，プロパンガスを

第10-3表 各種野菜の光合成特性値
(巽・堀, 1969を修正)

野菜の種類	最大光合成速度 ($mgCO_2/dm^2/h$)	光飽和点 (klx)	光補償点 (klx)
トマト	31.7 (16〜17)	70	3.0
ナス	17.0	40	2.0
トウガラシ	15.8	30	1.5
キュウリ	24.0	55	—
カボチャ	17.0	45	1.5
スイカ	21.0	80	4.0
キャベツ	11.3	40	2.0
ハクサイ	11.0	40	1.5〜2.0
サトイモ	16.0	80	4.0
インゲンマメ	12.0	25	1.5
エンドウ	12.8	40	2.0
セルリー	13.0	45	2.0
レタス	5.7	25	1.5〜2.0
ミツバ	8.3	20	1.0
ミョウガ	2.3	20	1.5
フキ	2.2	20	2.0

燃焼させる方法と，液化炭酸ボンベを用いる方法がある。

5. 昼夜変温管理と光合成産物の転流

　トマトなどは，昼夜で温度変化のあるほうが，昼夜同じ温度で育てられるよりよく成育する。いろいろ研究された結果，昼間は光合成を促進するため，温度の高いほうが光合成産物は増加する。生産された光合成産物は，夕方には生産場所の葉から根や茎などに転流する。しかし光合成の起こらない夜間でも呼吸をしているため，光合成産物の一部は呼吸のために消費される。そこで同じ夜間であっても夜の前半は，ある程度は昼温よりやや低めに管理し転流を促進させる。しかし，光合成の転流がほとんど終わった後半では，さらに低い温度に保ったほうが呼吸によるロスを少なくできるため，収量が増すことが明らかになった。そこで，このような**昼夜変温管理**（第10-12図）がハウス栽培ではとられるようになってきた。

6. 人工光による植物工場

　いろいろな人工光が開発されているが，太陽光と同じ機能を期待することは困難なようである。**植物工場**については欧米と日本では気候条件がかなり異なり，日本では人工光利用の完全密閉型ではなく，人工光と太陽光の併用型が適している。栽培される野菜も，横に成育するレタスなどの葉菜より，縦に成育

するトマトなどの果菜が空間を立体的に利用でき，また多くの葉からの蒸散も気温をかなり低下させることになる。

人工光を用い密閉したところで栽培すると，野菜に利用される光はそのわずか2〜3％で，残りはすべて熱に変わるため，いっそうエアコンで温度を下げる必要があり，かなりの経費が必要になる。

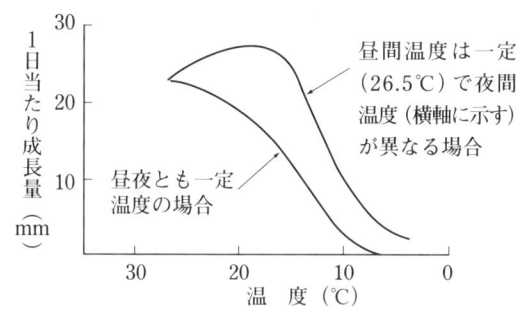

第10-12図　昼夜変温によるトマトの成長
(Went, 1944)

紫外線カットフィルムで被覆すると，紫外線だけでなく可視光や赤外線もカットされるため，高温期であっても時期を選べば気温や地温を多少低下できるため，ホウレンソウなどでは生育促進が期待できる。

第4節　土壌環境と発育

果菜類は保水力の良い粘質土が適しているのに対して，根菜類では根の伸びやすい砂質土が適している。このように野菜によっては特定の土壌構造を要求して栽培地も制限されていたが，養液耕の発展によりどこでも栽培ができるようになった。

1. 養液耕

初期には水耕栽培と呼ばれたが，現在では**養液耕**（広義）と呼ばれる（第10-13図）。厳密には養液で管理しないで培養液を噴霧する噴霧耕もあるが，ほとんどは養液耕（狭義）である。

養液の形態で栽培するのが水耕であり，人工培地耕では砂，れきなどで植物体を支持し，そこに培養液が流れている。現在ではロックウールで支持するのがほとんどであり，液の循環方式では点滴，湛液，循環があるが，循環が多い。

また養液が薄膜状で流れながら栽培するNFTも多くなっている。
　ロックウールは玄武岩などの岩石を約1,500℃の高温で焼いて溶かし，繊維状に加工したものである。このロックルールは通気性を持ちながら，同時に養水分も保持できる長所がある。

2. NFT

　土壌を用いないで栽培する養液耕はかなり普及しているが，それは**NFT**と呼ばれる簡易な方法が導入されたからである。その構造は第10－14図に見られるように，少し勾配をつけたチャンネルと呼ばれる栽培槽と，養液のタンクとポンプがあれば栽培できる。従来の養液耕に比べ，施設にかける経費がきわめて少なくてすむ。また，少量の養液が流れるチャンネルに根が広がっているため，空気中から酸素を容易に吸収できる長所がある。
　植物を支持する素材としてロックウールが用いられ，NFTにおいてもその普及が急速に進んだ。

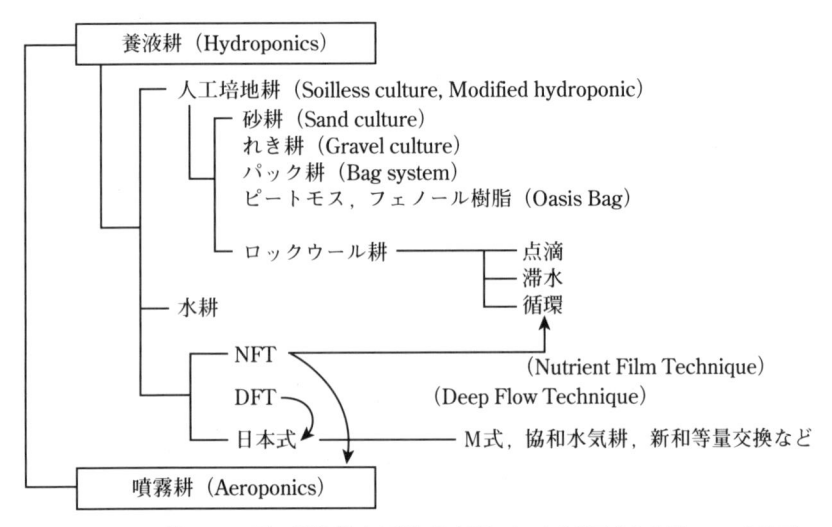

```
養液耕（Hydroponics）
├─ 人工培地耕（Soilless culture, Modified hydroponic）
│   ├─ 砂耕（Sand culture）
│   ├─ れき耕（Gravel culture）
│   ├─ パック耕（Bag system）
│   └─ ピートモス，フェノール樹脂（Oasis Bag）
├─ ロックウール耕 ─┬─ 点滴
│                  ├─ 滞水
│                  └─ 循環
├─ 水耕
│   ├─ NFT ──────（Nutrient Film Technique）
│   ├─ DFT ──────（Deep Flow Technique）
│   └─ 日本式 ──── M式，協和水気耕，新和等量交換など
└─ 噴霧耕（Aeroponics）
```

第10－13図　養液耕（広義）の内容　（日本施設園芸協会編，1986を修正）

3. 培養液管理

養液耕では土壌がないため,培養液には野菜が必要とするすべての栄養分が含まれなければならない。土耕では基肥を施肥し,成育に応じて追肥をするが,養液耕ではすべての微量要素と多量要素を含んだ培養液で培養をスタートする。その後一定期間ごとに電気伝導度(EC)を測定し,培養液量と成分量の減量をモニターし,成分量を適正に保つ管理をしている。第10-4表に代表的な培養液組成を示した。また,土壌の緩衝作用がないため,培養液の土壌酸度も中性に調節してやる必要がある。

さらに,培養液管理で重要なことは酸素供給である。土壌では団粒構造などで酸素が含まれているが,培養液

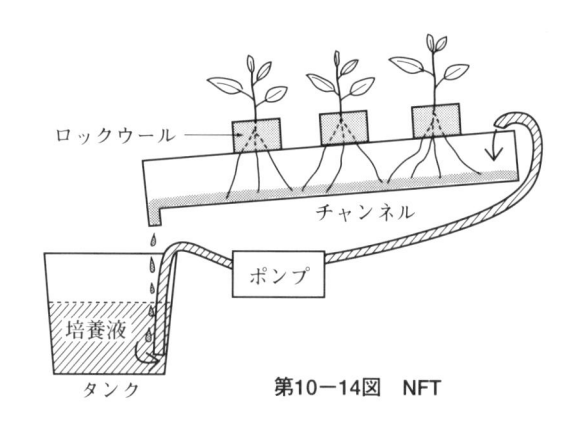

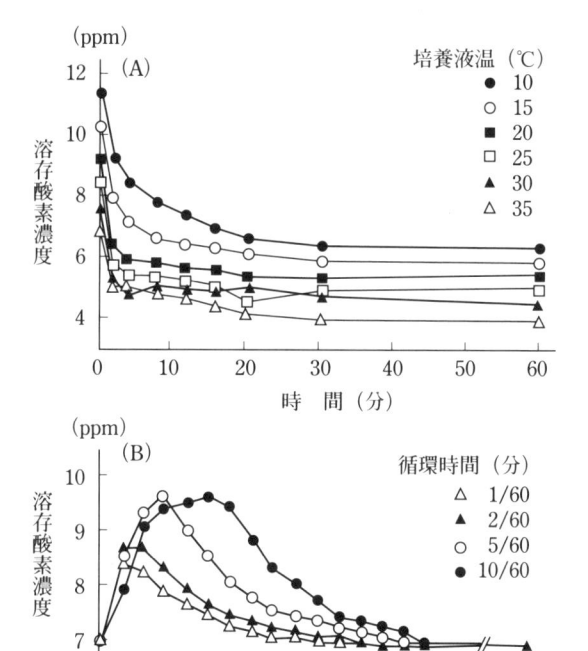

第10-14図　NFT

第10-15図　ベッド中の培養液の溶存酸素濃度に及ぼす培養液の温度(A)および循環時間(B)の影響

(藤目ら,1991)

第10-4表　培養液処方の例　　　　　（犬伏, 1998)

処方例	成分濃度（me/l)					成育段階調整		対象作物	備　考
	N	P	K	Ca	Mg	前期	後期		
園芸試験場標準	16	4	8	8	4	―	―	各　種	成育段階により，濃度を調整して用いられるのが通例である
山崎処方	10	4	8	10	4	100	100	トマト	冬季は 120〜140%
	7	2	4	3	2	100	100	ナス	同上
	9	2.5	6	3	1.5	100	100	ピーマン	同上
	13	3	6	7	4	100	70	キュウリ	冬季は後期も 100%
	13	4	6	7	3	100	100	メロン	冬季は 120〜140%，露地メロン型品種は, 70〜80%
	5	1.5	2	3	1	100	150*	イチゴ	*開花期以後
	6	1.5	4	2	1	100	100	レタス	
	8(9)	2(6)	4(7)	4(2)	2	100	100	ミツバ	夏季は 25〜100%，冬季は 40〜130%
	11	4	8	4	4	100	100	シュンギク	
	11	4	8	4	4	100	100	ホウレンソウ	
	9	6	7	2	2	100	100	メネギ	夏季は 25〜100%，冬季は 40〜130%
	4.5	3	3.5	1	1	100	100	クレソン	
	14	2	10	4	2	50	100*	コカブ	*根径 2cm 以上
神奈川園処方	10	4	6	10	4	―	―	トマト	
千葉農試処方	12*	3	6	5	4	―	―	イチゴ	*NH$_4$-Nime/l を含む，促成栽培
	12*	6	6	2	2	―	―	ネギ	*NH$_4$-Nime/l を含む，周年栽培
大阪農技センター処方	18.6	5.3	10.5	6.4	5.3	―	―	ホウレンソウ	
愛知農総試	10.7	2.7	5.3	5.3	2.7	―	―	ホウレンソウ	
志村（1985）	8	2	4	4	2	100	200	メロン	噴霧耕

注．注記のない限り N は NO$_3$-N, P は PO$_4$-P

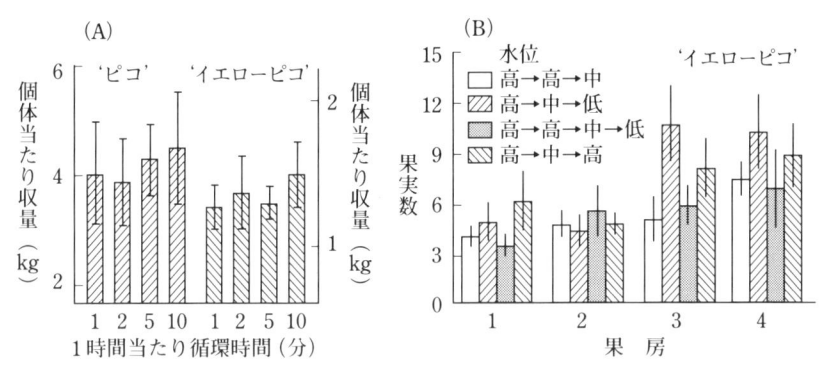

第10-16図　ミニトマトの収量および果実数に及ぼす培養液の循環時間（A）および水位（B）の影響

(藤目ら，1991)

縦のバーは標準偏差

中の溶存酸素量は一般に少ない。その溶存量は温度の影響を受け，高温ほど少なくなる（第10-15図）。

　これら溶存酸素と肥料成分の吸収には，培養液の循環時間（第10-16図）や，湛液式では培養液の水位が関係する。

第11章 植物ホルモン

第1節 植物ホルモンの分類

ホルモンは一般に，体内で作られ，微量で生理作用（第11－1表）を調節し，生産場所と作用場所が異なっている。しかし，植物ホルモンでは厳密には生産場所と作用場所が同じでない場合もある。体内で作られるホルモンと同じ作用を持つ物質が化学的に合成されており，それらは植物成長調節物質と呼ばれる。広義の植物成長調節物質には，植物ホルモンと狭義の植物成長調節物質が含ま

第11－1表　植物成長調節物質の生理作用

	オーキシン	ジベレリン	グロースリターダント	サイトカイニン	エチレン	アブシジン酸
茎伸長	○	○	○		○	
種子形成	○	○		○		○
種子発芽		○		○	○	○
幼芽のフック形成	○				○	
子葉肥大				○	○	
頂芽優勢	○			○		
発根	○					
塊茎	○	○		○		
性表現(雌花/雄花)	○	○	○		○	
単為結果	○					
不定芽/不定根	○			○		
維管束(木部/師部)	○	○		○		
成熟					○	○
老化					○	○
花弁離脱	○				○	

第11−2表　種々の植物成長調節物質

	植物成長調節物質（広義）	
	植物ホルモン	植物成長調節物質（狭義）
オーキシン	インドール酢酸（IAA）	ナフタレン酢酸（NAA），4クロロフェノキシ酢酸(4-CPA)，2,4-D，インドール酪酸（IBA）
ジベレリン	$GA_1 \sim GA_{121}$ ジベレリン酸（GA_3）	
サイトカイニン	カイネチン，ゼアチン	ベンジルアデニン（BA）
エチレン	エチレン	エセフォン
アブシジン酸	アブシジン酸	
ブラシノステロイド	ブラシノステロイド	
ジャスモン酸	ジャスモン酸	
グロースリターダント (矮化剤,成長抑制物質)		CCC,BCB,AMO1618,Phospon-D,SADH，アンシミドール，ウニコナゾール
その他		TIBA，MH

れ（第11−2表），その主要な構造を第11−1図に示した。ふつうにはオーキシン，ジベレリン，サイトカイニン，エチレン，アブシジン酸の5種類を植物ホルモンと呼んでいるが，最近ではこれにブラシノステロイドとジャスモン酸が加えられている。以下にこれらの働きを説明する。

第2節　植物ホルモンの生産部位と作用特性

1. 頂芽優勢

キュウリ，エンドウ，オクラなどでは，茎は旺盛に成育するが，基部の腋芽のみ成育し，先端近くの腋芽はほとんど成育しない。これは茎の先端にある頂芽により，腋芽の成育が抑えられているためで，これを**頂芽優勢**という。頂芽からかなり離れた基部では頂芽の影響が弱くなり，腋芽は成育することができ

る。これは頂芽で生産されるオーキシンが，極性によって基部に移動するため起こる。このオーキシンは，成育初期の過剰な腋芽の発達を抑える機能を持っていると考えられる。

　このことは，茎の先端を摘心すると腋芽は成育できるようになり，摘心した切り口にオーキシンを処理すると，ふたたび腋芽は成育できなくなることから確かめられている（第11－2図）。また，オーキシンの移動を抑える作用を持つTIBAを処理すると，やはり腋芽は成育することができる。このオーキシンと反対の作用を持つサイトカイニンを処理しても，腋芽は成育できるようになる。

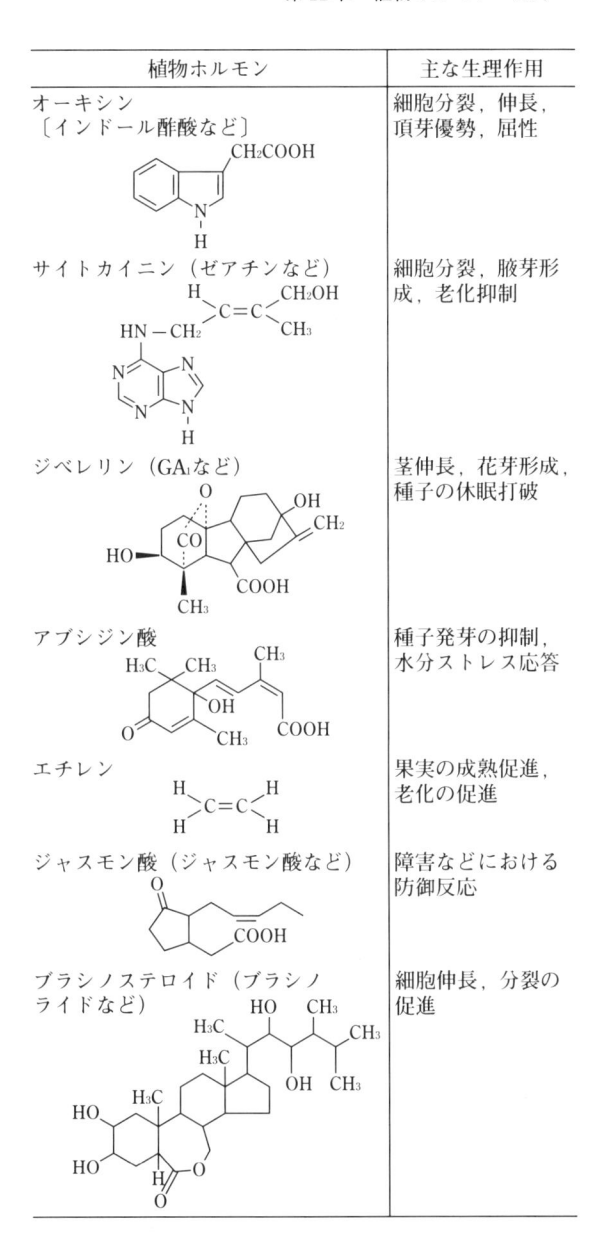

植物ホルモン	主な生理作用
オーキシン〔インドール酢酸など〕	細胞分裂，伸長，頂芽優勢，屈性
サイトカイニン（ゼアチンなど）	細胞分裂，腋芽形成，老化抑制
ジベレリン（GA_1など）	茎伸長，花芽形成，種子の休眠打破
アブシジン酸	種子発芽の抑制，水分ストレス応答
エチレン	果実の成熟促進，老化の促進
ジャスモン酸（ジャスモン酸など）	障害などにおける防御反応
ブラシノステロイド（ブラシノライドなど）	細胞伸長，分裂の促進

第11－1図　代表的な植物ホルモンとその生理作用
(佐藤，2004)

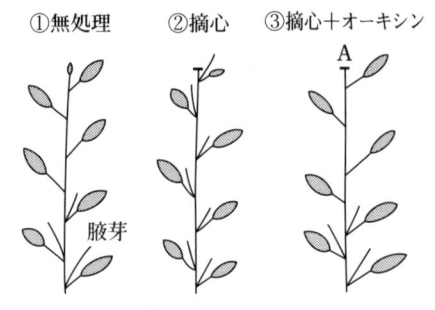

①無処理　②摘心　③摘心＋オーキシン

第11-2図　頂芽による腋芽の成長抑制
－：摘心　A：オーキシン処理
無処理では，頂部近くの腋芽は成長していないが（①），摘心すると成長できるようになる（②）。しかし，摘心してもオーキシンを与えると，成長は起こらない（③）

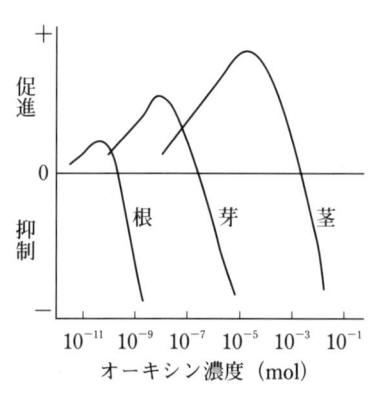

第11-3図　器官別に見たオーキシンの成長促進濃度
(Thimann, 1977)

同じようにオーキシンがあっても，茎が成育できるのに腋芽が成育できないのは，それぞれの最適オーキシン濃度が異なるためである（第11-3図）。茎，芽，根の最適伸長促進濃度をみると，茎がもっとも高く，次いで芽，根の順に低くなる。

2. 種子形成

種子ができるまでには，多くの植物ホルモンが関係している。受粉・受精して胚が形成される際には，まずサイトカイニンが生産され，胚の成育に必要な細胞分裂を促進している（第11-4図）。次いで，オーキシンとジベレリンが生産され，さらに細胞の分裂と肥大が促進されていき，幼芽や幼根が完成する。この間に貯蔵養分は増加し，含水量は逆に急速に減少する。貯蔵養分が最大に達する頃，老化を調節するアブシジン酸が生産され，徐々に濃度を増加していく。これは胚があまり早期に発芽しないように，調節をしている可能性がある。種子はその後一般に休眠に入るが，一定期間が経過してアブシジン酸が減少すると，休眠が破れて種子は発芽できるようになる。

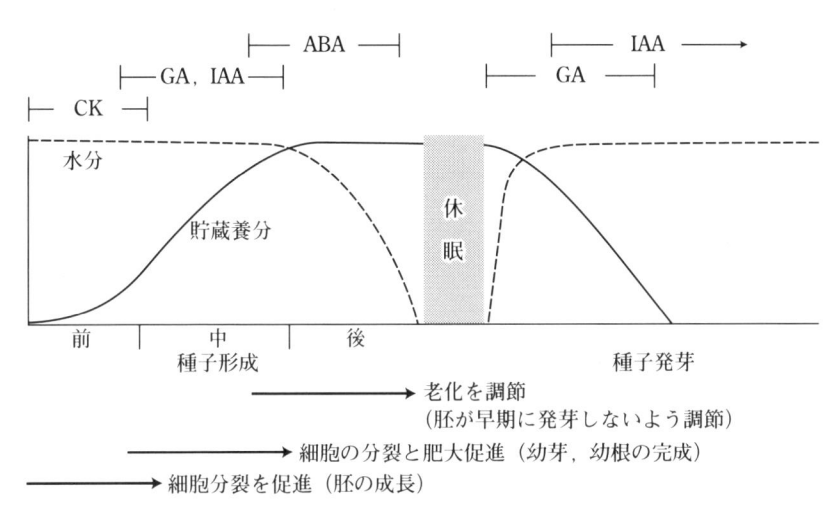

```
         ├── ABA ──┤         ├── IAA ──→
    ├─ GA, IAA ─┤        ├── GA ──┤
  ├ CK ┤
```

水分

貯蔵養分

休眠

前　中　後　　　　　　　　　　　種子発芽
　　種子形成

　　　　　　　　→ 老化を調節
　　　　　　　　　（胚が早期に発芽しないよう調節）

　　　　　　→ 細胞の分裂と肥大促進（幼芽，幼根の完成）

　　　→ 細胞分裂を促進（胚の成長）

第11－4図　種子の形成・発芽と植物ホルモン

(Hopkins・Hünner, 2003)

4種のホルモンがそれぞれ違った働きをして種子ができる
ABA：アブシジン酸，GA：ジベレリン，IAA：オーキシン，CK：サイトカイニン

3. 種子発芽

レタス種子では種子重の15％くらい吸水すると，発芽反応が起こってきて，胚乳に含まれているデンプンやタンパク質が分解され始める。一般に種子中にはその重量の約85〜90％くらいの養分が蓄えられており，発芽初期の成育に必要な養分として使われる。エンドウの場合では子葉に養分が

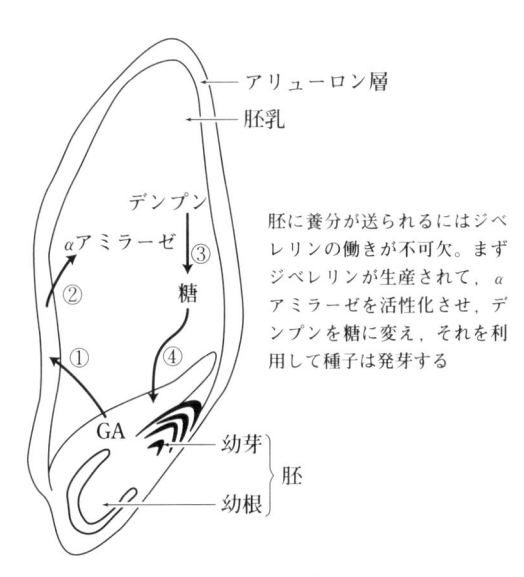

（図内ラベル）アリューロン層／胚乳／デンプン／αアミラーゼ／糖／GA／幼芽／幼根／胚

胚に養分が送られるにはジベレリンの働きが不可欠。まずジベレリンが生産されて，αアミラーゼを活性化させ，デンプンを糖に変え，それを利用して種子は発芽する

第11－5図　発芽に伴うジベレリンの働き

(Hopkins・Hünner, 2003)

蓄えられており，炭水化物が34〜46％，タンパク質が20％，脂肪が2％くらい含まれている。

含水率が20％になるとジベレリンが生産され，αアミラーゼ生産を誘導する。このαアミラーゼの働きにより，デンプンは分解されてショ糖やブドウ糖になり，胚の発達に必要なエネルギーや養分を供給していく（第11－5図）。その後，オーキシン量が増加し，子葉や芽の細胞が肥大して成長していく。

第3節　植物ホルモンによる発育制御

1．茎の伸長

キャベツやホウレンソウの葉が成育している間には，茎はほとんど伸びないでロゼット状態になっている。春になって温度が上昇し日長が長くなってくると，花芽が分化するにつれジベレリンが増加し，茎は抽だいしてくる（第11－6図）。抽だい前に，ジベレリンを処理した場合も茎は伸長する。このようにジベレリンは，ロゼット型植物の茎の伸長を促進する作用を持つ。

茎の伸長は，ジベレリンと反対の作用を持つグロースリターダント（矮化剤）を処理すると抑制することができ，花壇植物や鉢植え植物の徒長を抑えるのに使われている。ジベレリンはまた，休眠打破後のイチゴの葉柄長の伸長促進や，セルリーの葉柄長の伸長促進にも有効な作用を持つ。

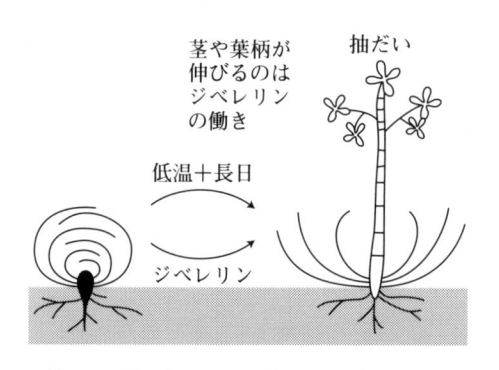

第11－6図　キャベツの抽だいとジベレリン
自然に低温と長日を経過すると抽だいするが，ジベレリンを処理しても抽だいする

2．性表現

ウリ類など雄花と雌花を着ける種類では，果実形成には雌花が，採種には雄花が必要になる。この性表現も植物ホルモンの影響を受けている。まだ雌雄の決まる前のキュウリの花芽を試験管内に植え，培地にオーキシン

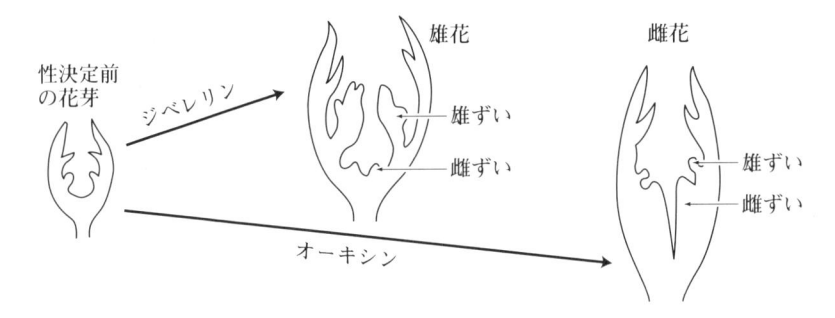

第11-7図 雌雄の発現とオーキシン/ジベレリン比
雌雄決定前の発芽を培養し，高ジベレリン濃度におくと雄花になり，高オーキシン濃度におくと雌花になる

を多く加えると雌花になり，ジベレリンを多く加えると雄花になる（第11-7図）。そこで，この性表現は**オーキシン/ジベレリン**の比率に左右されていることになる。ジベレリンの働きを抑えるグロースリターダントを無傷の植物（**インタクト**）に処理すると，雌花形成が促進され，ジベレリンを処理すると逆転する。

3. 塊茎形成

ジャガイモの基部の腋芽は地中にあり，その芽は地中を横に伸び（横地性），やがて塊茎になる。その塊茎形成は，多くの植物ホルモンの影響を受けている（第11-8図）。摘心すると，腋芽は横地性を失い，上に伸びてくる。摘心部位にオーキシンとジベレリンを処理すると，腋芽は再び横地性を示して塊茎を作る。しかし，根を切ってサイトカイニン生産を抑えると，小さい塊茎しか着けない。そこで塊茎ができるには，茎からオーキシンとジベレリンが移動してくることと，根でサイトカイニンが生産されることが必要になる。従って塊茎を十分に作らせるには，根を傷めたり，茎葉の成育を抑えたりしないことが重要になる。

4. 成　熟

植物の成育は発芽後日数が経つほど進み，この齢の進行に伴う発育を**老化**と

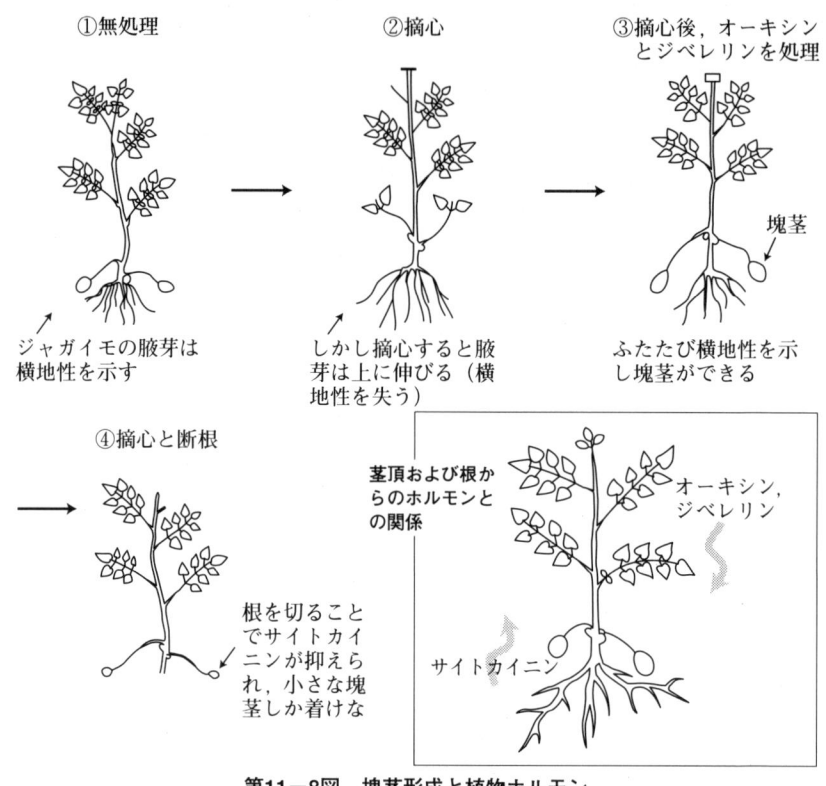

①無処理　　　　　　②摘心　　　　　　③摘心後，オーキシンとジベレリンを処理

ジャガイモの腋芽は横地性を示す　　しかし摘心すると腋芽は上に伸びる（横地性を失う）　　ふたたび横地性を示し塊茎ができる

塊茎

④摘心と断根

根を切ることでサイトカイニンが抑えられ，小さな塊茎しか着けない

茎頂および根からのホルモンとの関係

オーキシン，ジベレリン

サイトカイニン

第11－8図　塊茎形成と植物ホルモン

(Black・Edelman, 1970)

呼び，その最終段階が**老衰**になる。そこで，成育に伴って老化はつねに進んでいることになる。この老化には**エチレン**と**アブシジン酸**が関係している。エチレンは果実の成熟に伴い生産が高まり，自分だけでなく周囲の果実の成熟も促進するので，貯蔵や輸送中には注意が必要となる（第9章第3節）。貯蔵性をさらに高めるには，エチレン生産を最小に抑えるとともに，低温，高CO_2濃度にするのが効果的である。エチレンの反対の作用を持つのはサイトカイニンで，老化を抑えるとともに，養分を他の器官から転流させるシンク機能を持っている。

アブシジン酸は休眠に関係するほか，その濃度が高くなると器官の離脱を促

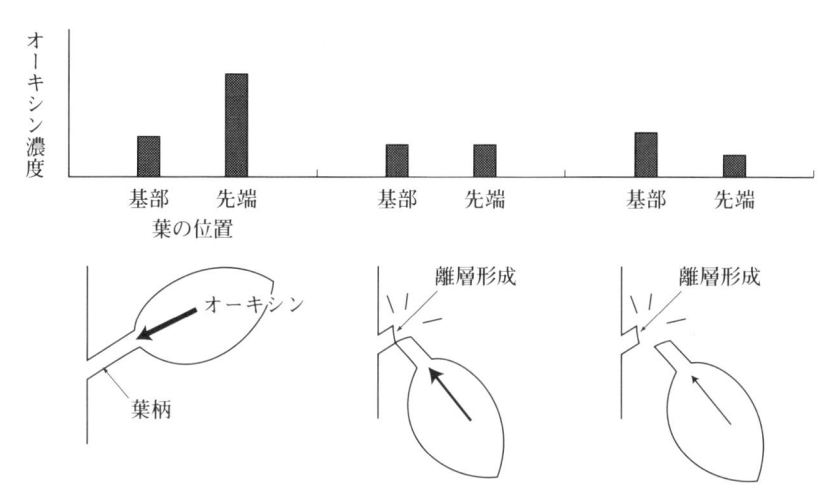

第11-9図 オーキシン濃度と離層形成
葉の先端から基部へオーキシンの供給があれば離層はできないが,その供給が止まると離層ができて,落葉する

進する。この離脱作用にはオーキシンも関与し,葉などからのオーキシン生産が低下すると,**離層**が形成されて葉は離脱する(第11-9図)。

5. 発　根

　園芸植物の多くは,葉挿しや茎挿しで**発根**する。トマトでは,旺盛な根を利用した断根育苗が行なわれることもある。発根促進のため,排水のよい清浄な挿し床に葉や茎を挿す前に,発根ホルモンを処理する。その主成分はオーキシンで,NAAが一般的に用いられる。挿し木に多くの葉が着いているほど発根は促進され,葉を取ってから挿すと,発根は抑制される(第11-10図)。オーキシン

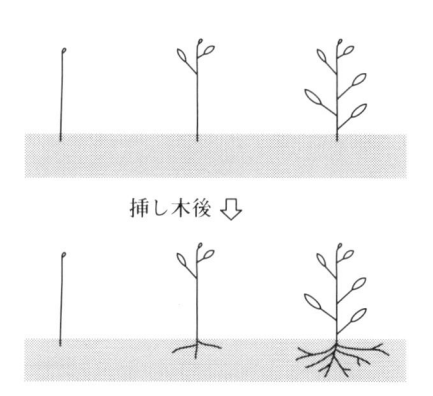

第11-10図 葉の有無と発根程度
挿し木前に除葉すると発根は起こらず,葉数の多いほど発根は促進される

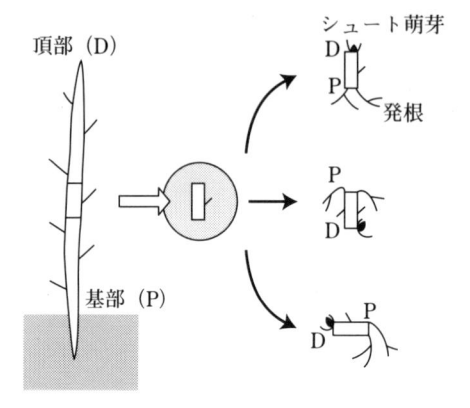

は根の伸長を抑制するが、切り口からの発根と分根を促進する。摘葉や整枝を過度にしてオーキシン生産の場である葉を除くと、根の分根などが十分に起こらない可能性があり、注意が必要となる。ただ、挿し穂に着いている葉からは蒸散で水分が失われ、また貯蔵養分を消費している。いくら発根しようとしても、水分や貯蔵養分がなければ発根は抑制されるため、充実した挿し穂を用意するとともに、挿し穂につける葉面積を制限する必要がある。

挿し穂の両端を切って上下を逆にしても、横にしても、必ず基部側の切り口から発根し、頂部側の切り口からはシュートが萌芽する（第11－11図）。これは、オーキシンの移動に極性があり、茎の先端部から基部に向かって移動しているためである。

第11－11図　挿し穂からの萌芽と発根部位
D：頂部側、P：基部側
シュートの萌芽は頂部側の切り口にでき、発根は基部側の切り口から起こる

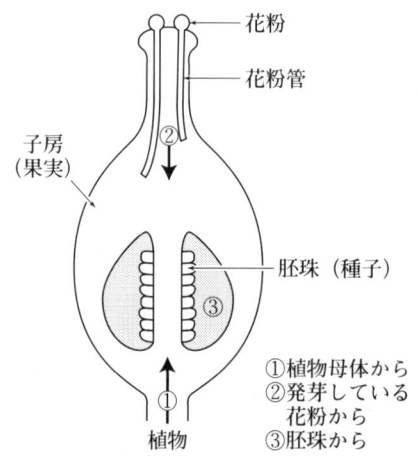

第11－12図　果実肥大とオーキシン
（志佐，1967）
オーキシンがどこからくるかについては、③の胚珠からの可能性が一番高いと考えられている

①植物母体から
②発芽している花粉から
③胚珠から

6．単為結果

低温期のトマトやナス栽培では受粉・受精が不十分なため、ほとんどオーキシン（4-CPA）処理で**単為結果**されている。受粉・受精なしで果実が形成され

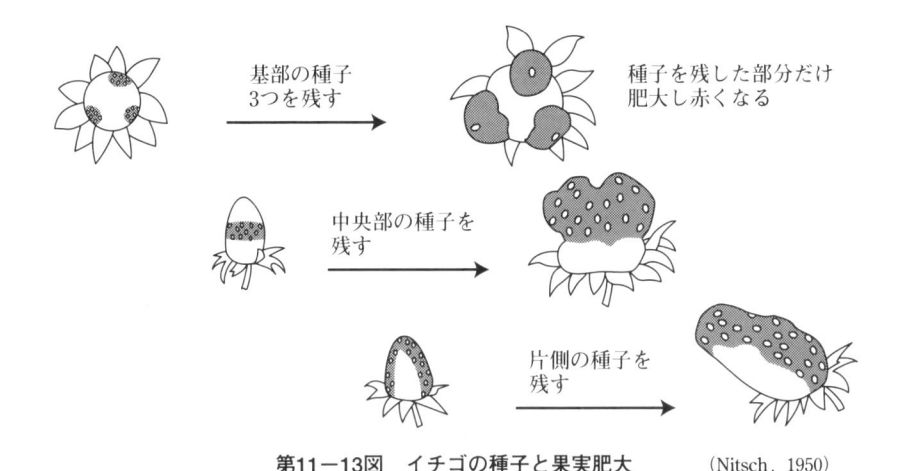

第11-13図 イチゴの種子と果実肥大　　(Nitsch, 1950)

る単為結果には，第8章第4節（170ページ）で述べたようにいくつかの種類がある。花粉が柱頭に着くこと，あるいは花粉管が伸長することなどでも，単為結果の起こることが知られている。しかし，いずれの場合でも，子房内でオーキシンが生産されることが必要となる。このオーキシンがどこからくるかについては，母体から，花粉から，あるいは受精した胚珠からの3つの可能性が考えられる（第11-12図）が，そのうち，胚珠からくる可能性がもっとも大きいと考えられている。イチゴの果実肥大は，種子（痩果）からくるオーキシンに明らかに依存している（第11-13図）。受精して種子ができることによりオーキシンが生産されるが，トマトやナスの実際栽培でオーキシン処理するのは，このオーキシンを外部から与えることにより，子房を肥大させるためである。

7. 花弁離脱

受粉・受精して種子ができると，オーキシンなどいくつかの植物ホルモンが生産され，果実が肥大する。同時に，老化を促進する植物ホルモンが生産され，不要になった花弁や花柱などの離脱が起こる。しかし，ナスを2,4-Dで単為結果させた場合には，柱頭が付着して尖った形になったり，花弁の離層が形成されないで，いつまでも花弁がついていることがある（第11-14図）。低温期の

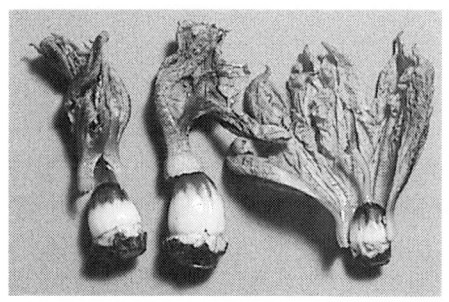

226　Ⅲ　発育と環境

左：自然に受粉したナスの花
右：ホルモン処理されたナスの花（花弁がくっついて柱頭が残っている）

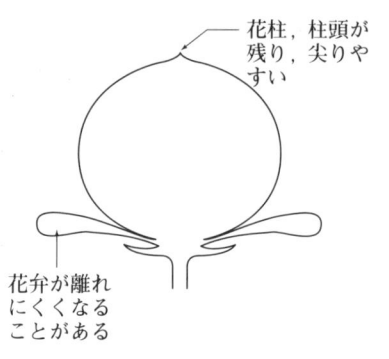

花柱，柱頭が残り，尖りやすい

花弁が離れにくくなることがある

第11−14図　単為結果と果実形態
オーキシンを与えて単為結果させても成熟ホルモンは生産されないため，先の尖った果実ができたり，花弁が離れにくくなる

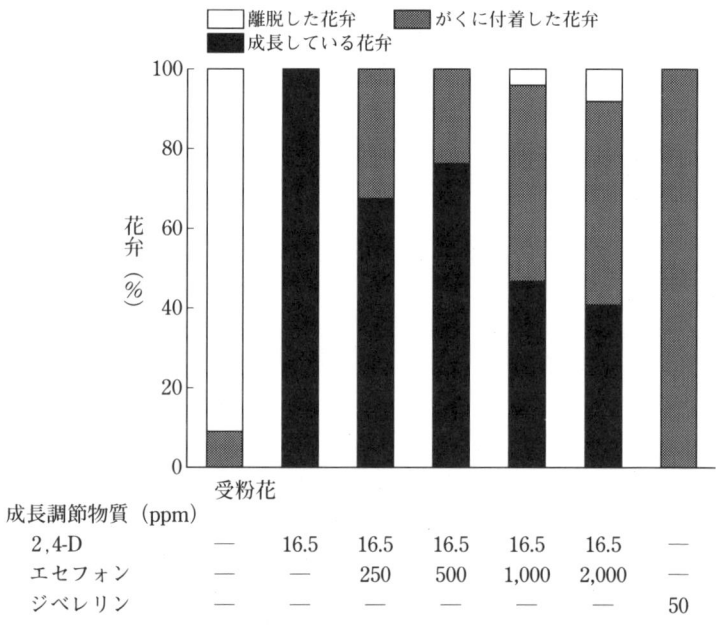

□離脱した花弁　▨がくに付着した花弁
■成長している花弁

成長調節物質（ppm）	受粉花						
2,4-D	—	16.5	16.5	16.5	16.5	16.5	—
エセフォン	—	—	250	500	1,000	2,000	—
ジベレリン	—	—	—	—	—	—	50

第11−15図　ナス'千両'の花弁離脱促進に及ぼす成長調節物質の影響

(藤目ら，1979)

栽培の場合,被覆しているため湿度が高く,付着したままの花弁から病害が発生しやすい。そのため花抜きと呼ばれる花弁の除去が行なわれている。なぜこうした花弁の付着が起こるかというと,果実は2,4-Dで単為結果したが,老化を促進する植物ホルモンは生産されず,離層が形成されなかったためである。これを防止するには2,4-Dの処理時にエチレンを発生するエセフォンを処理すればよく,これによって離層形成が促進される(第11－15図)。

第4節 植物ホルモン間の相互作用

　植物ホルモンの生産は遺伝子作用に依存している。しかしその生産制御は単純でなく,何段階もの代謝の中間物質のそれぞれの生産についても,特定の遺伝子によって決定されている。さらに植物の成長と発育は,植物ホルモンの種類別の消長に依存しているが,この消長は植物の齢の進行と密接に関わり,また成育中の環境条件の影響を密接に受けている。これらの何重にもわたる複合した条件下で,成長と発育が進行していると考えられ,植物ホルモンの作用も次に述べるように相互に密接に関連し合っている。

1. オーキシンとエチレン,ジベレリン

　オーキシンが生産されると,このオーキシンはエチレン生産を引き起こす場合が多いようである。オーキシンによる伸長成長の最適濃度が根,茎,葉によって異なるとされており,それぞれ最適濃度より高濃度では伸長が抑制される。これにはエチレン生産が関与する可能性が考えられる。つまり,一定以上のオーキシン濃度ではエチレン生産が盛んになるため,伸長抑制が起こる可能性が示唆されている。

　オーキシン/ジベレリンの濃度比がウリ類では性表現に関係している。オーキシンの比率が高い場合には雌性化が促進されるが,このオーキシン作用にもエチレンが関与していることが考えられる。

　双子葉植物の発芽した幼芽の先端は鈎状(**フック**)になっている。このフック形成はエチレン処理により促進されるが,自然状態では内生オーキシンによって生産が誘導されたエチレンによっている。幼芽が地中を伸びる際,土壌から

受けるストレスがいっそうエチレン生産を促進する結果，厚く太いフックが発達することになる。

　主根の伸長はエチレンにより抑制されるが，側根や根毛の分化は逆に促進される。これはエチレンによりオーキシン移動が阻害され，その結果オーキシンが留まった部位で，根の分化が起こったと考えられる。このことはヒマワリの例で報告されている。

2. オーキシンとサイトカイニン，ジベレリン

　オーキシン/サイトカイニンの比率が，培養した組織（外植体）での器官形成に影響する。オーキシンの比率が高い場合には根の形成が，サイトカイニンの比率が高い場合には苗条（あるいはシュート）形成が促進される。

　オーキシンは茎の中を頂部から基部に極性移動する。これはオーキシンを細胞外に排出する機能を持つタンパク質が細胞の下端にだけ分布するため起こると考えられている。オーキシンの極性移動によって，頂芽と側芽にオーキシン濃度の差が生じることに加えて，側芽におけるサイトカイニン生産が抑制されるため，側芽の伸長は抑制される。

　一方，**オーキシン/ジベレリン**の比率では維管束の発達が制御されている。つまりオーキシンの比率が高い場合には維管束の木部形成が促進され，ジベレリンの比率が高い場合には師部の形成が促進される。しかし両組織の発達のためには，サイトカイニンが必要とされている。

　オーキシンもジベレリンも茎の伸長を促進するが，ジベレリンの作用発現はオーキシンに比べて遅い。ジベレリンの伸長促進にはセルロースの微繊維の合成が必要なためであろうとされている。ジベレリンが増加するとオーキシンが数倍に増加するため，この両ホルモンの共存下で伸長が促進されているのであろう。

3. サイトカイニンとエチレン

　子葉はサイトカイニン処理で肥大するが，根と茎の伸長は逆に抑制される。これはサイトカイニンがエチレン生産を促すためで，このエチレンによる根の伸長阻害がシロイヌナズナで報告されている。根は肥料分の多少の影響を受け，

サイトカイニンの変動を経てT/R率（地上部/地上部率）を変えて草姿を制御している。

好光性種子であるレタスの発芽は，暗黒下でもサイトカイニン処理により促進される。これもサイトカイニン処理によりエチレン生産が促進され，胚の軸組織の肥大成長が促進された結果だと示唆されている。

4. ジベレリンとグロースリターダント

ジベレリンの伸長促進効果は，グロースリターダント（矮化剤）によって打ち消される。茎頂部の分裂帯の直下にある髄状分裂組織においてジベレリンは生産され，節間伸長を引き起こしている。グロースリターダントは，このジベレリン生産だけを抑制するため，処理された植物では節間伸長は抑制されるが，その上にある分裂帯の活性には影響を与えない。すなわち，葉数の分化は影響されない。グロースリターダント処理により葉数は減らないで茎長だけ矮化したコンパクトな草姿になるため，鉢植えや花壇植物の成長制御に用いられている。

花壇の縁などの植物が矮化することが多いのは，人などに触れることが多く，その接触刺激でエチレンが発生して，伸長成長が抑制されるためである。この効果は接触形態形成と呼ばれている。

5. アブシジン酸とジベレリン，エチレン

レタス種子は好光性であり，暗黒下ではフィトクロームはP_r型で存在し，発芽を抑制している。赤色光が照射されると，P_r型はP_{fr}型に変わり発芽は促進される（第11－16図）。P_{fr}型はジベレリン生産を促進することが確かめられている。また，

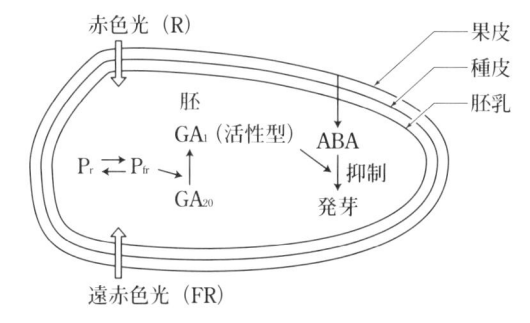

第11－16図 レタス種子の光発芽メカニズム
（山口・山根，2004を修正）

レタス種子に赤色光を照射したりジベレリン処理をしたりすると，アブシジン酸が顕著に減少する。そこで，レタス種子の発芽はアブシジン酸で抑制されているが，赤色光の照射によりジベレリン生産を通して起こるアブシジン酸の減少により発芽が促進されると考えられる。

　アブシジン酸処理では切り離された組織の老化は促進されるが，無傷な植物体（インタクト）では効果はない。しかし，エチレン処理では両方に老化促進作用を示す。アブシジン酸は多くの植物でエチレン生産を促進することから，アブシジン酸による老化促進作用はエチレンの作用を経由した効果ではないかと考えられている。

第12章 バイオテクノロジーの利用

 バイオテクノロジー（生物工学）の解釈は人によってさまざまであるが，その基本的理解は，知的集積による生物生産あるいは生物機能の飛躍的な拡大をはかろうとするものと考えられる。この章では，バイオテクノロジーの中でもとくに組織培養を用いた生産性の拡大について説明する。

 植物では動物と異なり，どんな組織や器官でも分化の方向は開放系であり，葉挿しや茎挿しあるいは根挿しなどで，**不定芽**や**不定根**が分化することが知られており，**栄養繁殖**法としてその特性が利用されている。さらに，それぞれの植物細胞は等しく同じ遺伝情報を持っており，単細胞からでも完全な個体に分化できる分化全能性を持つことを，Stewart（1963）はニンジンで実証した。このように植物は**分化全能性**を持つため，バイオテクノロジーの発展・利用が可能になったといっても過言ではない。

第1節 組織培養法

1. 組織培養の分類

 第12-1図に，バイオテクノロジーの分類を示した。まず大きく，(1) 細胞あるいは組織レベルの取り扱いと，(2) 遺伝子レベルの取り扱いに分けられる。次いで，細胞あるいは組織レベルは，1) 細胞あるいは組織培養，2) 卵子あるいは胚の利用と，3) 細胞融合に分かれ，それぞれは i) 茎頂培養，ii) 器官培養，iii) 胚あるいは胚珠培養などの方法がとられる。茎頂培養では無病植物の育成や，培養個体を選抜することにより優良系統の作出が可能になる。茎頂

232　Ⅲ　発育と環境

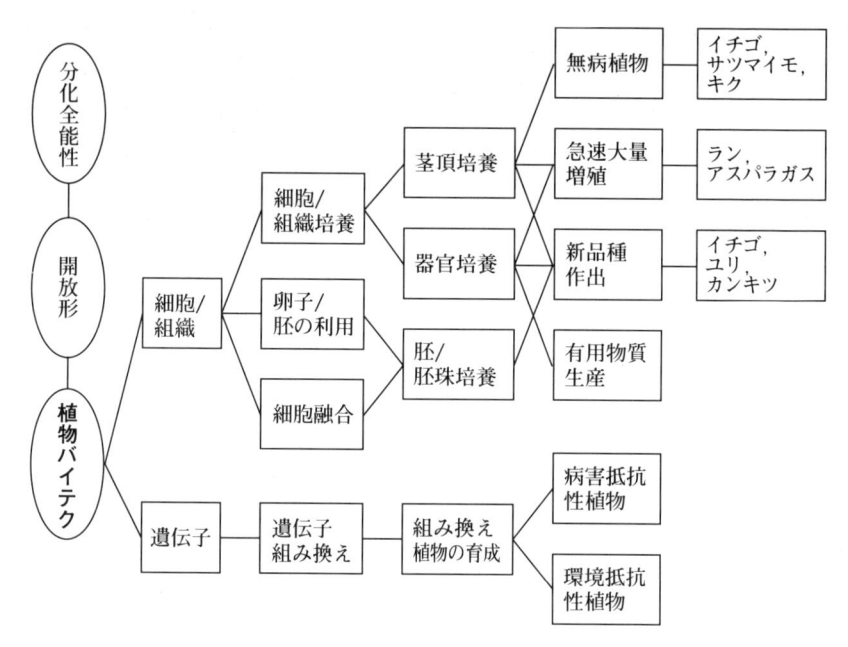

```
                                              ┌─ 無病植物 ─── イチゴ,
                                              │              サツマイモ,
                                              │              キク
                              ┌─ 茎頂培養 ────┤
                              │               ├─ 急速大量 ── ラン,
              ┌─ 細胞/       │               │   増殖        アスパラガス
              │   組織培養 ──┼─ 器官培養 ────┤
              │               │               ├─ 新品種 ──── イチゴ,
分化全能性     │               │               │   作出         ユリ,
              │   ┌─ 卵子/    │               │               カンキツ
開放形 ─ 細胞/│  │   胚の利用 │               │
植物バイテク  │   │           └─ 胚/           └─ 有用物質
              │   │              胚珠培養         生産
              │   └─ 細胞融合
              │
              │                                ┌─ 病害抵抗
              │   ┌─ 遺伝子    ┌─ 組み換え ──┤   性植物
              └─ 遺伝子 ──────┤  組み換え     │  植物の育成
                               │               └─ 環境抵抗
                                                  性植物
```

第12－1図　バイオテクノロジーの分類

培養や器官培養では，優良な個体を選抜することにより，優れた形質を持った苗を多量に，また急速に増殖することが可能になり，この方法は**メリクロン**と呼ばれている．胚あるいは胚珠培養では，従来では交雑ができなかった遠い関係の間でも雑種育成が可能になり，ハクサイとキャベツの雑種であるハクランなどが育成されている．器官培養では特定の色素や薬用成分などの選択的増殖が試みられている．

　遺伝子レベルの取り扱いでは，特定の遺伝子だけを取り込ませようとする，遺伝子組み換えが行なわれている．いろいろの試み，例えばトマトではエチレンの発生を抑制して，成熟を遅らせる品種が育成されており，また病害抵抗性の品種あるいは環境抵抗性の品種の育成などが研究されている．

2．組織培養の方法と目的

　組織培養法はもっとも初期にはランの無菌発芽から始まった技術で，その後

は生理学的手段として，未展開葉の働き，根や茎頂などの機能や役割などが調べられてきた。近年では，次に述べるように繁殖技術あるいは新品種育成技術として，多様な試みがなされてきている。

(1) 組織培養法の実際

組織培養によく用いられるMurashige・Skoogの**培地**組成を，第12－1表に示した。組織培養の実際は第12－2図に示すように，(a) 培地の作成，(b) 外植体の準備，さらに (c) 外植体を培地に置床する無菌操作がある。

(a) 培地の作成では，カルス誘導，器官培養あるいは茎頂培養など，目的に応じた培地組成に，植物成長調節物質，寒天あるいはジェランガムを加え，オートクレーブにより高圧殺菌をする。

(b) 外植体の準備はまず，植物体から目的とする組織を殺菌して切り取り，所定の大きさに調整して，試験管内に置床できるようにする。

(c) 外植体を置床する無菌操作は，クリーンベンチ内で滅菌したメスとピンセットを用いて行なう。

第12－1表　Murashige・Skoog（1962）の培地組成　（培地　1l当たり）

1. 基本1液	
A液	
NH_4NO_3	33.0g
KNO_3	38.0g
$CaCl_2 \cdot 2H_2O$	8.8g
$MgSO_4 \cdot 7H_2O$	7.4g
KH_2PO_4	3.4g
B液	
H_3BO_3	620mg
$MnSO_4 \cdot 4\text{-}6H_2O$	2,410mg
$ZnSO_4 \cdot 7H_2O$	1,060mg
KI	83mg
$Na_2MoO_4 \cdot 2H_2O$	25mg
$CuSO_4 \cdot 5H_2O$	2.5mg
$CoCl_2 \cdot 6H_2O$	2.5mg
2. 基本2液	
Na_2EDTA	1.9g
$FeSO_4 \cdot 7H_2O$	1.4g
3. 基本3液	
myo-inositol	5g
Glycine	100mg
Nicotinic acid	25mg
Pyidoxine HCl (B_6)	25mg
Thiamin HCl (B_1)	5mg
4. 植物成長調節物質 2,4-D kinetin benzyladenin	0.1～5ppm

234　Ⅲ　発育と環境

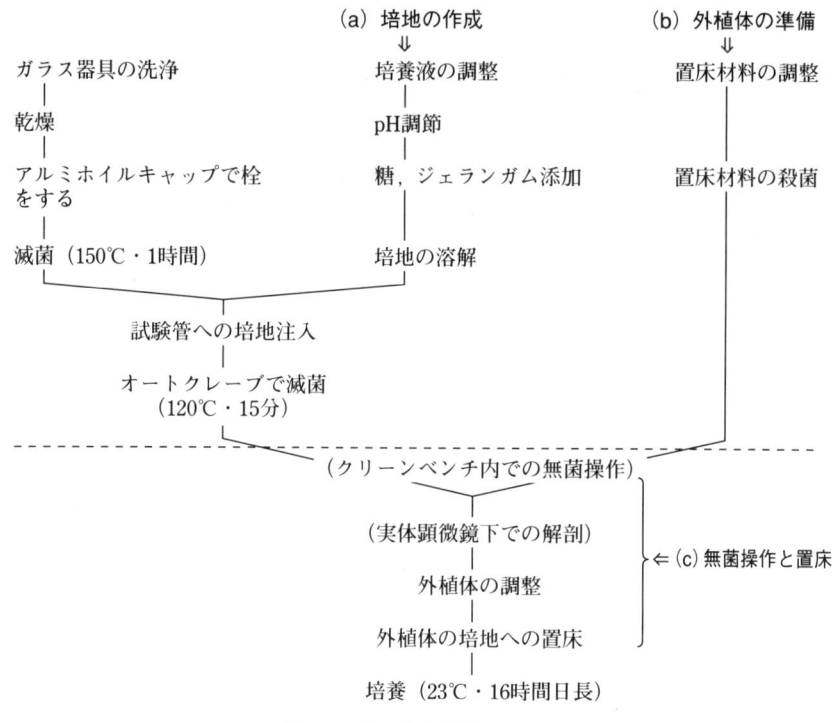

```
                    (a) 培地の作成              (b) 外植体の準備
                         ⇩                          ⇩
ガラス器具の洗浄         培養液の調整              置床材料の調整
    │                     │
  乾燥                   pH調節
    │                     │
アルミホイルキャップで栓   糖，ジェランガム添加      置床材料の殺菌
をする                    │
    │                   培地の溶解
滅菌（150℃・1時間）        │
    └──────────┬──────────┘
               試験管への培地注入
                    │
              オートクレーブで滅菌
                 （120℃・15分）
- - - - - - - - - - - - - - - - - - - - - - - - - -
          （クリーンベンチ内での無菌操作）
                    │
            （実体顕微鏡下での解剖）
                    │
                外植体の調整                    ⇐ (c) 無菌操作と置床
                    │
            外植体の培地への置床
                    │
             培養（23℃・16時間日長）
```

第12－2図　組織培養の実際

(2) 培養部位による分類

1) 茎頂培養（成長点培養）

頂端分裂組織を培養することにより，ウイルスなどの伝染性病原体を除去した**無病植物**を育成したり，繁殖効率の向上を図ることが可能になる。無病植物が育成されている野菜として，イチゴ，サツマイモなどがあり，イチゴなどでは無病植物から新しい品種が選抜されている。

茎頂培養など栄養繁殖法により増殖された植物は同じ遺伝子を持ち，同じ性質を示すためクローン植物と呼ばれている。分裂組織の培養によるクローン（栄養系），すなわち**メリクロン**で増殖されているものに，アスパラガスやサツマイモがある。

2) 胚，胚珠あるいは子房培養

ふつうでは交雑して胚ができない遠い関係の雑種育成が，この方法で可能になる。ふつうには雑種胚はある程度成育してもやがて胚の**アボーション**（発育阻害）が起こり，胚の発達は起こらない。このような雑種胚でもアボーションの起こる前に，雑種胚を無菌的に切り出し，栄養分を含んだ培地に置床して培養することにより，雑種育成は可能になる。置床する部分の違いで，**胚培養，胚珠培養，子房培養**などと呼ばれる。

3) **器官培養**（根，茎，葉，やく，節など）

主として，根や茎あるいは節などの器官を培養することにより，切り口から不定芽や不定根を分化させ，個体を増殖することが可能になる。培地には植物成長調節物質が添加され，オーキシンとしてはNAAあるいは2,4-Dなどが用いられる。サイトカイニンとしてはBA，Kinetinあるいはゼアチンなどが用いられる。

組織あるいは器官などの外植体が培地に植えられると，切り口にはふつう何層かの細胞が分化し，これらの細胞は分化の方向を失った**カルス**と呼ばれる細胞の集まりになる。これらオーキシンとサイトカイニンを組み合わせて培地に添加すると，それらの添加割合，つまり**オーキシン/サイトカイニン**の比率でオーキシンが高い場合には不定根が，その逆の場合には不定芽の分化が誘導さ

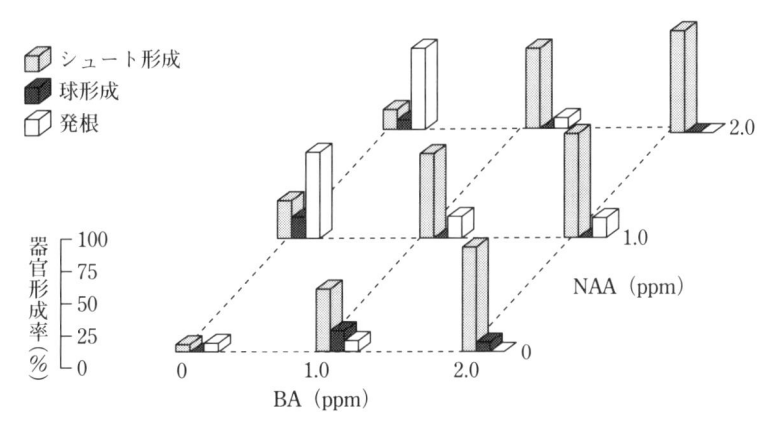

第12-3図　ニンニクの普通葉下部からの器官形成に及ぼす成長調節物質の影響

(藤目ら，1993)

れる。第12-3図に、ニンニク組織での器官形成に及ぼすオーキシンとサイトカイニンの影響を示した。

若い未熟な花粉や卵子を培養することで、半数体の育成が可能になり、純系育成などを通して育種年限の短縮が可能になる。

4）カルス培養

前述のように、カルスから不定芽・不定根を分化させ、優良個体の急速増殖が行なわれている。また、カルスでは変異の生じることが知られており、その変異を積極的に起こさせ、拡大した変異から特定の形質について選抜される場合もある。

5）細胞培養（プロトプラスト，細胞融合など）

細胞融合を起こさせるには、細胞壁を酵素で除いた裸の細胞である**プロトプラスト**にする必要があり、これらプロトプラスト同士を並べて電気的刺激などで、プロトプラストを融合させる。これによりふつうではできない遠い関係の雑種育成が可能であるが、組み合わせによっては細胞融合の起こらないことがある。

(3) 培養目的

組織培養法には、次に述べるように種々の目的がある。

1）雌雄異株植物における雌雄株の選択的増殖

野菜では、ホウレンソウやアスパラガスが雌雄異株植物である。アスパラガスでは、収穫部位であるスペアの大きさが雄株のほうが適当で、その数も多いことから（第7-3表）、雄株の選択的増殖が求められている。しかし、アスパラガスの実生では開花までに約1年かかり、また雌雄は1対1に分離することから、育苗資材などは2倍必要になっている。そこで、雄株の中からさらに成育の旺盛な個体を選び、選択的に増殖されている。

組織培養では飛躍的な増加が可能であり、アスパラガスでの増殖効率を第12-4図に示した。アスパラガスの茎頂を外植体として植えると、3カ月後には約8節のシュートが形成される。その各節を外植体として植えると3カ月後にはそれぞれが8倍となり、合計で192個体になる。12カ月後には1つの茎頂が11万592個体に増加している。3nカ月後には、$3^{n-1} \cdot 8^n$ 個体に増殖するこ

とになる。従って,優良な形質の個体を選んで増殖すれば,きわめて効率的に生産性の高い個体を増殖できることになる。

2）無病植物（ウイルスフリー）の育成と増殖

ウイルスを除去することは薬剤防除では困難で,栄養繁殖される野菜では,ウイルス感染による品質低下が大問題となる。種子繁殖される植物では,胚が新しく形成されるため胚は無病だが,それを包んでいる種皮や果皮にはウイルスに感染していることがある。バナナ,イチゴ,ニンニク,レンコンなどは古くから栄養繁殖で増殖されてきているため,いずれもウイルスに感染していない親株を見つけるのは非常に困難となる。

サツマイモ,ジャガイモ,イチゴ,ニンニク,ヤマイモ,コンニャクなど栄養繁殖性の野菜では,繁殖に使う母株の選抜が重要になる。また,母株が伝染性の病気にかかっている場合には,その影響を除くことは難しく,生産力,品質は低下していく。そこで,分裂組織と分化したばかりの1枚の幼葉をつけた0.2mm程度の分裂組織（第12-5図）を切り出して培養すると,ウイルスに感染していない**ウイルスフリー**植物を作ることができる。小さい組織ほどウイルスフリーの成功割合は高くなるが,苗の育成割合は低くなる。

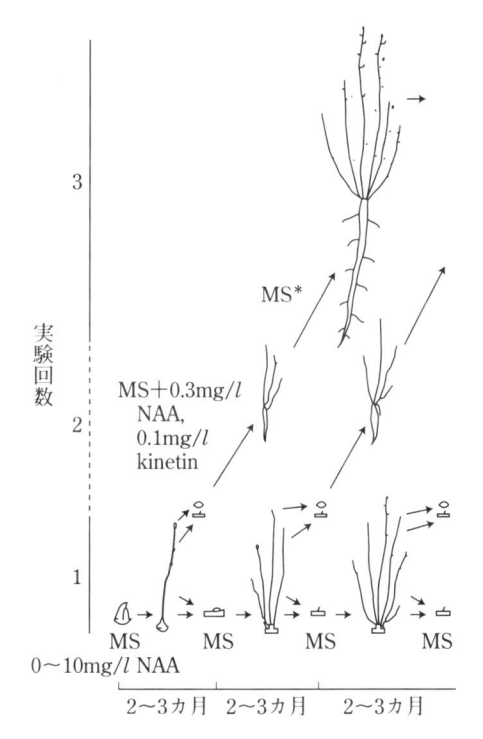

第12-4図 アスパラガスの側芽培養
（松原,1974）

		1	茎頂
1回目	3カ月後	8	植物
2回目	6カ月後	192	植物
3回目	9カ月後	4,608	植物
4回目	12カ月後	110,592	植物
n回目	3nカ月後	$3^{n-1}\cdot 8^n$	植物

＊MS Murashige・Skoogの基本培地組成（第12-1表）

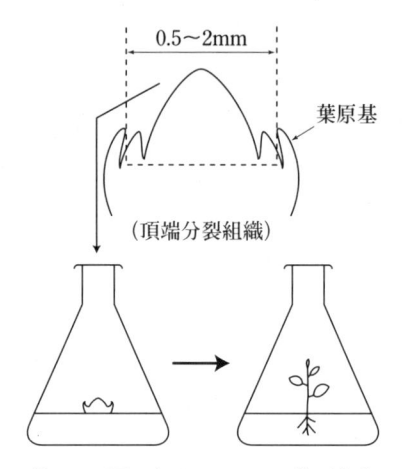

第12－5図　ウイルスフリー苗の育成
分化したばかりの幼葉をつけた分裂組織を培養することで無病の苗を作ることができる

組織培養によって無病化される理由は次のように考えられている。

① ガラス室などで栽培されている植物の茎頂は，ふつうは完全に無菌で，病原菌や雑菌がいない。
② ある種のウイルスは，ある条件下では茎頂の分裂組織にまでは達していない。
③ その他のウイルスでも，切り取って培養された茎頂内では増殖できないほど濃度が低く，その組織を増殖すると無病化されることになる。

ジャガイモも栄養繁殖される。現在，世界的に問題となっている食料飢餓に対応するため，その栽培が発展途上国でも広がっている。これらの栽培地は不良地が多く，フリー苗を植えても再感染率が高く，ウイルスを除いた個体に種子をつけさせ，その種子から育てるシードポテトの普及が図られている。シードポテトでは収穫までにやや時間がかかるが，取り扱いは容易になる。繁殖効率のよくないサトイモ，ヤマノイモ，あるいはイチゴやトウガラシでも，種子からの大量増殖の可能性が調べられている。

3）増殖の困難な植物における増殖率の向上

観賞植物のランと同様に，野菜の中でもニンニクは増殖効率が悪い。ニンニクはふつう小りん茎を秋に植え，春にりん茎を収穫するが，8～10倍程度にしか増加していない。ニンニクやコンニャク，ワサビなど増殖率の低い種類では，メリクロンによる増殖が求められている。

4）系統維持の困難な植物の増殖

雑種の親系統やそのF_1植物そのもの，あるいは雄性不稔系統の維持など，遺伝的に重要な系統の維持を図る必要のある場合は多い。このような場合組織

培養が有効である。なお，生殖組織などの培養組織を低温で培養することにより，継代培養の手間を除いたり，さらに極低温で培養して長期間保存を図る場合もある。

5）有用物資の生産

カルスあるいは器官培養などで，抗生物質，薬用成分，染料などを選択的に生産させようとするもの。

6）育種的利用

細胞培養あるいは遺伝子組み換えなど，積極的に遺伝子の組み合わせを変え，今までなかった新しい有用な植物の作出が試みられている。

第2節　分化全能性を利用したニンニクの品種改良

(1) 形態的特性

ニンニクの地下部には，りん茎と呼ばれる球ができ（第12－6図），このり

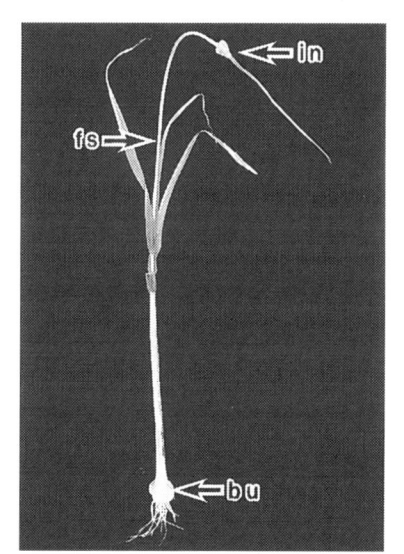

第12－6図　ニンニクのりん茎と花序　　　　（工藤・藤目原図）
in：花序　fs：花茎　bu：りん茎
花茎の先端に総包に包まれた花序がある

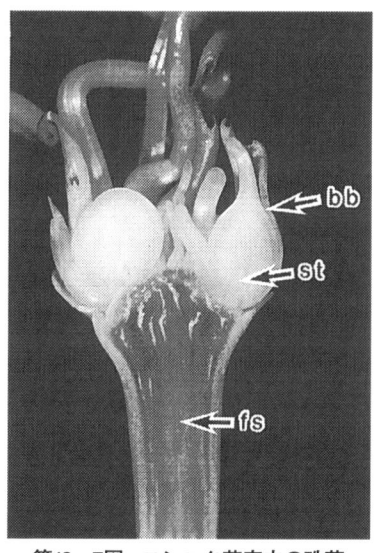

第12－7図　ニンニク花序内の珠芽
（工藤・藤目原図）
bb：珠芽　st：珠芽の茎頂部　fs：花茎
花序の中に珠芽と花芽ができる

240　Ⅲ　発育と環境

第12-8図　ニンニク花芽の培養
　　　　　　　　　（斎藤・藤目原図）

ん茎はふつうの場合7〜10個の小りん茎からできている。りん茎のもっとも内部には緑色の普通葉がある。花茎先端の総包に包まれた花序内を詳しく見ると（第12-7図），**珠芽**と呼ばれる小球ができていて，さらにその内側には花芽が形成されている。しかし，これらの花芽はほとんど発達せず，雄ずいと雌ずいができかけても，その後発育が停止してしまう。珠芽を発達初期に除いて花芽を培養（第12-8図）すると，第12-2表に示すように，花床組織が着いている場合には花芽をよく発達させることができる。

(2) 増殖効率

　第12-9図に，ニンニク増殖効率の比較を示した。効率的な増殖を図るためには，まずウイルスフリー植物の組織を使ってカルスを形成させ，ついでカルスから**分化全能性**を利用して，不定芽と不定根を誘導するなどして，小植物体を急速に増殖することが可能になる。あるいは受精によらないで，受精胚の機

第12-2表　ニンニクの開花に及ぼす花床部の影響

（斎藤ら，2001）

外植体				開　花		枯　死 [Z]		未開花 [Y]	
花床部	花数	外植体数	花数	数	(％)	数	(％)	数	(％)
−	1	15	15	0	(0)	11	(73.3)	4	(26.7)
＋	1	12	12	11	(91.7)	0	(0)	1	(8.3)
＋	4	11	44	30	(68.2)	4	(9.1)	10	(22.7)
1/4	1	12	12	6	(50.0)	5	(41.7)	1	(8.3)

注．培養49日目
　Z：開花前に枯死した花
　Y：奇形で開花とみなせない花，あるいは発達の著しく遅い花

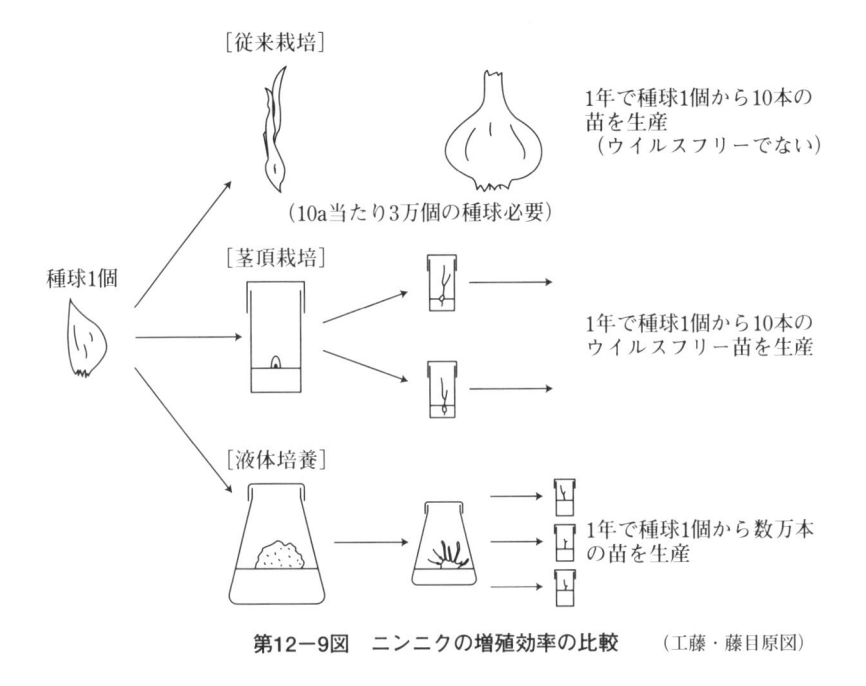

第12章　バイオテクノロジーの利用　241

[従来栽培]
1年で種球1個から10本の苗を生産
（ウイルスフリーでない）

（10a当たり3万個の種球必要）

種球1個

[茎頂栽培]
1年で種球1個から10本のウイルスフリー苗を生産

[液体培養]
1年で種球1個から数万本の苗を生産

第12-9図　ニンニクの増殖効率の比較　（工藤・藤目原図）

能を持つ不定胚を誘導すれば，効率的に増殖を図れることになる．

(3) 茎頂以外の材料

ニンニクの小りん茎の茎頂以外では，第12-10図に示すように底盤部，小りん茎の中の普通葉の下部，中部，上部あるいは貯蔵葉などが材料として考えられる．それらの組織を置床すると，茎頂部以外では底盤部あるいは普通葉からシュートが形成されており（第12-11図），外植体として材料に使える．また第12-12図に，発根に及ぼす影響を示した．発根も，茎頂以外では底盤部でも普通葉からでも起こっている．なお，図を見るとわかるように，ベンジルア

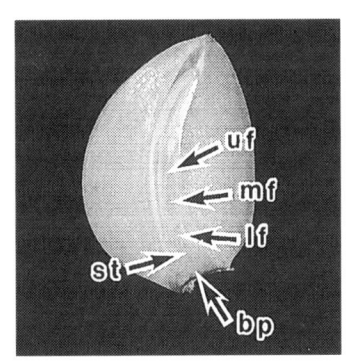

第12-10図　ニンニクの小りん茎
（工藤・藤目原図）
uf：普通葉上部　mf：普通葉中部
lf：普通葉下部　st：茎頂部
bp：底盤部

242　Ⅲ　発育と環境

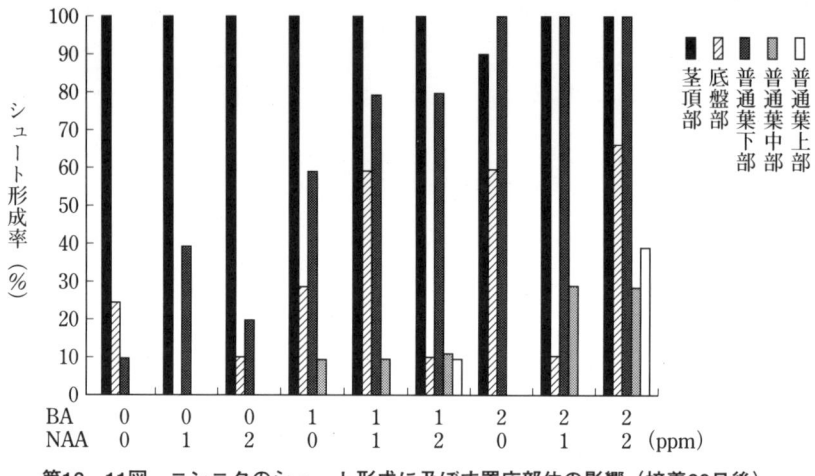

第12-11図　ニンニクのシュート形成に及ぼす置床部位の影響（培養60日後）
（工藤ら，1996）

BA：ベンジルアデニン，NAA：ナフタレン酢酸

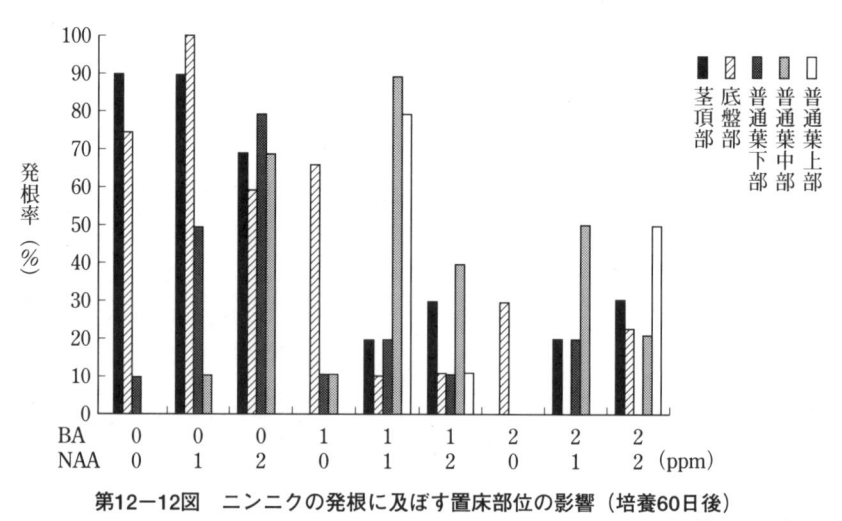

第12-12図　ニンニクの発根に及ぼす置床部位の影響（培養60日後）
（工藤ら，1996）

デニンがあると発根は起こりにくく，またNAAの濃度が高いほど発根は促進されている。シュート形成は，ベンジルアデニンの濃度が高いほど促進されている。

(4) 不定胚形成

不定胚は次のような特性を持っている。①不定胚は受精によらず形成され，②受精胚と同様な形態的な発育過程をたどる。また，③その組織の両端に頂端と根端の分裂組織があり，さらに，④この組織の全体が表皮で囲まれて元のカルス組織と維管束でつながっていない，などである。

ニンニクの茎頂組織などを培養してカルスを作る際，培地に2,4-Dなどを添加すると，白色あるいはクリーム色で軟らかくて分裂活性に富んだカルスが作られる。このカルスは不定胚を形成しやすいため，**エンブリオジェニックカルス**と呼ばれる。これらのカルスを細分して，フラスコの液体培地に植え，振とう培養してやると，カルスの周辺か

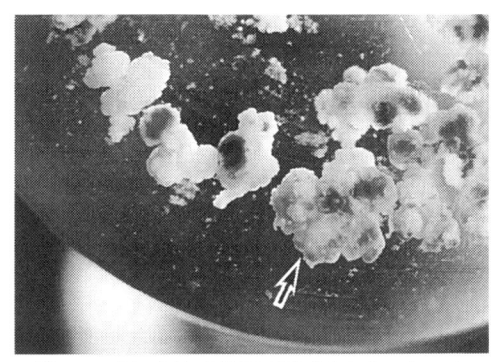

第12-13図　振とう培養で形成されたニンニクのこぶ状体（矢印）　　　（工藤・藤目原図）

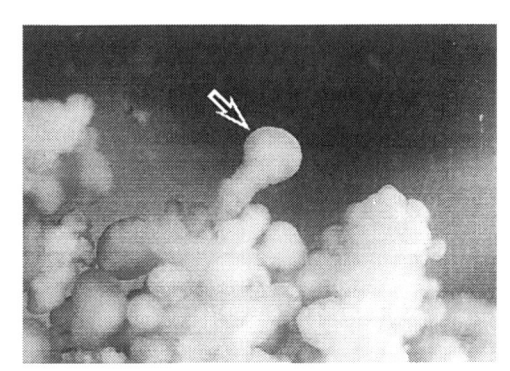

第12-14図　振とう培養で形成されたニンニクの球状体（矢印）　　　（工藤・藤目原図）

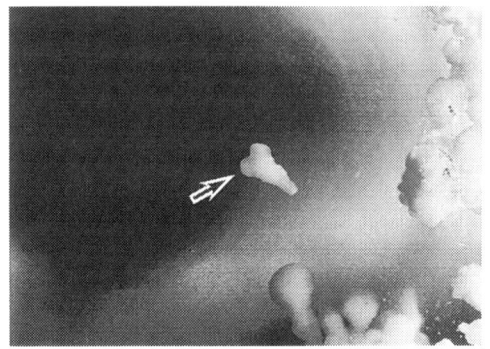

第12-15図　振とう培養で形成されたニンニクの不定胚（矢印）　　　（工藤・藤目原図）

第12-3表　ニンニクの不定胚誘導に及ぼす振とう培養における回転数の影響

(藤目ら，1994を修正)

BA (ppm)	NAA	70rpm 63日	70→120rpm 131日	120rpm 116日	150rpm 81日
0	0	C	C	C	◆
0	1	C	◆	C	◆●▲
1	0	/	/	/	◆●▲
1	1	C	◆●	◆●	◆●▲
1	2	C	C	◆●	◆●▲
2	1	/	/	/	◆●▲
2	2	C	◆	◆●	◆●▲

注．C：カルス，◆：こぶ状体，●：球状体，▲：不定胚，／：データなし

ら，こぶ状体（第12-13図），球状体（第12-14図），不定胚（第12-15図）などが誘導されてくる。このこぶ状体，球状体，不定胚は，振とう培養の回転数を上げるほど，それぞれの形成が促進されるようになる。第12-3表に示すように，70回転ではカルスしかできなかったのが，120回転にあげるとこぶ状体あるいは球状体ができるようになる。さらに，120回転あるいは150回転に回転数を上げると，培養期間が短くても球状体あるいは不定胚が高頻度で誘導されるようになる。

第3節　胚珠培養による新花菜類の作出

(1) 花菜類とは

野菜はふつうには果菜，葉菜，根菜の3つに実用的に分けられ，果菜にはトマト，スイカ，キュウリ，葉菜にはハクサイ，キャベツ，レタス，根菜にはダイコン，ニンジン，ゴボウなどが含まれる。しかし最近では，葉菜はさらに，葉菜と花菜に分けられている。花菜にはどんな野菜があるかというと，カリフラワー，ブロッコリー，アスパラガス，カイラン，ナバナ，サイシン，花ニラ，ニンニクのとうなどのように，新芽あるいはつぼみとともに若い茎と葉を食べる野菜が含まれる。

(2) ヨーロッパ起源とアジア起源の野菜の融合

キャベツ類はヨーロッパで，ハクサイ類はアジアで，それぞれ別々に発達して多くの野菜ができてきた。キャベツ類とハクサイ類は植物学的な分類では種が違うため，遺伝的に持っているゲノムも違い，従来はこれらの雑種を作ることは不可能であった。しかし，バイオテクノロジーの発達により，細胞融合，胚培養あるいは胚珠培養などの技術を用いることにより，これらの種間雑種の育成も可能になった。この例として，キャベツ（古くはカンランと呼ばれた）とハクサイの雑種がバイオテクノロジーを利用して作られ，ハクランと呼ばれている。ハクランの成功例に続き，コマツナとキャベツの雑種として千宝菜が作られている。

(3) 作出したい野菜の特徴

キャベツ類のブロッコリー，カイランと，ハクサイ類のサイシン，ナバナ（洋種ナタネ），ブロッコリー・ラブ（ブロッコレットとも呼ばれる，新芽と若葉を食べる花菜）の成育特性を第12-4表に，そのつぼみの形状を第12-16図に示した。ブロッコリーの花らいは大きく，茎も太いというよい特性を持っているが，花らいができるための低温要求性は大きい。カイランは花らいができるのも，また成育も速いが，つぼみは小さく茎も細い。サイシンはカイランと同様だが，カイランより時期を選ばずいつでもつぼみをつける。ナバナはブロッコリーと同じような特性を持ち，つぼみができるための低温要求性は大きく，つぼみや茎はブロッコリーほど大きくない。ブロッコリー・ラブはイタリアの南部で栽培されている野菜で，つぼみはブロッコリーに次いでたくさんあ

第12-4表　親系統の成育特性

	成育速度	つぼみの集まり	花芽形成の低温要求量	ゲノム
ブロッコリー	遅い	きわめてよい	多い	CC
カイラン	速い	よい	少ない	CC
サイシン	きわめて速い	よくない	ほとんどない	AA
ナバナ（洋種ナタネ）	きわめて遅い	ふつう	きわめて多い	AACC
ブロッコリー・ラブ	速い	よい	少ない	AA

ブロッコリー　　　　カイラン

ナバナ（洋種ナタネ）　　サイシン

第12－16図　供試材料となるつぼみの
　　　　　　形状

ブロッコリー・ラブ

り，成育はカイランに似た特性を持っている。
　そこで，ブロッコリーのような大きな花らいと太い茎を持ち，サイシンのようにいつでも時期を選ばず成育して花らいができる，そのような野菜が望まれている。つまり，低温にあわせる必要がなく，どんな日長のときでもこれらの野菜を作ることが可能になれば，食卓はもっと豊かになると思われる。

第12-5表　交配組み合わせとその雑種形成

♀/♂	ブロッコリー	カイラン	サイシン	ナバナ	ブロッコリー・ラブ
ブロッコリー	＋	＋	－	－	－
カイラン	＋	＋	－	－	－
サイシン	－	－	＋	＋	＋
ナバナ	－	－	＋	＋	＋
ブロッコリー・ラブ	－	－	＋	＋	＋

注．＋：種子形成，－：種子形成には胚珠培養が必要

(4) つぼみ受粉──種内雑種の場合

①**開花時期の調節**　交配しようとする親系統の植物について，開花時期をまず揃える必要がある。

②**除雄と袋かけ**　母親側の植物のつぼみがまだ開かないうちに，花弁を開いて雄ずいのやくをピンセットを用いてていねいに除くという除雄作業が必要になる。その後，このつぼみにパラフィン紙で作った袋をかけ，ていねいに封をして，他の花から花粉が飛んできて，受粉が起こらないようにする。

③**受粉と受精**　除雄の一方で，父親側の植物については開花直前の花から筆などを使って花粉を集め，母親側のつぼみの袋を除き，その雌ずいの先端にある柱頭に花粉をのせてやる。この作業が人工受粉で，受粉が終わればまたていねいに袋をかけておく。

柱頭にのせられた花粉は，花粉管を伸ばし，子房の中に入っていき，重複受精を行ない胚と胚乳を作る（40ページ，第1－1図参照）。2～3週間くらいして，雌ずいの基部にある子房が膨らんで莢として発達してくれば，袋は早めに除く。ふつう1つの莢には8～10個くらいの胚珠ができ，1つの胚珠の中に1つの胚が作られる。カイランの子房とその中にできた胚珠を第1－2図（41ページ）に示した。

④**具体的な交配組み合わせ**　第12－5表に，交配組み合わせとその雑種形成の有無を示したが，キャベツ類であるブロッコリーとカイランの間では，父親と母親を逆にして交配しても，いずれの組み合わせでも受精が起こって種子が形成される。

(5) 受粉と胚珠培養の併用——種間雑種の場合

　第12-5表に示したように，キャベツ類とハクサイ類では，種とゲノムが異なり，種子は形成されない。このような**種間雑種**を育成するためには，受精してできた胚の発達のごく初期に，胚珠から胚を無菌的に取り出して，試験管内に植えて培地から十分な栄養成分が補給されれば，胚の発達を妨げることなく幼植物にまで発育させることができる。この方法が**胚培養**と呼ばれる。このとき胚珠から胚を取り出さずに，胚珠そのものを培養してもよく，これは胚珠培養と呼ばれる。胚培養と胚珠培養の模式図を，第12-17図に示した。胚珠培養して発達させた胚珠と雑種胚の発達を第12-18図に，また雑種胚の発達過程を第12-19図に示した。

(6) 育成された新花菜の特性

　キャベツ類あるいはハクサイ類の中では，それぞれの雑種が育成されており，ハクサイ類の種内雑種の例として，母親がナバナ（洋種ナタネ），父親がサイシンの場合を説明する。

　サイシンは種子を播いてから約30日で出らいするが，それまでに15℃くらいの低温に100時間くらい遭遇する必要があり，つぼみもあまり大きくない。一方，ナバナはサイシンよりつぼみは大きくその数も多いが，出らいするまでに4カ月くらいかかり，そのときまでに15℃くらいの低温に600時間くらい遭

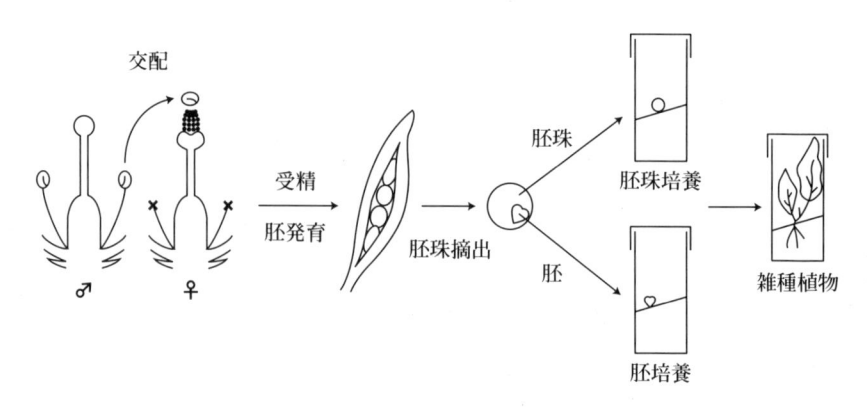

第12-17図　胚培養と胚珠培養　　　　（工藤・藤目原図）

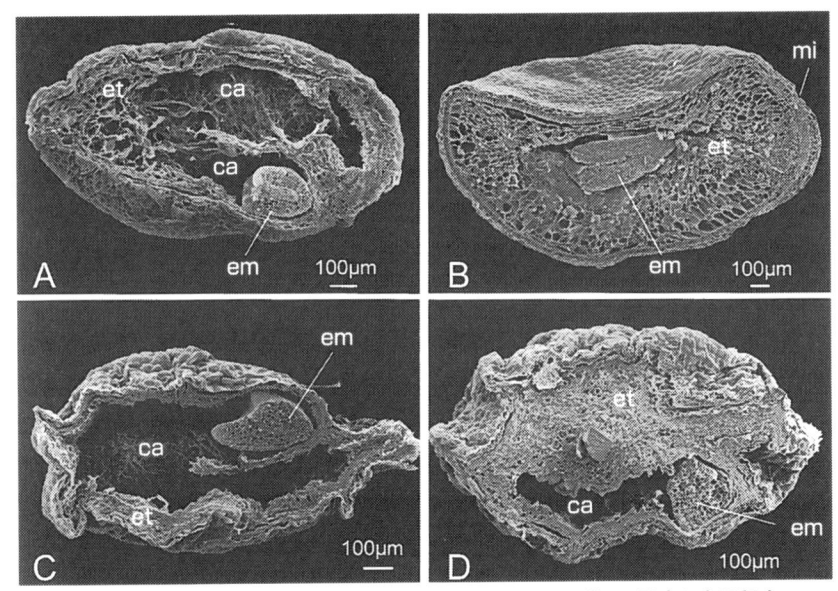

第12章 バイオテクノロジーの利用　249

第12−18図　雑種胚（ブロッコリー×ブロッコリー・ラブ）の発達と空隙程度
（桑名・藤目原図）

A：35日齢　B：42日齢　C：49日齢　D：56日齢　Ca：空隙　em：胚　et：内珠皮
mi：珠孔　写真右が珠孔方向
雑種胚ができた胚珠には空隙があり，その空隙は胚の発達によりせばまっていく

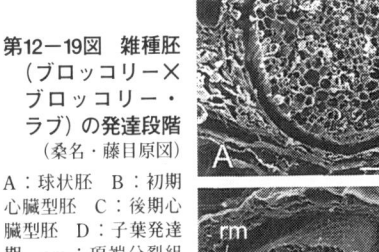

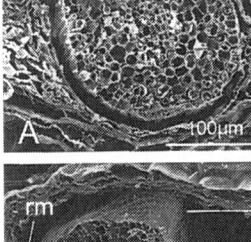

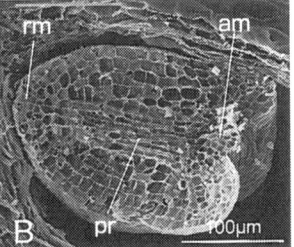

第12−19図　雑種胚（ブロッコリー×ブロッコリー・ラブ）の発達段階
（桑名・藤目原図）

A：球状胚　B：初期心臓型胚　C：後期心臓型胚　D：子葉発達期　am：頂端分裂組織　co：子葉　hy：胚軸　pr：前形成層　rm：根端分裂組織

雑種胚でも球状胚，初期心臓型胚，後期心臓型胚と正常な発達過程をしている

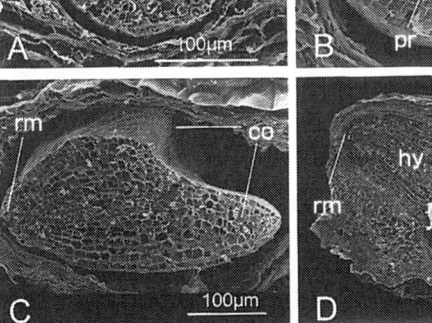

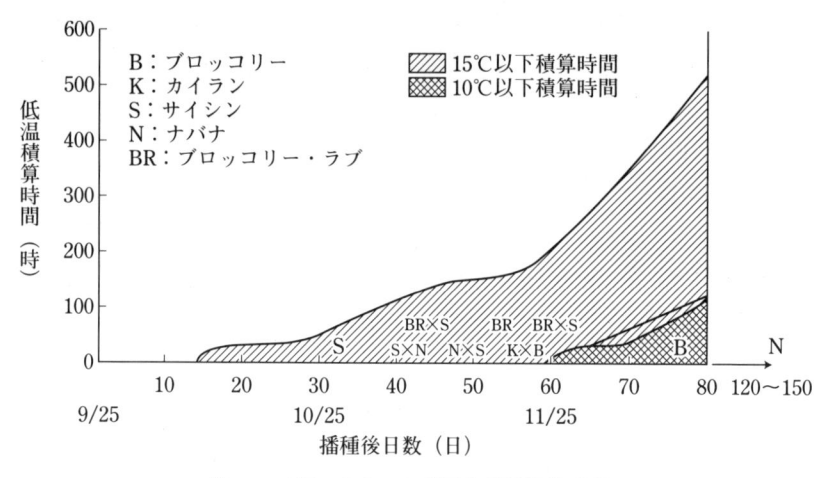

第12－20図　出らいに必要な低温積算時間　（工藤・藤目原図）

遇する必要がある。しかし育成された新花菜（例えばサイシン×ナバナ）では，播種後42日目で出らいしており，つぼみも大きい。つまりナバナより出らいに対する低温要求性の少なくてつぼみの大きい品種が育成されたことを示している。第12－20図に野菜の出らいに必要な低温積算時間を示した。

あとがき

　野菜園芸に関する教科書はいろいろ出版されている。しかし最近は執筆者が多くなるのに伴い，全体の統一がとれなくなったり，内容の重複がでてきたりすることが少なくないように感じている。これは研究分野の細分化に伴う結果で，ある意味やむをえないことではあるが，一読者としてこれを見た場合，分析的各論的な記述に当惑することがないとはいえない。典型的には，書かれている内容が当該の野菜の特性なのか，あるいは他にも共通するものなのかの判断がつかないのである。

　確かに農学に限らず学問は近年いっそう専門分化が進み，細分化された研究領域の発表が多くなっている。しかしその一方ではそれらを総合化し，専門の境界を埋めようとする新たな研究領域の開発も進んでいる。竹内均氏はこれを「第3世代の研究」と称しているが，私も農学は氏のいう第1世代の博物学の段階，そして第2世代の分析・専門化の段階を経て，この第3世代の研究を行なう段階にあると感じている。いうなれば総合化が求められる段階である。そして今後は，これまでの専門的な研究で集積された知的情報を総合的に活かす研究，例えば，成長と発育を積極的に制御していくにはどうするかといった視点からの研究が必要ではないかと考えている。

　本書は旧著『野菜の発育と栽培』（三恵社）を元に新たな資料を整え，稿を改めてなったものである。旧著同様，西尾敏彦（滋賀県立大学），奥田延幸（香川大学）両博士の協力を得て刊行することができた。また引用した多くの研究成果は，私の研究室の専攻生諸君が在学中に協力して実験を進めてくれた努力の結晶である。ここに共同実験者としての責任を果たすとともに，卒業生諸君に厚くお礼を申し上げる次第である。

　さらに，学生時代から絶え間ないご指導を戴いてきた元滋賀大学教授，中村英司博士の暖かい励ましの言葉に勇気づけられ，最後まで何とか書き上げることができた。深く感謝を申し上げます。

　最後に，本書ができるにあたっては農文協編集部の適切な助言と協力をいただいた。ここに記して感謝します。

藤目　幸擴

主 な 参 考 文 献

序　論

郭　富常．1991．愛媛大学博士論文．
小倉　譲．1969．「植物解剖および形態学」．養賢堂．
斎藤　隆編．1996．「新版蔬菜園芸」．文永堂．
食品成分研究調査会編．2005．「五訂日本食品成分表」．医歯薬出版．
高野泰吉．1991．「園芸通論」．朝倉書店．
田口良平．1970．「植物生理学大要」．養賢堂．
Vavilov, N.T.著　中村英司訳．1980．「栽培植物発祥地の研究」．八坂書房．

第1章

Baron, W.H.M. 1979.「Organization in Plants」(3rd Ed.)．Arnold.
Jacobs, W.P. 1979.「Plant Hormones and Plant Development」．Cambridge Univ. Press.
Janick, J. 1979.「Horticutural Science」(3rd Ed.)．Freeman.
小西国義．1988．「植物の生長と発育」．養賢堂．
木島正夫．1968．「植物形態学の実験法」．廣川書店．
中村俊一郎．1967．1章 種子の発芽．「野菜の発育生理と栽培技術」．誠文堂新光社．

第2章

Baron, W.H.M. 1979.「Organization in Plants」(3rd Ed.)．Arnold.
藤目幸擴．1995．発育生態生理の研究の進展．「園芸の世紀2 野菜をつくる」．八坂書房．
Jacobs, W.P. 1979.「Plant Hormones and Plant Development」．Cambridge Univ. Press.
Janick, J. 1979.「Horticutural Science」(3rd Ed.)．Freeman
小西国義．1988．「植物の生長と発育」．養賢堂．

高野泰吉. 1991.「園芸通論」. 朝倉書店.

第3章
加藤　徹. 1967. 2章 野菜の結球現象.「野菜の発育生理と栽培技術」. 誠文堂新光社.
松本正雄. 1980.「蔬菜園芸」. 文永堂.
斎藤　隆. 1983.「蔬菜園芸学―マメ類・根菜・葉菜編」. 農文協.

第4章
原田　隆. 1996. Ⅹ塊茎・塊根類の発育.「新版蔬菜園芸」. 文永堂.
本多静雄. 1967. 3章 根菜類の根の発育.「野菜の発育生理と栽培技術」. 誠文堂新光社.
加納恭卓. 1996. Ⅸ直根類の発育.「新版蔬菜園芸」. 文永堂.
高野泰吉. 1973. Ⅳ生長と発育.「蔬菜園芸学」. 朝倉書店.

第5章
荒木　崇. 2000. 2章 花成制御の遺伝学的枠組み.「植物の形を決める分子機構」. 秀潤社.
荒木　崇. 2005. 開花, 2種のたんぱく質が作用. 京都新聞.
藤目幸擴. 1983. ブロッコリー（基礎編）.「農業技術大系野菜編（6）」. 農文協.
藤目幸擴. 1983. 香川大学農学部紀要. 40：1-123.
藤目幸擴. 1988. ブロッコリーとカリフラワーの生理と栽培の基礎.「ブロッコリーとカリフラワーの生理と栽培技術」. 誠文堂新光社.
藤目幸擴. 1995. 休眠打破技術の展開.「園芸の世紀2 野菜を作る」. 八坂書房.
香川　彰. 1967. 4抽台現象.「野菜の発育生理と栽培技術」. 誠文堂新光社.
香川　彰. 1997.「高品質ホウレンソウの栽培生理」. いしずえ.
小西国義. 1988.「植物の生長と発育」. 養賢堂.
中村英司. 1973. Ⅳ-3 花芽分化,「蔬菜園芸学」. 朝倉書店.
中村英司. 1980. Ⅰ野菜の開花調節,「園芸植物の開花調節」. 誠文堂新光社.
斎藤　隆. 1983.「蔬菜園芸学―マメ類・根菜・葉菜編」. 農文協.

高橋敏秋．1980．生菜類．「蔬菜園芸」．文永堂．
山田・畑中．1980．「ヘス植物生理学」．共立出版．

第6章

藤目幸擴．1983．香川大学農学部紀要．40：1-123．
藤目幸擴．1988．ブロッコリーとカリフラワーの生理と栽培の基礎．「ブロッコリーとカリフラワーの生理と栽培技術」．誠文堂新光社．
後藤弘爾．1998．花の形をきめる遺伝子．「植物の成長」．クバプロ．
香川　彰．1967．4抽台現象．「野菜の発育生理と栽培技術」．誠文堂新光社．
小西国義．1988．「植物の生長と発育」．養賢堂．
松本悦夫・長瀬嘉迪．1983．長野野花研報．3：15-20．
中村英司．1980．Ⅰ野菜の開花調節．「園芸植物の開花調節」．誠文堂新光社．
施山紀男・高井隆次．1982．野菜試報B．4: 47-60．
塚本洋太郎．1969．「花卉総論」．養賢堂．

第7章

藤枝国光．1967．5章　ウリ類の性表現．「野菜の発育生理と栽培技術」．誠文堂新光社．
志佐　誠・加藤幸雄．1962．「植物生殖生理学」．誠文堂新光社．

第8章

Asahira, T. *et al*. 1967. Mem. Res. Inst. Food. Sci., Kyoto Univ. No.28. 47-74.
Asahira, T. *et al*. 1968. Mem. Res. Inst. Food. Sci., Kyoto Univ. No.29. 24-54.
Asahira, T. *et al*. 1982. J. Japan. Soc. Hort. Sci. 50(4). 468-474.
井上頼数編．1967．「蔬菜採種ハンドブック」．養賢堂．
木島正夫．1962．「植物形態学の実験法」．廣川書店．
郡場　寛．1956．「植物の形態」．岩波書店．
西尾敏彦・中村英司．1973．滋賀県立大学学術雑誌14．65-68．
西尾敏彦．1984．滋賀県立大学学術雑誌25．37-41．
齋藤　隆．1973．「農業技術大系　野菜編」(2)．農文協．

齋藤　隆．1982．「蔬菜園芸学　果菜編」．農文協．
宍戸良洋．1996．Ⅲナス類の開花・結実と果実の発育・成熟．「新版蔬菜園芸」．文永堂．
高橋和彦．1967．7章 果菜類の結実．「野菜の発育生理と栽培技術」．誠文堂新光社．
高野泰吉．1991．「園芸通論」．朝倉書店．

第9章

茶珍和雄．1992．Ⅹ園芸生産物利用．「園芸学概論」．文永堂．
兵頭　宏．1998．3 野菜の老化生理．「新園芸学全編」．養賢堂．
今堀義洋．1998．3 フィルム放送貯蔵．「新園芸学全編」．養賢堂．
万豆剛一．1967．8章 野菜の収穫後の変化と取り扱い．「野菜の発育生理と栽培技術」．誠文堂新光社．
緒方邦安．1963．「園芸食品の加工と利用」．養賢堂．
緒方邦安編．1977．「青果保蔵汎論」．建帛社．

第10章

藤目幸擴・森　健司・奥田延幸．1991．香川大農学報．43(1)：23-30．
藤目幸擴・奥田延幸・垣渕和正・森　健司．1991．香川大農学報．43(2)：111-118．
稲田勝美．1984．「光と植物生育」．養賢堂．
位田藤久太郎．1977．「施設園芸の環境と栽培」．誠文堂新光社．
三原義秋．1972．「施設園芸の気候管理」．誠文堂新光社．
日本施設園芸協会編．1986．「植物工場のすべて」．富民協会．
小倉祐幸．1985．「被覆栽培の環境調節」．農林統計協会．
高野泰吉．1991．「園芸通論」．朝倉書店．
高野泰吉．1995．「園芸の世紀2 野菜をつくる」．八坂書房．

第11章

藤目幸擴・広瀬忠彦・堀希恵子．1979．園芸学研究収録．71-77．
Hopkins, W.G.・Hünner, N. P. 2003.「Plant physiology」(3rd ed.)．Wiley．
小柴共一・神谷勇治編．2004．「新しい植物ホルモンの科学」．講談社サイエンティ

フィク．
佐藤文彦．2004．20植物バイオテクノロジー．「生命科学」．東京化学同人．
志佐　誠．1967．「花つくりの科学」．誠文堂新光社．
高野泰吉．1973．Ⅳ-1.2 生長と発育．「蔬菜園芸学」．朝倉書店．
高野泰吉．1991．「園芸通論」．朝倉書店．
山口信次郎・山根久和．2004．第4章 ジベレリン．「新しい植物ホルモンの科学」．講談社サイエンティフィク．

第12章

藤目幸擴．1996．「バイオが開く人類の夢」．法律文化社．
藤目幸擴・工藤りか・奥田延幸．1993．植物組織培養．10(1)：9-16．
藤目幸擴・小野マルコス・工藤りか．1994．Acta Hortic. 358: 199-203．
工藤りか．1996．愛媛大学博士論文．
松原幸子．1974．Sci. Rep. Fac. Agr. okayama Univ., 43：19-26．
斎藤茂樹・藤目幸擴・寺林　敏・伊達修一．2001．園芸学会近畿支部会発表要旨．24．

その他の参考図書

青葉　高．1982．植物と文化双書．「日本の野菜―果菜類・ネギ類」．八坂書房．
青葉　高．1993．「日本の野菜」．八坂書房．
園芸学会編．2005．「園芸学用語集・作物名編」．養賢堂．
菅　洋．1979．「作物の発育生理」．養賢堂．
松本正雄他．1989．「園芸事典」．朝倉書店．
中村俊一郎．1985．「農林種子学総論」．養賢堂．
斎藤　隆他．1992．「園芸学概論」．文永堂．
鈴木芳夫他．1993．「新蔬菜園芸学」．朝倉書店．
苫名　孝・浅平　端編．1987．「園芸ハンドブック」．講談社．
Yamaguchi著．高橋和彦他訳．1986．「世界の野菜」．養賢堂．
農文協編．1974．「農業技術大系　野菜編」．

索　引

【あ】

アブシジン酸　abscisic acid, ABA
　　　　　　　　　　………………86, 216, 222, 229
アボーション　abortion ……………235
アンチジベレリン　anti-gibberellin ……55
維管束　vascular bundle …………32, 228
育苗　raising seedling ………………43
移植　transplant ………………………43
1年生　annual ……………………29, 36
遺伝子　gene ……………………100, 131
遺伝子組み換え　gene recombination
　　　　　　　　　　………………………………232
遺伝的変異　genetic variation …………147
栄養器官　vegetative organ ………54, 99
栄養成長　vegetative growth ………36, 99
栄養繁殖　vegetative propagation　61, 231
腋芽　axillary bud …………35, 141, 153
S字型成長曲線　sigmoid growth curve
　　　　　　　　　　………………………………163
遠赤外光　far-red light ………………50
エンブリオジェニックカルス
　　　　embryogenic callus ……………243
オーキシン　auxin ………56, 150, 216
オートクレーブ　autoclave ……………234
雄花　male flower ……………………145

【か】

外衣　tunica ……………………55, 100
開花　anthesis, flower opening ………100
開花ホルモン　flowering hormone ……115
塊茎　tuber ……………………………88, 89
塊根　tuberous root …………………88, 89
外植体　explant ……………………228, 234
外生的　exogenous ……………………57
花芽　flower bud ………………99, 100
花芽形成　flower formation …………100
花芽原基　flower bud primordium
　　　　　　　　　　……………100, 101, 136

花芽原基の形成
　　　formation of flower primordium …100
花芽の発達　flower development, formation of flower parts …………100
花芽分化　flower bud differentiation …100
花器　flower organ …………………101, 124
がく片　sepal ……………………………124
花茎　flower stalk ……………139, 140
果菜類　fruit vegetables ………………99
花菜類　flower vegetables ………99, 244
仮軸分枝　sympodial branching ………118
果実　fruit …………………42, 43, 161
花序　inflorescence ……………………103
花床　receptacle ………………………105
果心　core, central axis ………………166
花成　anthogenesis, flowering…………100
果皮　pericarp, rind, skin, peel ……42, 163
株冷蔵　cold storage of plants ……65, 66
花粉　pollen ……………………40, 247
花粉管　pollen tube ……………40, 159
花房　flower cluster …………………103
花らい　curd, head
　　　　　　　　　　……………112, 124, 125, 134,
カルス　callus ……………………235, 236
偽果　false fruit, pseudocarp ………163
器官培養　organ culture ………232, 235
気孔　stoma ……………………………103
偽胚　pseudoembryo ……………………172
吸収帯　absorption zone …………57, 79
休眠　dormancy …………………………59
休眠打破　breaking dormancy …………65
強制休眠　imposed (external) dormancy,
　　　　quiescence ………………………63
強制通風冷却　forced air cooling ……189
近郊園芸　suburban gardening ………19
空どう果　puffy fruit…………………177
茎　stem ……………………………55, 139
茎挿し　stem cutting …………………231

グロースリターダント　growth retardant
　……………………………55，117，229
形態形成　morphogenesis ……………108
茎頂　shoot apex………………………55
茎頂培養　shoot tip culture ……231，234
結球　head formation, bulb formation …69
ゲノム　genome ………………………245
限界日長　critical daylength ……109，110
嫌光性種子　dark germinator …………47
光合成　photosynthesis ………………206
光合成産物　photosynthate ……206，208
好光性種子　light germinator ……47，229
硬実　hard seed ………………………44
光周性　photoperiodism ………………108
後熟　after ripening …………………44
光中断　light break, light interruption …109
コールドチェーン　cold-chain ………187
呼吸　respiration ……………182，185
根冠　root cap …………………57，79
根茎　rhizome …………………………88
根菜類　root vegetables ………………99
根出葉　radical leaf …………………139
根毛　root hair …………………57，79
根毛帯　root hair zone ………………57

【さ】

催花　flower induction ………………100
採種栽培　seed growing ………………99
再春化　revernalization ………………113
サイトカイニン　cytokinin …56，162，216
細胞肥大　cell enlargement……………167
細胞分裂　cell division …………111，116
細胞壁　cell wall ………………82，236
細胞融合　cell fusion ………………232
座止　remaining in rosette state …112，136
雑種　hybrid ……………………247，248
CA貯蔵　controlled atmosphere storage
　……………………………………………192
C/N率　CN ratio ………………………114
直播き　direct sowing ………………43
雌ずい　pistil ………………………103
施設栽培　protected cultivation…………19

実体顕微鏡　stereoscopic microscope　100
質的短日植物　qualitative short-day plant
　……………………………………………110
自発休眠
　　　rest, innate（internal）dormancy …63
師部　phloem ……………………32，228
ジベレリン　gibberellin
　……………………………51，116，150，216
子房　ovary ………………40，103，131
子房壁　ovary wall ……………………42
雌雄異株　dioecism ……………………145
雌雄同株
　　　monoecism, hermaphrodite ………145
周年栽培　year-round culture …………30
周辺分裂組織　peripheral zone…………55
珠芽　aerial bulblet …………………240
種間雑種　interspecific hybrid ………248
熟度　maturity…………………………44
種子　seed ………………………40，42
種子形成　seed formation ………40，218
種子春化　seed vernalization
　……………………………………110，112，144
種子の休眠　seed dormancy ……………61
種子発芽　seed germination ………42，54
珠心　nucellus ………………………159
受精　fertilization ………………40，247
出芽　emergence ………………………42
宿根草　perennial ……………………30
出らい　budding ………………………98
種内雑種　intraspecific hybrid ………247
種皮　seed coat …………………40，42
珠皮　integument ………………40，42
受粉　pollination ………………40，247
春化　vernalization …………………110
子葉　cotyledon …………………41，42
植物工場　plant factory ………………208
植物成長調節物質　plant growth regulator
　……………………………………………215
食物繊維　dietary fiber ………………18
植物体春化　plant vernalization …121，124
植物ホルモン　plant hormone
　……………………………………215，216，217

除雄　emasculation, castration ……247
真果　true fruit ……………………163
シンク　sink ……………………167
人工受粉　artificial polination ………247
伸長帯　elongation zone ………57, 79
髄状分裂組織　rib meristem
　　　　………………55, 139, 229
スペア　spear ……………………155
ずらし　root cutting at nursery ………133
成育　growth and development…………33
成熟　maturing ………44, 61, 215, 221
生殖成長　reproductive growth……36, 99
性染色体　sex chromosome ………146
成長　growth ……………………33
成長曲線　growth curve ……………163
成長調節物質　growth regulator ……215
成長抑制物質　growth retardant
　　　　………………………152, 216
性表現　sex expression …145, 146, 227
生物的防除　biological control ………27
赤色光　red light ……………50, 229
節間伸長　internode elongation ……139
舌状花　ray floret ……………………106
繊維根　fibrous root ……………………80
鮮度保持　freshness retention, keeping
　　freshness……………182, 188, 191
早期抽だい　premature bolting ………139
走査型電子顕微鏡
　　scanning electron microscope ……100
早熟栽培　forcing culture ………151, 199
相乗作用　synergistic reaction ………126
双子葉植物　dicotyledons ……………75
層積法　stratification ……………44
相対的休眠　relative dormancy…………64
総包　involucre ……………240
ソース　source ……………167
側枝　lateral branch ………36, 154
促成栽培　forcing culture ………197
組織培養　tissue culture ………231, 232
側根　lateral root………………34, 80

【た】

胎座　placenta ………………163, 164
体内リズム　circadian rhythm ………45
脱春化　devernalization ………112, 143
多年草　perennial ……………30
単為結果　parthenocarpy ………170, 224
短日植物　short-day plant ………109
短縮茎　shortened stem ………139
単子葉植物　monocotyledons ………75
単性花　unisexual flower ………146
地下茎　subterranean stem ………78, 88
中心母細胞群　central mother cells ……55
中性種子　neutral germinator ………47
中性植物　neutral plant ………109
抽だい　bolting ………………56, 139
柱頭　stigma ………40, 103, 159
中庸温度　neutral temperature …112, 113
頂芽　terinal bud ………35, 56, 153
頂芽優勢　apical dominance
　　　　………………35, 141, 153, 216
長日植物　long-day plant …109, 116, 119
長日処理　long-day treatment ………110
調整　preparation ………………53
頂端分裂組織　apical meristem
　　　　………………99, 111, 234
重複受精　double fertilization ……40, 159
直接作用型　direct reaction………111
貯蔵　storage………………183
直根　tap root ………35, 58, 80
接ぎ木　grafting ………………31
低温貯蔵　low temperature storage …191
低温要求　chilling requirement ………141
摘心　pinching ………151, 153
電照　lighting ………………110
転流　translocation ………161, 208
同化産物
　　assimirate, assimiration product……94
筒状花　disk floret ………106
頭状花序　capitulum ………105

【な】

内生的	endogenous	57
内体	corpus	55, 100
日長	daylength	109
日長刺激	photoperiodic stimulus	110
2年生	biennial	29, 36
根	root	57, 79
根挿し	root cutting	231

【は】

葉	leaf	56, 69
バーナリン	Vernalin	115
胚	embryo	40, 159
バイオテクノロジー	biotechnology	31, 231
胚珠	ovule	40, 159, 245
胚珠培養	ovule culture	231, 235, 244, 245
培地	medium	150, 234
胚乳	endosperm	40, 159
胚培養	embryo culture	231, 235
葉挿し	leaf cutting	231
播種期	sowing time	74, 120
発育	development	33
発芽勢	germination vigor	43
発芽率	germination rate	43
花	flower	29, 101
半数体	haploid	236
晩抽性	late bolting	123
苗条	shoot	54, 228
品質	quality	139, 182
品種	cultivar	16, 73
フィトクローム	phyhtochrome	50, 229
普通葉	foliage leaf	63, 75
不定芽	adventitious bud	90, 231
不定根	adventitious root	88, 231
不定胚	embryoid, somatic embryo	243
ブルームレス	bloomless	32
プロトプラスト	protoplast	236
フロリゲン	florigen	115
分化	differentiation	99, 146, 231

分化全能性	totipotency	34, 231
分裂組織	meristem, meristemtic tissue	55, 159, 237
分裂帯	differentiation zone	57, 79
変異	variation	54, 146
萌芽	sprout, sprouting	59, 155
母株	stock plant	237
ポット育苗	raising in pot	133
ポリジーン	polygene	146

【ま】

マルチ	mulch	202
実生	seedling	236
無機養分	inorganic nutrient	81, 167
無病植物	disease free plants	234, 237
雌花	female flower	145
メリクロン	mericlone	234
木部	xylem	32, 228

【や】

山上げ	low temperature exposure at highland	133
雄ずい	stamen	103
誘導作用型	inductive reaction	111
輸送園芸	truck gardening	24
葉腋	axial	56
養液耕	hydroponics	195, 209
幼芽	plumule	42, 227
葉芽	leaf bud	139
幼期	juvenile phase	112
葉球	head	69, 70
葉形	leaf shape	69
葉原基	leaf primordium	55, 99
幼根	radicle	42
葉菜類	leaf vegetables	99, 139
葉序	phyllotaxis	56, 57
葉鞘	leaf sheath	75
葉身	leaf blade, lamina	75
葉柄	petiole	75
抑制栽培	retarding culture	30, 121, 195
予冷	precooling	188

【ら】

ランナー　runner ……………66, 67
離層　abscission layer ………223, 225
両性花　bisexual flower ……………145
両性雄性同株　andromonoecious ……146
量的短日植物
　　　quantitative short-day plant ………110
りん茎　scaly bulb ……………69, 74, 75

冷蔵　cold storage ……………65, 66
老化　senescence, ageing, aging
　　　………………………215, 218
露地栽培　open (outdoor) culture ……19
ロゼット　rosette ……………………139

【わ】

矮化　dwarfing ……………………64

著者略歴及び執筆分担

藤目幸擴（ふじめ　ゆきひろ）　編者，序論　第1～3, 5～7, 9～12章
1945年生まれ。
1969年　京都大学大学院農学研究科博士課程　中途退学。同年，同大学附属農場助手。
1972年　香川大学農学部助手，1984年同大学助教授を経て，1986年，同大学教授。
1999年から京都府立大学農学部教授。
京都大学博士（農学）
1983年　園芸学会奨励賞受賞
1993年　文部省長期在外派遣研究員として英国ロンドン大学他で研究。
　主な著書に，『農業技術大系　野菜編』第6巻「ブロッコリー」（農文協，共著），『園芸ハンドブック』（講談社，共著），『園芸の世紀2・野菜を作る』（八坂書房，共著），『蔬菜園芸』（文永堂，共著），『バイオが開く人類の夢』（法律文化社，編著），『Q＆A絵で見る野菜の育ち方』（農文協）など

西尾敏彦（にしお　としひこ）　第8章
1940年生まれ。
1965年　京都大学大学院農学研究科修士課程修了。同年，滋賀県立短期大学農業部助手。
1980年　滋賀県立短期大学農業部助教授，92年から同教授。
1996年　滋賀県立大学環境科学部助教授。2006年に定年退職。
京都大学博士（農学）
　主な著書に，『園芸植物大事典2』（小学館，共著），『環境保全型農業へのアプローチ』（富民協会，共著）

奥田延幸（おくだ　のぶゆき）　第4章
1965年生まれ。
1991年　香川大学大学院農学研究科園芸学専攻修士課程修了。同年，香川県農林水産部技術吏員。
1993年　香川大学農学部助手。
2000年から香川大学農学部助教授，愛媛大学大学院連合農学研究科助教授（併任）
博士（農学，愛媛大学）。
　主な著書に，『農業技術大系　野菜編』第11巻「カイラン」「サイシン」（農文協，共著）など

野菜の発育と栽培
──育ちの生理を総合的にとらえる

2006年3月31日　第1刷発行

著者　藤目　幸擴
　　　西尾　敏彦
　　　奥田　延幸

発 行 所　社団法人　農山漁村文化協会
郵便番号　107-8668　東京都港区赤坂7丁目6−1
電話　03(3585)1141(営業)　03(3585)1147(編集)
FAX　03(3589)1387　振替　00120-3-144478
URL　http://www.ruralnet.or.jp/

ISBN4-540-05155-5　　　　制作／(株)新制作社
〈検印廃止〉　　　　　　　印刷／藤原印刷(株)
©2006　　　　　　　　　　製本／(株)石津製本所
Printed in Japan　　　　　定価はカバーに表示
乱丁・落丁本はお取り替えいたします。

──────── 農文協の図書案内 ────────

農学基礎セミナー
新版 **野菜栽培の基礎**　　池田英男・川城英夫編著　1,950円

　土つくり，環境管理などの基礎から，34種の特徴，栽培法，病害虫防除まで豊富な図解で解説。

新版 図集 **植物バイテクの基礎知識**

　　　　　　　　　　　　　大澤勝次・江面浩著　2,700円

　植物バイテクの原理と操作・実験の基本，増殖・保存・育種・個体識別の全技術を実践的に解説。

土壌学の基礎
　生成・機能・肥沃度・環境　　　　　　松中照夫著　3,950円

　土壌の生成，理化学性，生物性から肥沃度管理や地球環境問題など，基礎から最新課題までを平易に記述。

野菜園芸大百科 第2版
全23巻 別巻1

農文協編　B5判各巻300～770頁
　　　　7,500～13,000円（揃価218,000円）

15年ぶりの大改訂。多様な技術課題に応え，プロ農家から新規就農者，家庭園芸愛好家まで役立つ。

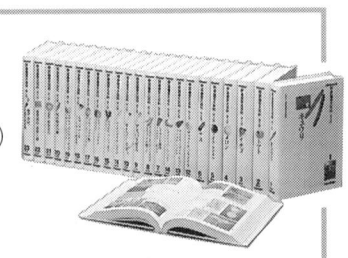

＜巻構成＞
①キュウリ 12,000円/②トマト 13,000円/③イチゴ 12,500円/④メロン 10,500円/⑤スイカ・カボチャ 9,500円/⑥ナス 8,500円/⑦ピーマン・生食用トウモロコシ・オクラ 8,000円/⑧エンドウ・インゲン・ソラマメ・エダマメ・その他マメ 10,000円/⑨アスパラガス 7,500円/⑩ダイコン・カブ 8,000円/⑪ニンジン・ゴボウ・ショウガ 7,500円/⑫サツマイモ・ジャガイモ 10,500円/⑬サトイモ・ナガイモ・レンコン・ウド・フキ・ミョウガ 8,000円/⑭レタス・ミツバ・シソ，パセリ 9,000円/⑮ホウレンソウ・シュンギク・セルリー 10,000円/⑯キャベツ・ハナヤサイ・ブロッコリー 9,500円/⑰ハクサイ・ツケナ類・チンゲンサイ・タアサイ 8,000円/⑱ネギ・ニラ・ワケギ・リーキ・やぐら性ネギ 9,500円/⑲タマネギ・ニンニク・ラッキョウ・アサツキ・シャロット 8,500円/⑳特産野菜70種 9,500円/㉑品質・鮮度保持 9,500円/㉒養液栽培・養液土耕 10,500円/㉓施設・資材，産地形成事例 8,500円/別巻 地方野菜大全 6,300円

（価格は税込み。改定の場合もございます）